한국 중·근세 정치사회사

이 상 배

景仁文化社

책머리에

필자는 우리나라 중·근세의 政治社會史에 많은 관심을 가지고 있었으며, 특히 민의 의식과 그 행동양식이 어떠한 형태로 변화·발전하여 왔는가를 연구하여 왔다. 그리하여 民의 자유로운 의사 표현 통로가 부족했던 전근대 사회에서 자신의 의사를 글로 표현하여 대중에게 전파·전달하는데 사용했던 掛書에 대한 연구를 시작했다. 그 결과물로 1999년에 『조선후기 정치와 괘서』(國學資料院)를 발간하였다. 이 책은 필자의 학위논문이기도 하다.

그 후에도 시대를 거슬러 올라가면서 民의 다양한 의사표현으로서 괘서보다는 넓은 의미의 익명서를 연구하였고, 보다 미시적으로는 여론을 형성할 수 있는 歌詞와 암행어사 사칭사건에 관해서도 관심을 갖고 관련된 논문들을 발표하여 왔다. 『한국 중·근세 정치사회사』는 이들을 하나로 모아 단행본으로 엮은 것이다.

제1부에서는 고려시대와 조선 초기 및 중기까지의 익명서를 다루었다. 중세 사회의 출발 시기인 고려시대에는 어떠한 성격의 익명서가 나타났으며, 그 시대의 여론을 형성했던 訛言이나 妖言의 내용은 무엇이고, 이에 대한 정부의 반응과 인식은 어떠한 것이었는가 등을 다루었다. 궁극적으로 이들이 가지고 있는 고려 사회에서의 역사적 의미와 성격이 무엇인지를 살펴보았다.

조선시대 초기와 중기의 익명서는 정치적으로 사림세력들의 언로 활동이 활발해지면서 많이 나타나고 있으며, 조선 전기의 각종

士禍가 발생하는 과정에서도 익명서가 사건의 도화선이 되거나 정치여론을 형성하는데 일조하였다. 뿐만 아니라 익명서를 이용하는 계층도 판서의 반열에 있는 사람에서부터 노비에 이르기까지 다양하고 폭넓은 층을 형성하고 있었다. 그리고 익명서에 나타난 내용을 볼 때 그 시대의 정치사회상이 그대로 투영되어 있음을 확인할 수 있었다.

제2부에서는 암행어사 사칭 사건과 가사 사건을 다루었다. 오늘날 대통령의 친인척이나 정부의 고위층을 사칭하여 사회문제를 일으키는 사건이 심심치않게 발생하고 있듯이 전근대 사회에서도 왕의 권위를 위임받은 암행어사를 사칭하는 사건이 비일비재하였다. 암행어사 제도가 정착되기 전까지는 암행어사가 오히려 지방관들에게 곤욕을 치르기도 하였고, 심지어 살해당하는 경우도 있었다. 물론 암행어사 중에서 지방관과 결탁하여 비리를 저지르기도 하였다. 그리고 사회가 혼란스러울 때는 암행어사를 사칭하고 돌아다니면서 재물을 터는 사건도 나타났다.

歌詞는 일반 백성들에게 널리 유포되어 있던 노랫가락으로 그 내용 속에 당시 사회 변화의 실상을 반영하는 요소들이 나타나고 있다. 그리하여 가사를 지어 민들에게 널리 유포시키면서 사회여론을 조성하고, 이를 통해 정부의 정책을 비판하는 사례를 살펴봄으로써 당시의 여론 형성과정과 민의 사회의식을 살펴 본 것이다.

제3부에서는 사회에 중요한 영향을 미치는 자연재해를 다루었다. 특히 18~19세기 약 200여 년간의 자연재해 실상과 그에 대한 정부의 대책을 정리하였다. 그리고 여러 가지 자연재해 가운데 비교적 한반도는 안전하다고 인식하고 있는 지진의 발생추이를 고찰하였다. 역사적으로 많은 지진이 발생하고 있어 한반도가 지진의 안전지대가 아님을 알 수 있었으며, 자연재해에 대한 당시 정부 대

책이 대부분 사후 처리에 집중되어 있었고, 유교적 사유체계 속에서의 한계성을 가지고 있었음도 살폈다.

막상 이 책을 출간하려고 했을 때 많이 망설여져서 차일피일 미루다가 6개월이 흘러갔지만 크게 달라진 것이 없었다. 그래서 비록 이 분야의 글들이 체계적인 수준으로 정리되지는 않았지만 앞으로 연구해야 할 다양한 과제에 작은 보탬이 되었으면 하는 소박한 바램으로 『한국 중·근세 정치사회사』라는 제목으로 엮어 보기로 하였다. 앞으로 先學諸賢들의 叱正을 기대한다.

끝으로 이 책의 출판을 권유해 주신 손승철 선생님, 상업성이 거의 없는데도 불구하고 출판을 흔쾌히 맡아주신 경인문화사의 한정희 사장님, 지루한 원고를 꼼꼼하게 교정하고 편집해 주신 경인문화사 편집진 여러분께도 이 자리를 빌어 진심으로 감사드린다.

2002년 12월
연희동 연구실에서 이 상 배

<목 차>

x

〈표 차 례〉

제1부

익명서와 중·근세 정치사회상

제1장

고려시대 訛言·妖言·匿名書와 정치사회상

Ⅰ. 머리말

전근대시대 사회여론을 형성하고 전달하는 매개체는 다양하다. 그러나 그 유형을 두 가지로 구분할 때 제도권에서 합법화 된 것으로는 上疏·朝報·言官活動·求言·申聞鼓·上言·擊錚 등이요, 비합법적인 성격을 갖지만 사회·문화적으로 흔히 유행했던 것으로는 掛書·匿名書·壁書·訛言·讖謠·檄文·通文 등을 들 수 있다.[1] 이 가운데 후자에 관한 연구는 역사 분야에서 등한시

---

[1] 이들과 관련된 연구로는 李相禧, 1989, 「朝鮮社會의 言路現象 硏究 － 民意의 顯在化 過程을 중심으로 － 」『韓國의 社會와 文化』10, 韓國精

해 왔던 것이 사실이다. 상대적으로 볼 때 조선시대는 연구 업적이 많이 있으나 고려시대의 와언이나 투서·벽서·익명서 등에 관한 직접적인 연구는 단 한편의 논문도 없는 실정이다. 다만 秦榮一이 고려시대 災異에 관한 개념 정립을 위한 논문에서 와언의 일부를 간략하게 소개하고 있는 정도에 불과하다.[2]

이들에 관한 연구는 사회학적으로도 접근이 가능하지만 역사적 관점에서도 그 의미를 찾을 수 있다고 생각한다. 즉 고려시대 와언 이나 익명서 등이 담고 있는 내용이 무엇인가를 살펴보고, 그 속에 서 무엇을 이야기하고자 했는가를 통해 그 시대 정치사회상의 한 단면을 살펴볼 수 있기 때문이다. 특히 와언은 사람들의 입을 통해 전파되기 때문에, 그 내용의 사실 여부를 떠나 민중들은 이를 그대 로 믿고 행동하는 경향이 많다. 따라서 당시 민중들의 양상을 통해 서 그 시대 민중들의 사회의식을 살펴볼 수도 있다.

그러나 고려시대의 모든 커뮤니케이션 유형과 그 성격을 살핀다 는 것은 사료의 한계상 불가능한 일이다. 따라서 이 글에서는 고려 시대 민중 정보전달의 유형 가운데 먼저 인간의 입을 통해 전달되 는 非可視的 요인인 訛言·妖言과 可視的 요인인 투서·벽서· 방서 등 익명서를 중심으로 살펴보고자 한다.

神文化硏究院 : 金福壽, 1995, 「朝鮮時代 커뮤니케이션 形態 硏究」 『朝鮮時代 커뮤니케이션 硏究』, 韓國精神文化硏究院, 36∼41쪽 : 李 相培, 1999, 『朝鮮後期 政治와 掛書』, 國學資料院.
2) 秦榮一, 1989, 「『고려사』 五行·天文志를 통해 본 儒家秩序槪念의 分 析」 『國史館論叢』 6, 國史編纂委員會, 99∼145쪽.

Ⅱ. 와언・요언의 내용별 분류와
정부의 대응

와언이란 일종의 유언비어를 이르는 말이다. 와언의 주요 내용
은 시대에 따라 다르기는 하지만 대체적으로 개인적 가십에 얽힌
이해와 흥미, 관리의 부정부패와 정권남용에 대한 비판, 정치문란
에 따른 주민의 원성 등이 언어로 표출되는 과정인데 민중에 의해
발생・전달된다. 그리고 그 메시지는 전설적인 표현을 가지며 귓
속말로 전해지는 전파형태를 지닌다.

인간이 생활하는 사회체제에서는 자체적으로 정한 규범과 법이
존재한다. 이러한 사회적 약속은 인간을 사회적 틀 속에 구속시키
며, 정형화되지 않은 제반 문제점들을 유언비어의 형태로 사회여
론화 시키고 있다. 특히 대중매체가 발달되지 않았던 전근대 사회
때는 사람들의 입과 입을 통해 전달되는 와언의 급속한 팽창을 막
기가 용이하지 않았다. 그런데 이들 와언이 과연 그 시대의 정치・
경제・사회 현실과 동떨어진 내용의 것들로서 아무런 의미가 없는
단순한 유언비어로 치부해 버릴만한 것일까! 아니면 당 시대의 시
대적 여건을 반영한 사회적 여론이었을까? 이러한 사실을 알아보
기 위해 고려시대 발생했던 와언의 유형을 몇 가지로 살펴보고 그
에 대한 사안별 정부의 대응은 어떻게 나타났는가를 살펴보고자
한다.

『高麗史』와『高麗史節要』에 나타나고 있는 와언과 요언에 관한
기록은 모두 22건이 나타나고 있다. 이들은 대부분 국가의 각종 天

災地變과 災害를 기록해 놓은 五行條에서 집중적으로 다루고 있
으며, 그 이외에는 列傳과 世家에 일부의 기록이 전하고 있다.

고려시대 와언과 요언의 내용을 근거로 분석하면 크게 세 가지
유형으로 구분할 수 있다. 첫째는 異民族의 침입이나 內國人에 의
한 민란 등으로 인하여 곧 전쟁이 일어날 것이라는 내용의 전쟁발
발설에 관한 와언, 둘째는 살인·납치 등과 관련된 사회적 동요에
관한 와언, 셋째는 국가정책이나 권력 남용을 비판하는 내용의 와
언이다.

1. 戰爭勃發說과 관련된 내용

전쟁발발과 관련된 와언들은 아래와 같이 모두 8건으로 전체 22
건의 사건 가운데 약 36%의 점유율을 나타내고 있다.

① 顯宗 5년 11월 庚寅에 訛言이 돌아 "北山 諸寺의 중이 兵士를 이
   끌고 온다"하니 서울이 크게 놀라 戒嚴하였다.[3]

② "西京의 병사가 金郊驛에 이르렀다"고 고하니, 西郊에 살고있는
   백성들이 놀라고 두려워하며 모두 家族을 끌고 城으로 들어왔
   다.[4]

③ 충렬왕 16년 왕이 元에 있을 때 許珙이 洪子藩과 함께 王京을 지
   키고 있었다. 哈丹의 적이 장차 동쪽 변방을 침입할 때 풍문에 이
   미 적이 들어왔다고 하니 中外가 흉흉하므로 홍자번 등이 강화에
   피난할 것을 의논하였다.[5]

---

3)『高麗史』卷 54, 志 8 五行 2. "顯宗五年十一月庚寅 訛言北山諸寺僧擧
   兵來 京城大駭戒嚴"
4)『高麗史』卷 16, 世家 16 仁宗 13年 正月. "壬子 訛言西京兵至金郊驛
   西郊居民驚懼 皆勢家入城"

④ 와언에 이르기를 "홍건적이 다시 온다"하여 많은 군사를 뽑기로 의논하였다.[6]

⑤ 공민왕 18년 2월 丙辰 寅時에 訛言이 돌기를, "唐船이 이미 西江에 들어왔다"고 하니 성안의 인심이 흉흉하여 이리저리 흩어져 갈 곳이 없는 자가 많았다.[7]

⑥ 와언에 "왜적이 장차 도성을 침구한다"하므로 밤중에 坊里軍을 징발하여 성을 지켰으며, 또 적이 장차 먼저 송악에 오른다는 말을 듣고 僧을 징발하여 군사로 삼아 요해처를 나누어 지키게 하였다.[8]

⑦ 壬子에 重房이 올해 말 변이 있을 것이라는 妖言을 듣고 크게 두려워하여 禁軍으로 하여금 칼을 뽑아 들고 둘러서서 호위하게 하니 그 近侍와 宦官들이 도망하여 숨는 자가 절반이 넘었다.[9]

⑧ 宋有仁의 家臣인 中書省令史 石球가 원수를 갚고자 하여 妖言을 지어 뭇 사람을 미혹하게 하고 난을 일으키고자 꾀하다가 일이 발각되어 海島에 유배되었다.[10]

위의 사료 가운데 ①·②·⑦·⑧번은 국내에서의 변란에 관한 와언이며, 나머지는 倭寇와 紅巾賊 등 이민족의 침입에 관한 유언비어이다. 이 가운데 ②번은 묘청이 西京에서 반란을 일으킨 내용으로 실제 사건을 반영한 것이다. 다만 묘청이 서경에서 大爲國

---

5) 『高麗史』 卷 105, 列傳 18 許珙. "十六年于在元 珙與子藩 留守王京 哈丹賊將侵東鄙 訛言賊已闌入 中外洶洶 子藩等議避于江華"

6) 『高麗史』 卷 111, 列傳 24 洪彦博. "時訛言紅賊復來 議選大帥"

7) 『高麗史』 卷 54, 志 8 五行 2. "十八年二月丙辰 寅時訛言 唐船已入西江城中洶洶流離失所者頗衆"

8) 『高麗史』 卷 82, 志 36 兵 鎭戍. "訛言倭將寇都城 夜半發坊里軍守城 又聞賊將先登松岳山 發僧爲軍分守要害"

9) 『高麗史』 卷 20, 世家 20 明宗 9年 12月. "壬子重房 聞妖言歲杪有變大懼 使禁軍露刃環衛 其近侍閹宦 逃匿者過半"

10) 『高麗史』 卷 128, 列傳 41 叛逆 宋有仁. "有仁家臣 中書省令史石球 欲爲報仇 造妖言惑衆謀作亂 事覺流于海島"

을 건립하고 반란을 일으킨 것은 사실이나 이들 반란군이 금교역
까지 이른 것은 아니었다. 따라서 반란이 일어난 사실을 감지한 백
성들이 반란군의 진군을 걱정하는 과정에서 나타난 와언임을 보여
주고 있다. 그러나 이로 인해 사회적 동요가 일어나고, 백성들이
성안으로 피신하고 있음은 와언의 사회적 파급 효과를 여실히 보
여주고 있다. 그리고 ⑦·⑧번은 고려 무신정권 때인 1179년의 사
료이다. 이 해는 1170년 무신정권을 탄생시킨 鄭仲夫·宋有仁 등
이 慶大升에게 죽고 권력의 중심축이 경대승에게 넘어간 시기로서
무신정권하의 권력쟁탈전이 계속되던 시기였다. 실제로 송유인의
家臣이 주인의 원수를 갚고자 난을 도모하기 위해 사회혼란을 부
추기는 요언을 행하다가 발각되어 유배간 사건이 발발했던 것을
보면 당시의 사회여론과 정치적 환경이 급변하던 시기였음을 알
수 있다. 따라서 단지 변란이 있을 것이라는 유언비어를 믿고 금군
을 동원하여 경계를 강화할 정도로 와언을 믿지 않을 수 없었던 것
이다.

　고려 말 이민족의 침입은 북쪽의 홍건적과 남에서의 왜구침입이
가장 극심하였던 상황이다. 이러한 시대 상황이 잘 반영되어 나타
나듯이 이들과 관련된 유언비어도 상당수가 나타나고 있다. ⑥번
의 경우 우왕 2년 7월 왜구가 도성을 침략한다는 와언을 듣고 즉시
도평의사사가 방리군을 나누어 성을 지키게 하고, 나아가 군사를
징발하여 만일의 사태에 대처하도록 하는 등 적극적인 대응책을
강구하고 있음을 보여주고 있다.

　위의 사료에서도 알 수 있듯이 이민족 침입 및 국내반란에 관한
와언이 있을 경우에는 민의 피난 행렬과 함께 국가에서 적절한 군
사적 대응책을 강구하고 있음을 확인할 수 있다. 이는 와언을 단순
하게 취급하여 무시하지 않았음을 보여주고 있는 것이다. 결국 사

회여론의 향배에 대하여 민감하게 반응함으로써 구체적인 대응책
이 나올 수 있었다. 이것은 와언이 국가정세의 흐름 및 사회적 여
론과 매우 밀접하게 연결되어 당시의 정치사회적 여건을 그대로
반영하고 있음을 보여주고 있는 것이다.

2. 殺人·拉致와 관련된 내용

　살인·납치 등과 관련된 와언은 아래와 같이 모두 8건이 나타나
고 있다. 이는 전체 와언 관련 사건 22건 가운데 36%로 전쟁관련
와언과 같은 비율을 차지하고 있다.

　　① 仁宗 元年 3월 사방에 訛言이 돌기를 "有司가 장차 民間의 어린
　　　 아이를 뽑아 강물 속에 던진다."고 하니 말이 서로 돌고 돌아 놀
　　　 라고 두려워하여 도망쳐 산 속에 숨는 자도 있었는데 西海道가
　　　 더욱 심하였다.[11]

　　② 明宗 13년 2월에 서울 서쪽의 州縣에서 京城에 이르기까지 訛言
　　　 이 돌기를 國家에서 白犬을 기르는 것을 禁하며 명령에 따르지
　　　 않는 자는 죽인다고 하니 무릇 白犬을 기르는 자는 모두 이를 죽
　　　 이거나 혹은 강물에 던졌으며 죽이고 싶지 않은 자는 그 털을 검
　　　 은 물을 들이므로 특별히 詔書를 내려 이를 금지하도록 하니 그
　　　 쳤다.[12]

　　③ 명종 15년 妖言이 돌기를 "江南의 부녀자 가운데 美貌가 풍만하
　　　 고 요염하며 지아비와 사위가 없는 자는 모두 죽인다"하니 良家

---

11) 『高麗史』卷 54, 志 8 五行 2. "仁宗元年三月 四方訛言 有司將取民間
　　 小兒投之江中 轉相驚恐 至有亡匿山中者 西海道尤甚"
12) 『高麗史』卷 54, 志 8 五行 2. "明宗十三年二月 自京西州縣達于京城
　　 訛言國家禁畜白犬 不從令者誅 於是凡畜白犬者 皆殺之 或投之江中
　　 其不欲殺者涅其毛 特下詔禁之乃止"

女들이 이를 듣고 우리는 죽임을 당할 것인데 무엇이 아까울소냐 하고 街巷에서 淫奔하는 자가 있기에 이르니 왕이 이를 듣고 有司에게 명하여 佛事를 일으켜 이를 가시도록 하였다.[13)]

④ 고종 10년 3월 京城에 妖言이 돌기를 이 달 초 8일에 사람이 문밖을 나가면 문득 죽을 것이라 하니 이날에 거리의 시가지가 텅 비었다.[14)]

⑤ 고종 37년 5월 京城에 訛言이 있기를, "사람 50명을 써서 天狗를 제사한다"하니 男女가 두려워하고 간교하고 교활한 무리는 이를 핑계로 어둠을 타서 淫行하고 도적질하는 자가 심히 많으므로 御史臺가 榜을 붙여 諭示하였으나 능히 금지하지 못하더니 月餘만에 그쳤다.[15)]

⑥ 恭愍王 16년 民間에 訛言이 돌기를, "5~6월에 사람들이 모두 죽을 것이다"하니 사람들이 각각 좋은 옷을 입고 먹고 즐기면서 이를 기다리므로 憲司가 이를 금지하고자 하니 더욱 시끄러웠다.[16)]

⑦ 공민왕 21년 6월 庚辰에 訛言이 돌기를, "唐나라 사람이 서울 내외에서 사람을 잡아먹는다"고 하였다.[17)]

⑧ 공양왕 3년 11월 民間에 訛言이 돌기를, "帝使가 童女를 求하러 온다"하니 온 나라가 의심하고 두려워하여 딸을 시집보내는 집의 燈燭이 서로 잇달아 거리를 밝게 비추었으니 그 禮를 갖추지 않고 혼인하여 부인을 얻는 자가 이루 수를 헤아릴 수 없었다.[18)]

---

13) 『高麗史』卷 54, 志 8 五行 2. "十五年 妖言江南婦女美艶 無夫壻者皆死 良家女聞之曰 吾屬當死何所惜 至有淫奔街巷者 王聞之 命有司設佛事以禳之"

14) 『高麗史』卷 54, 志 8 五行 2. "高宗十年三月 京城妖言 今月初八日 人出門外 則輒死 是日市肆爲空"

15) 『高麗史』卷 54, 志 8 五行 2. "三十七年五月 京城訛言 用人五十祭天狗 男女惶怖 姦猾因之乘昏 淫盜者甚衆 御史臺牓諭不能禁 月餘乃息"

16) 『高麗史』卷 54, 志 8 五行 2. "民間訛言 五六月人當盡死 人各美衣食待之 憲司禁之益訛"

17) 『高麗史』卷 54, 志 8 五行 2. "二十一年六月庚辰 訛言唐人食人於京內外"

18) 『高麗史』卷 54, 志 8 五行 2. "恭讓王三年十一月 民間訛言 帝使求童女而來 舉國疑懼 嫁女之家 燈燭相連 輝暎街里 其不備禮 而婚姻者 不

위의 내용을 보건대 와언의 주요 내용은 사회적으로 유약한 계층인 어린아이나 부녀자와 관련된 내용이 많다. 이들을 이유 없이 살해한다거나 혹은 납치한다는 내용이 주를 이루고 있다. 그리고 이와 같은 와언이 유행할 때의 반응은 부녀자의 방탕한 생활과, 도피, 사치생활, 빈집을 상대로 한 도적질 등 도덕적·사회적 문제를 노출시키고 있다. 이에 대하여 정부에서는 종교적 힘을 빌려 민심을 안정시키기도 하였다. 또한 왕이 詔書를 내리거나 榜을 붙여 사실과 다름을 홍보하여 와언을 불식시키고자 노력하고 있음을 볼 수 있다. 위의 와언들은 말 그대로 사실과 어긋나는 사항들이 대부분이었으나 사회적 혼란을 유도하고자 했다는 측면에서는 공통적 속성을 가지고 있다. 다만 사회 혼란을 유도함으로써 얻을 수 있는 상대적인 이유가 어디에 있었는가는 사료의 한계상 알 수가 없다.

위의 사례 가운데 마지막 사료는 당시의 사회문제가 무엇이었는가를 정확하게 표현하고 있다. 일찍이 고려는 元에 침략을 받아 삼별초의 항전에도 불구하고 사실적인 간섭을 받게 되었다. 이후 원에서 요구한 각종 조공물에 시달려야 했고, 그 가운데서도 貢女 요구는 큰 사회적 반향을 불러일으키기에 충분하였다. 여인의 조공은 충렬왕 때부터 공민왕 초까지 80여 년간『고려사』에 기록된 것만도 50여 회에 150여 명에 달한다. 이 수치는 원의 사신이 와서 수시로 뽑아 간 것을 제외한 수치이니 실제적인 공녀의 수는 공식기록을 훨씬 상회한다 할 것이다.[19] 이로 인한 사회적 폐단은 자연 早婚風習으로 이어졌다. 이를 막기 위해 고려 조정은 16세 이하 13세 이상의 여자아이가 시집을 갈 때는 반드시 신고하여 허락을 얻

　　可勝計"
19) 고려시대 貢女에 관하여는 柳洪烈, 1957,「高麗의 元에 대한 貢女」『震檀學報』18, 震檀學會, 30~46쪽 : 金渭顯, 1994,「麗元間의 人的 交流考」『關東史學』5·6合, 關東史學會, 230~236쪽.

은 이후에 시집가도록 하는 제도적 장치까지 만들기도 하였다.[20]
그러나 이와 같은 제도가 실제적으로 잘 지켜졌는지는 알 수 없다.
위의 사료에서 '帝使가 童女를 구하러 온다'는 와언은 곧 중국에서
공녀를 요구하는 사신이 왔다는 것을 의미하며, 이에 따라 자신의
여식을 하루빨리 시집 보내 그 대상에서 제외하고자 결혼이 이어
지는 사태가 발생하고 있음을 볼 수 있다. 혼례의 예를 중요시하던
고려의 사회질서가 무너지고 있음을 보여주고 있는 한 사례이다.
나아가 제도적으로 결혼할 때 신고하도록 한 원칙이 지켜지고 있
지 않았으며, 중국의 사신이 공녀를 요구하러 왔을 때 사회적으로
대대적인 거부 반응과 함께 민의 저항 양상이 나타나고 있었음을
입증하고 있다.

3. 權力濫用을 비판하는 내용

국가정책이나 권력남용에 관한 와언은 아래와 같이 모두 6건이
나타나고 있다. 이는 전체 22건의 사건 가운데 27%를 차지하여 가
장 적은 비율을 나타내고 있다.

> ① 이에 이르러 用事者가 指摘하여 말하기를, "하늘의 견책이 자주
> 나타나고 訛言이 점차 일어나는 것은 모두 억울한 죄와 형벌을
> 남용한 所致이다"하니 왕이 詔書를 내려 용서하게 된 것인 바 臺
> 閣에서 한마디 말도 없으므로 識者는 이를 慨嘆하였다.[21]

---

20) 『高麗史』 卷 32, 世家 32 忠烈王 33年 9月 癸酉. "王命都評議司 女年
　　十六歲以下十三歲以上 毋得擅嫁 必須申聞面後許嫁 違者罪之"
21) 『高麗史』 卷 20, 世家 20 明宗 11年 9月. "至是用事者指言 天譴屢彰訛
　　言浸興 皆因冤濫所致 下詔原之 臺閣無一言 識者歎之"

② 사람들이 말을 퍼뜨리기를 "수레 밑에서 변이 일어났다"라고 하였다. 이에 御駕를 호송하던 百官들이 모두 낭패하여 사방으로 흩어졌으며, 길을 사이에 두고 서있던 士女들도 서로가 짓밟았는데, 오직 侍中 杜景升만은 말 고비를 잡고 태연하였다. 이 때의 人心이 흉흉하여 이같이 겁을 내며 의심을 품었다.[22]

③ 와언이 전하기를 "비밀히 동남동녀를 잡아 오색 옷을 입혀 집의 네 모퉁이에 묻어 토목의 기운을 누른다"하니 이 까닭으로 무릇 아이를 둔 사람은 모두 아이를 깊이 숨기고, 아이를 업고 멀리 도망하기도 하였다. 혹은 무뢰배가 거짓으로 어린애를 잡으니 그 부모가 놀라서 어찌할 줄을 모르고 후한 폐백으로 뇌물을 주어야만 두고 갔다. 최충헌이 어사대를 시켜 거리에 방문을 써서 붙이기를 "사람의 생명이 지극히 중한데 어찌 땅에 묻어서 재앙을 물리칠 이치가 있으랴, 만약 아이를 잡는 자가 있으면 그를 잡아서 알리라"고 하였는데 이후로는 요언이 차차 그치었다.[23]

④ 경성의 백성들이 와언하기를 왕이 장차 민가의 어린아이 수십 명을 취하여 신궁 주춧돌 밑에 묻으려 한다 하여 집집이 놀래서 많이 아이를 안고 도주하므로 간악한 무리들이 사이를 틈타 도둑질을 방자히 하였다.[24]

⑤ 人民들이 가족을 이끌고 성을 나가는 것을 금지하였다. 南京 땅의 지세를 보도록 하자 人心이 動搖하여 男負女戴하여 南行하는 자가 저자에 가는 것 같으므로 이를 금한 것이다.[25]

⑥ 한양에 천도하고자 하니 物議가 놀라서 서로 와언이 일어나고 있

---

22) 『高麗史』 卷 20, 世家 20 明宗 26年 8月. "人訛言 變生輦下 扈駕百官 皆狼狽四散 夾道士女 交相踐躁 惟侍中杜景升 按轡自若 時人心洶洶 危疑如此"

23) 『高麗史節要』 卷 14, 熙宗 6年 4月. "訛言密捕童男女 衣以五色 埋宅四隅 以禳土木之氣 故凡有兒者 皆深匿之 至有抱負遠逋 或無賴背 詐捕小兒 其父母警懼失措 賂以厚幣 然後乃棄去 忠獻令御史臺 榜于市街曰 人命至重 豈有埋地 禬禳之理 如有捕兒者 執之以告 自後妖言梢息"

24) 『高麗史』 卷 124, 列傳 37 盧英瑞. "時京民訛言 王將取民家小兒數十 埋新宮礎下 家家驚駭 多抱兒逃竄者 惡少乘閒 恣行剽竊"

25) 『高麗史』 卷 39, 世家 39 恭愍王 2年 7月 壬午. "禁人挈家出城 自相地南京 人心動搖 負戴南行者 如歸市故禁之"

습니다. 이는 전하께서 강수가 붉게 끓고 태백성이 낮에 나타났
다고 해서 참위의 불경한 말을 듣고 어가를 옮겨 피하고자 하는
것입니다.[26]

위의 사료 가운데 와언이 발생하는 원인을 왕이 형벌을 남용했
기 때문이라고 인식하고 있는 것이 주목된다. 전근대사회에서 자
연재해가 발생할 경우 이는 곧 통치자의 不德의 所致에서 유래되
었다고 하는 인식은 유교적 사유체제 하에서 자주 나타나고 있다.
그러나 인위적인 현상에 의해 나타나는 와언같은 것도 자연재해와
같은 선상에서 이해하고 있음이 주목된다. ②번은 왕의 수레 밑에
서 변이 일어난다는 와언으로 곧 반란을 의미하는 것이며, 이에 대
하여 民들과 문무백관들이 모두 도망하고 있음을 보여주고 있다.
왕을 보호해야 할 사람들이 단지 와언만을 듣고 도망할 정도로 유
언비어에 의한 여론의 힘이 강대했음을 보여주고 있다.

③·④번의 사료는 권력의 폐단과 관련된 와언들이다. 전자는
무신정권 때 최고의 실권자였던 崔忠獻이 집을 지을 때 어린 남녀
를 잡아다가 건물의 네 모퉁이에 묻어 재앙을 물리치고자 한다는
와언이다. 당시 최충헌은 허수아비인 熙宗을 왕으로 세우고 정권
을 농단하고 있었다. 자신의 대저택을 지으면서 사회적 물의를 일
으킬 때 누구하나 이에 대한 반발을 하지 못했다. 이러한 때에 진
원지를 알 수 없는 와언이 나타나 최충헌의 월권적 행위를 간접적
으로 비판하고 있었던 것이다. 이 와언이 발생하자 최충헌은 즉시
방을 붙여 와언의 내용이 사실이 아님을 밝히고, 어린아이를 잡는
자가 있으면 즉시 알리라고 하여 소문을 잠재우고 있다. 후자는 충
혜왕이 방탕한 생활을 위해 신궁을 건축하는 등 토목역사를 일으

---

26)『高麗史』卷 120, 列傳 33 尹紹宗. "而欲遷都漢陽 物議驚駭胥動訛言
是殿下以江水赤沸 太白晝見 乃信讖緯 不經之言 欲移蹕以避之"

키면서 어린아이를 잡아다가 주춧돌 밑에 묻어 재앙을 물리치고자 한다는 와언이다. 실제로 어린이를 잡아 희생양을 삼지는 않았다. 그러나 이와 같은 와언이 나타나게 된 것은 왕에게 정면 도전할 수 없었던 권력구조상 왕의 부당성을 비방하여 토목역사를 제지하고자 하는 목적에서 와언이 자연스럽게 확산된 것으로 생각된다. 이들 두 와언은 최고 권력자의 행위에 대한 비판적 내용이라는 공통점을 가지고 있다. 나아가 백성들 사이에 와언이 급속도로 확산되었다는 것은 상당수의 백성들이 와언의 내용에 공감하고 있었음을 암시하고 있다는 것이다.

⑤・⑥번은 도읍의 移建이라는 국가 정책과 관련된 와언들이다. 전자는 공민왕 때 남경의 지세를 살펴보고자 한 것이 화근이 되어 나라의 도읍을 옮기는 것으로 알고 民들이 앞을 다투어 남경으로 몰려가는 것을 보여주고 있다. 이에 정부에서는 강제로 성문을 닫고 이주를 금지하는 조치를 취하였다. 그리고 후자는 공양왕 때 한양천도에 관한 대중 여론이 널리 퍼져 사회적 물의가 와언으로 나타나고 있음을 우려하고 있다. 이들은 모두가 국가의 정책과 밀접한 관련이 있다는 공통점을 가지고 있다. 그런데 불과 몇 년 후에 실제로 남경으로 도읍을 천도하는 결과를 가져온 것을 보면 당시 조선개창의 주도세력들이 도읍지의 천도를 위한 사회 여론을 조성하기 위해 만들어 낸 와언일 가능성도 배제할 수 없다.

Ⅲ. 匿名書의 시기별 유형과 그 성격

    자신의 이름을 숨기고 작성한 글인 익명서는『高麗史』와『高麗 史節要』에 모두 18건이 소개되고 있다. 익명서의 특성상 내용이 다양함에도 불구하고 하나의 공통점은 익명서 내용의 裏面에 당 시 역사의 한 장면을 담아내고 있다는 점이다. 즉 익명서는 그것 이 나타난 시대의 정치사회적 여건을 반영하고 있기 때문에 역사 적으로 기록되지 않은 정치여론과 사회여론의 한 단면을 살펴볼 수 있다.

    다음의 <표 Ⅰ-1>에서 보듯이 고려시대 익명서는 무신정권 이 후부터 나타나고 있다. 전체 18건 가운데 무신정권기인 1170년에 서 1270년 사이에 발생한 사건이 8건으로 44%의 발생률을 보이고 있으며, 몽고의 침입으로 무신정권이 종료된 이후 원의 간섭기와 고려 말에 약 56%가 집중되어 있다. 이를 다시 구분하면 원의 간섭 기에 5건이 발생하고 있고, 공민왕의 개혁정치 이후 조선이 건국되 기까지 고려 말의 격동기에 5건이 나타나고 있어 비슷한 분포를 보이고 있다.

    익명서의 내용을 기준으로 할 때 무신정권기의 익명서와 원간섭 기, 공민당의 개혁정치 이후의 익명서로 나누어 각 시기별 익명서 의 유형과 성격을 살펴보자.

〈표 Ⅰ-1〉 고려시대 익명서의 내용과 그 현황

년 도	주모자	장 소	주 요 내 용	결과 또는 반응
명종 때	?	壽昌宮 門	刑部侍郎 李俊昌 형제를 참소	?
명종 6 (1175)	?	?	정중부 부자와 사위 송유인의 권력남용을 비판함	?
명종 16 (1187)	朴敦夫	?	여러차례 익명서를 행하다가 무고자 발생. 문에 붙이다가 현장에서 체포	박돈부 유배
명종 27 (1197)	?	?	홍왕사 僧統 등이 중서령 두 경승과 함께 최충헌을 살해하고자 한다는 내용	홍왕사에 갈 계획을 취소함
희종 2 (1206)	?	?	朴晉材가 외숙 최충헌을 제거하고자 한다는 내용	박진재 유배
희종 6 (1210)	庾益謙	최충헌 집	直長同正 元謂와 于承慶이 최충헌을 살해하고자 한다는 내용	유익겸 유배
고종 3 (1216)	揚水尺	?	기생 紫雲仙의 수탈과 順天寺主의 처형을 요구	양수척의 요구 수용
고종 21 (1234)	?	昇平門	崔怡가 겨울에 민을 동원하여 나무를 벌목한 것을 비난	?
충렬 2 (1276)	?	石扶天衢의 館舍	貞和宮主가 공주를 저주하며 齊安公 王淑 등 43명이 반역을 도모한다는 내용	공주가 관련자를 석방
충렬 24 (1298)	司宰注簿 尹彦周	궁문	趙仁規의 처가 충선왕이 공주를 사랑하지 않도록 저주하였다는 내용	원으로 조인규를 압송, 처는 鞠問
충숙 10 (1323)	?	저자거리	林淑의 탐욕에 관한 비난	임숙 파직
〃	?	行省의 門	左右司郎中 烏赤이 임숙의 뇌물을 받았다고 주장	?
충숙 12 (1325)	?	?	원 공주의 죽음을 방치했다는 내용	?
공민 20 (1371)	?	?	辛旽이 역모를 꾸미고 있다는 내용	奇顯 등 관련자 처형
공민 21 (1372)	任獻	?	상관인 대장 金存誠·崔斯正·柳源의 성품을 비난	임헌 유배

년 도	주모자	장 소	주 요 내 용	결과 또는 반응
우왕 3 (1377)	?	이인임의 집	金允升 등 7~8명이 이인임을 제거하고자 한다는 내용	김윤승 등 관련자 처형
우왕 8 (1382)	?	姜筮의 집	조민수·임견미 등이 정창군 요를 왕으로 삼으려 한다는 내용	金克恭 등 관련자 처형
우왕 9 (1383)	상호군 韓仲良	李存性의 집	형 한중보에 대한 비리	한중랑 유배

※ ?는 불확실하거나 사료에 명확하게 기록되지 않은 것이다.

1. 武臣政權期

　　무신정권기에 나타난 익명서의 내용은 크게 두 가지로 구분할 수 있다. 하나는 힘의 논리가 적용되던 그 시대적 특성을 반영하듯이 정권쟁탈과 관련된 무신권력자의 인명 살해와 관련된 내용이다. 의종 2년(1170) 鄭仲夫·李義方의 주도로 정권을 장악한 무신들은 많은 문신들을 살해했을 뿐만 아니라 국왕도 폐위시키고 명종을 옹립하였다. 명종 연간에는 집권 무신들간에 정권 다툼이 치열하게 이루어져 李高·金甫堂·慶大升·李義旼·曹元正·崔忠獻 등이 권력을 차지하기 위해 목숨을 걸고 힘겨루기를 하던 시기였다.[27] 그만큼 탄탄하고 완벽한 무신들의 권력창출이 완성되지 못했음을 의미하는 것이다.

　　이러한 흐름은 1196년 최충헌이 대신들을 제거하고 권력을 장악한 이후부터 다소 안정세를 회복하였다. 그럼에도 불구하고 정권 기반의 취약성 때문에 지속적인 저항세력들이 잔존하고 있었다. 이러한 정치 상황은 바로 최충헌을 살해하고자 한다는 내용의 익

---

27) 국사편찬위원회, 1993, 『한국사 - 고려무신정권 - 』18권, 참조.

명서가 나타나고 있는 사실에서도 알 수 있다. 즉 1196년 최충헌은 아우 崔忠粹·생질 朴晉材 등과 함께 이의민을 제거하고 忠誠佐理功臣에 올랐다.28) 그 이듬해인 1197년 知御史臺事 최충헌은 興王寺에 가서 불상의 완공을 경축하고자 하였다. 그러나 때 마침 어떤 사람이 '흥왕사의 僧統이 中書令 杜景升과 함께 최충헌을 살해하고자 한다'는 내용의 익명서를 투서하자 최충헌은 두려워하며 흥왕사에 가려던 계획을 취소하였다.29)

또한 희종 2년(1206)에는 이의민을 죽이는데 함께 참여한 생질 박진재가 최충헌을 제거하고자 한다는 익명의 牓이 나붙었다. 당시 박진재는 자신의 문객들에게 벼슬을 적게 주며 정권을 독차지하고 있는 최충헌의 태도에 대해 불만을 가지고 있던 때였다. 그리하여 최충헌은 즉시 박진재를 불러 다리의 힘줄을 절단하고 백령진으로 유배보냈다.30) 희종 6년(1210)에는 최충헌의 집에 '直長同正 元謂와 재상 于承慶이 최충헌을 암살하고자 한다'는 내용의 무기명 투서가 날아들어 이들을 체포하여 국문하였다.31) 당시 원서는 자신과 평소 은원 관계에 있는 庾益謙이 자신을 무고한 것이라고 주장하였다. 그의 주장대로 유익겸의 집을 수색한 결과 익명서의 초안이 발견되어 그를 섬으로 귀양보내는 것으로 끝을 맺었다. 일련의 이러한 사건들은 바로 무신정권기 정치권력의 불안정 속에서 파생된 것들이다. 그리고 익명서 사건이 발생했을 때 최충헌은

---

28) 『高麗史』 卷 129, 列傳 42 叛逆 3 崔忠獻.
29) 『高麗史』 卷 129, 列傳 42 叛逆 3 崔忠獻. "一日忠獻欲興王寺慶成佛像 有人投匿名書云 興王寺僧統蓼一 與中書令杜景升 謀害忠獻乃止"
30) 『高麗史』 卷 129, 列傳 42 叛逆 3 崔忠獻. "先是有人帖匿名牓云 將軍 朴晉材 謀去舅崔忠獻 … 晉材恨門客除官者 小常怏怏不平 … 遂命左右縛之 斷其脚筋 流白翎鎭"
31) 『高麗史』 卷 129, 列傳 42 叛逆 3 崔忠獻. "有人投匿名書于忠獻家曰 直長同正元謂 與宰相于承慶 謀殺忠獻 忠獻捕謂問之"

적극적으로 그 내용을 믿고 대처하였음을 보여주고 있다. 이는 그 시대가 얼마만큼 정치권력 속에서 서로 믿지 못하는 분위기였는가를 여실하게 보여주고 있는 것이다.

다른 하나는 무신정권기의 권력남용에 대한 비판적 내용이 주를 이루고 있다. 무신정권 창출의 주역인 정중부는 명종 6년(1175) 익명서를 통해 자신과 아들 및 사위가 정권을 제멋대로 한다는 비난을 받았다. 즉 "시중 鄭仲夫와 그 아들 鄭筠과 사위인 僕射 宋有仁은 정권을 專橫하면서 방자하게 횡포한 짓을 하고 있다. 南賊이 일어난 원인도 여기에 있다. 지금 만약 군사를 동원하여 적을 토벌하려면 먼저 이들을 제거한 연후에야 가능할 것이다"는 내용의 익명서가 諸領의 군사들에 의해 보고되자 정균은 겁이 나서 사직을 청하고 여러 날 밖으로 나오지를 않았다.[32] 당시 정중부 가문의 권력남용이 어느 정도였는가를 알 수 있으며, 나아가 익명서를 통해 그들의 전횡을 비판하면서 엄중히 경고하고 있는 세력도 있었음을 인식할 수 있다.

이러한 사례는 최충헌이 정권을 전횡할 때도 있었다. 고종 3년(1216) 최충헌은 기생인 紫雲仙을 첩으로 삼고 揚水尺들의 名簿를 그에게 주어 관리하도록 하였다. 자운선은 권력을 배경으로 양수척들에게서 공납의 징수를 심하게 하였다.[33] 때마침 거란족이 침입하자 평소 최충헌을 배경으로 한 기생 자운선의 횡포에 반감을 가지고 있던 양수척들이 거란군에 항복하고 선봉에 서서 오히려 고려를 공격하는데 길 안내의 역할을 맡아 고려를 곤혹하게 만들

---

32) 『高麗史』卷 128, 列傳 41 叛逆 2 鄭仲夫. "諸領軍士揭匿名榜云 侍中 鄭仲夫及子承宣筠女壻僕射宋有仁 擅權橫恣 南賊之起 其源繇此 若發兵討之 必先去此背然後可 筠聞之懼乞解職 累日不出"
33) 『高麗史』卷 129, 列傳 42 叛逆 3 崔忠獻. "忠獻又以紫雲仙爲妾 計口徵貢滋甚"

었다. 나아가 그들은 자신들의 입장을 익명서를 통해 다음과 같이
표명하였다.

> 우리들이 반역한 것은 다른 까닭이 있어서가 아니라 기생첩의 수
> 탈을 견디지 못하여 거란 외적에게 투항하여 길 안내를 하였다. 만
> 약 조정에서 기생의 무리와 順天寺主를 처단해 준다면 당장 창끝을
> 돌려 대고 나라를 위하여 일할 것이다.[34]

이 보고를 접한 최충헌은 즉시 그들의 요구를 들어주어 기생 자
운선을 고향으로 돌려보냈다. 그리고 양수척들의 저항에 대하여
두려움을 느끼고 있던 順天寺主는 스스로 도망하여 사라졌다. 이
사건은 중앙의 권력을 배경으로 하여 하층민들의 공물을 개인이
사취한 것이다. 그리하여 피해 당사자들인 양수척들이 익명서를
이용하여 일의 정황을 알리고 개선을 요구한 것이며, 최충헌은 이
를 즉시 수용하였다. 최충헌으로서는 거란의 계속된 공격을 막아
야만 할 입장이었기 때문에 자신의 첩을 버리고 양수척의 의견을
수용하였던 것이다. 그렇더라도 양수척들의 입장에서는 자신들의
목적을 달성하였을 뿐만 아니라 익명서를 통해 최충헌의 권력 전
횡을 분명하게 비판하였다는 점에서 대단한 성과를 거두었던 것이
다. 이 사건 역시 전자의 형태와 같이 위정자의 권력남용에 대한
비판적 내용을 담고 있으며, 그 목적을 달성하였다는 점에서 나른
사건과는 다른 의미를 가지고 있다.

최충헌의 뒤를 이어 아들 崔怡가 정권을 잡았을 때도 그의 전횡
을 비판하는 익명서가 승평문에 나붙었다. 그 내용은 '사람과 잣나

---

[34] 『高麗史』 卷 129, 列傳 42 叛逆 3 崔忠獻. "揚水尺等帖匿名書云 我等
非故反逆也 不堪妓家侵奪 故投契丹賊爲鄕導 若朝廷殺妓背及順天寺
主 則可倒戈輔國矣"

무 가운데 어느 것이 더 중한가?'라는 짧은 문구였다. 이것은 당시
최이가 한겨울에 자신의 집 뒤뜰에 잣나무를 심기 위해 무고한 백
성들을 동원하는 과정에 그 원인이 있다. 그는 백성들에게 2~3일
정도가 걸리는 安養山에서 나무를 채취하여 운송하도록 하였고,
동원된 사람들은 그 고통을 호소하였다. 뿐만 아니라 그 이전에는
西山에다 백성들을 동원하여 사사로이 얼음을 저장함으로서 백성
들의 원망을 사기도 했다. 잣나무를 실어 나르는 과정에서 추위에
얼어죽는 사람이 발생하는 등 동원된 사람들 사이에서는 원망이
자자했다. 이러한 상황 속에서 익명서가 나붙어 그의 행동을 비난
하였던 것이다. 비록 이 주모자가 어떤 사람인지는 모르지만 그 목
적이 최이의 독단적인 정권전횡을 공개적으로 비판하고자 한 것임
은 자명하다.

　이와 같이 무신정권기의 익명서 사건들은 그 시대적 특성을 반
영하듯이 집권무신들 사이의 정권 쟁탈이나 정권의 전횡을 공개적
으로 비판하고 있다. 나아가 정국의 운영을 장악하고 있는 지배층
에 대한 살해 협박과 관련된 내용이 주를 이루고 있음을 확인할 수
있다. 그리고 사건이 발생했을 경우 그 주모자들이나 연루된 사람
들에 대한 처리 결과는 유배라는 가벼운 처벌을 선택하고 있는 것
도 주목된다.[35]

---

35) 조선시대 익명서 사건이나 掛書事件의 주모자에 대하여는 絞刑에 처
　　하여 고려시대 보다 극형을 가하였다(李相培, 1999, 『朝鮮後期 政治와
　　掛書』 國學資料院, 27~33쪽).

2. 元干涉期

원의 간섭기에 나타난 익명서도 당시의 시대적 특성과 연결되어 있음을 확인할 수 있다. 즉 원의 간섭기에는 무신집권자들에 의해 추락된 왕권을 회복시키기 위한 고려와 고려에 대한 회유정책을 표방한 원과의 이해가 합치되면서 양국은 혼인에 기반을 둔 외교 관계를 수립하였다. 그리하여 고려 왕은 원 왕실의 왕자나 부마격 으로 제왕의 자리에 올랐다. 고려 왕은 원의 부마라는 지위를 이용 하여 왕권의 신장을 얻고자 하였으나 고려 왕실의 격하라는 희생 도 동반되었다.[36] 이와 같은 시대적 상황하에서 고려 왕실내의 불 협화음을 잘 표현하고 있는 것이 당시의 익명서 사건이다.

忠烈王 2년(1276)에 발생한 익명서는 충렬왕을 사이에 두고 원의 공주와 貞和宮主 사이의 반목을 나타낸 사건이다. 정화궁주는 종 실인 始安公 王絪의 딸로서 충렬왕이 즉위하자 정화궁주에 책봉 된 인물이다. 그러나 충렬왕이 세자로 원에 있을 때 세조의 딸인 齊國大長公主와 결혼하여 고려에 온 이후 둘 사이에 불화가 발생 하였다. 원의 공주가 시집온 뒤로 정화궁주는 항상 별궁에서 거쳐 하면서 왕과의 왕래가 단절되었나가 공주가 죽고 충선왕이 즉위한 이후에야 함께 살았다. 당시 익명서에 적혀 있었던 내용은 "정화궁 주가 왕의 총애를 잃자 무녀를 시켜 공주를 저주한다"는 것과[37]

---

36) 고려와 원과의 혼인에 관해서는 다음의 글이 참조된다.
   簫啓慶, 1983, 「元麗關係中的王室婚姻與强權政治」『元代史新探』, 新 文豊出版公司.
37)『高麗史』卷 89, 列傳 2 后妃 忠烈王. "其書曰 貞和宮主失寵 使女巫呪 詛公主"

齊安公 王淑과 金方慶 등 43명이 반역을 도모한다는 내용이었
다.38) 이 익명서는 達魯化赤 石抹天衢의 관사에 던져져 다음 날
이 글을 석말천구가 왕과 원의 공주에게 보고하였다. 원의 공주는
즉시 정화궁주와 왕숙 등 43명을 잡아 가두었다. 이 사건 관련자들
은 柳璥의 다음과 같은 간언에 의해 모두 석방되었다.

　　近世에 권력있는 신하들이 나라의 운명을 잡고 만약 어떤 사람이
죄를 지었다고 고하면 虛實과 輕重을 묻지 않고 즉시 죽이는 것이
마치 풀 베는 것 같이하여 사람마다 떨고 두려워하며 목숨을 보전하
지 못하게 되었습니다. 이러한 때에 하늘이 도와서 이 무리를 완전
히 없애고 공주로 하여금 고려에 와서 다스리게 하였으므로 신 등은
다시 前日의 禍가 없을 것이라 생각하였습니다. 그런데 지금 이런
일이 일어났습니다. 얻은바 匿名書는 청컨대 臣이 변명하겠소이다.
우리나라는 인물이 쇠멸되고 관군이 四面을 지키고 있으니 누가 감
히 달아날 수 있겠습니까? 無名한 글을 어찌 족히 믿을 수 있으리오?
만약 믿고 이를 죄준다면 우리 가운데 한두 사람도 내일에는 화를
면치 못할까 두려워할 것이니 누가 감히 힘을 다하여 왕실의 일을
돌보겠습니까? 정화궁주가 공주를 저주했다는 것 역시 쉽게 분별할
수 있는 일입니다. 공주께서 우리 왕에게 시집온 후로부터 나라 사
람들이 안도하고 모두 황제의 덕에 감사하여 뼈에 사무치게 느끼고
있는데, 그가 만약 私感으로 저주하였다손 치더라도 神의 靈驗이 있
으니 德을 배반한 禍가 반드시 그 몸에 돌아갈 것입니다.39)

---

38) 『高麗史』 卷 104, 列傳 17 諸臣 金方慶. "有人投匿名書于達魯花赤石
　　抹天衢曰 齊安公淑金方慶等四十三人謀不軌"
39) 『高麗史』 卷 105, 列傳 18 諸臣 柳璥. "近世權臣 執國命 若有告人以罪
　　不問虛實輕重 卽加誅戮 如刈草管 人懷戰慄 莫保朝夕 黃天眷佑 蕩除
　　此輩 使公主來莅 東方臣等 以爲無復前日之禍 今乃有此事 所得匿名
　　書 臣請辨之 我國人物衰耗 官軍屯於四面 誰敢逃竄 無名之書 何足敢
　　信 若信而罪之 我一二臣 明日亦恐不免 誰敢竭力 以供王事 貞和宮主
　　呪詛事 亦易辨也 自公主釐降 國人按堵 實感帝德 淪入骨髓 彼若以私
　　憾呪詛 神而有靈 背德之禍 必反乎身"

하지만 관련자 43명의 명단에는 이미 5년 전에 죽은 사람들의 이름이 올라 있을 뿐만 아니라 익명의 투서이기 때문에 믿을 것이 못된다는 근거를 바탕으로 원의 왕실에 表를 올려 사건의 내용이 무고라는 사실을 알려야 했다.[40]

또한 忠烈王 24년(1298)에도 유사한 형태의 익명서가 발생하였다. 당시 원에 세자로 가 있던 忠宣王이 세조의 장손인 晉王의 딸 寶搭實憐과 결혼하여 고려로 돌아오고 난 직후였다. 고려로 온 원의 공주는 왕이 자신을 사랑하지 않자 원의 왕실에 "趙妃가 공주를 저주하여 왕으로 하여금 사랑하지 못하게 한다"는 내용의 편지를 보내어 불만을 표시하였다.[41] 그러던 중에 궁문에 "趙仁規의 처가 神巫를 섬겨 저주하여 왕으로 하여금 공주를 사랑하지 않고 조인규의 딸을 사랑하게 한다"는 내용의 글이 나붙었다.[42] 이로 인해 조인규와 그 처를 비롯하여 친인척들을 모두 가두고 원에 이 사실을 알렸다. 원에서는 곧 사신을 파견하여 이들을 국문하고 조인규의 딸인 趙妃와 宦者, 그리고 조인규를 잡아 돌아갔을 뿐만 아니라 왕과 공주를 강제로 동침케 하였다.

이 사건은 여기에서 마무리되었지만 여러 가지 어색한 상황이 노출되고 있다. 즉 익명서의 주모자가 司宰注簿 尹彦周의 소행으로 밝혀졌으나 그에 관한 기록이 없어 익명서를 행한 목적과 경위가 나타나 있지 않다. 또한 당시의 사람들이 "왕이 공주와 결혼한 이후 부부의 道에 불만족이 있었는데 嬪妾이 혹 동침하면 아이를 가지는 까닭에 妬忌하는 틈이 생긴 것이다"라고 말하였다는 기록과, "공주가 본래 근신하지 못하고 매번 內僚 여러 사람과 더불어

40) 『高麗史』 卷 28, 世家 28 忠烈王 2年 12月.
41) 『高麗史』 卷 89, 列傳 2 后妃 忠宣王. "其書云 趙妃詛呪公主 使王不愛"
42) 上同. "有人貼匿名書於宮門云 趙仁規妻 事神巫呪詛 使王不愛公主 而愛其女"

음란한지라 충선왕이 불결하게 여겼다”는 기록이 있다.[43] 이 기록
은 당시 공주와 왕과의 관계가 원만하지 못하였음을 나타내 주는
것이다. 결국 익명서의 소행이 표면적으로는 윤언주라 할지라도
실제적인 주모자는 공주 자신이거나 그 측근이 꾸며낸 사건일 가
능성이 다분히 내재되어 있다. 익명서를 통해 공주 자신과 왕과의
관계가 원만하지 못한 것은 다른 사람의 저주 때문이라고 합리화
하고, 나아가 익명서의 내용을 빌미로 원의 왕실에 알려 자신의 음
란한 행위를 감추고자 하였던 것이 아닌가 생각된다.

충숙왕 12년(1325)의 익명서도 원의 공주와 관련되어 있다. 당시
원의 공주가 고려에서 18살에 죽었는데 그 죽음의 이유와 관련하여
사회에 널리 유포되었던 내용이다. 익명서의 내용은 다음과 같다.

> 禪師 祖倫과 師傅 王三錫이 왕을 유인하여 오래도록 용산의 바닷
> 가에 낮고 습기 찬 땅에 머무르게 하고 공주로 하여금 氈幕 속에서
> 아이를 낳게 하여 병을 얻어 목숨을 구하지 못하게 하였으니 만약
> 황제의 귀에 들어간다면 두 사람의 죄는 용서받지 못할 것이다.[44]

위의 내용은 원 공주가 추운 곳에서 아이를 낳도록 유도하여 그
후유증으로 병을 얻어 죽도록 만들었다는 내용이다. 당시 禪師 祖
倫은 李宜風과 함께 충숙왕을 가까이에서 모시면서 조정의 정사에
참여하여 권력을 행사하던 자이다. 문제는 진정으로 원의 공주가
익명서의 내용과 같은 과정을 거쳐서 죽었는가 하는 것인데 당시
원과 고려의 외교관계상 있을 수 없는 일이다. 따라서 이 익명서의

---

43) 上同. “人謂王自尙主以來 有歉夫婦之道 然嬪妾或進御有身 故致妬忌
之釁 … 公主素不謹 每與內僚諸人亂 王益不屑 …”
44) 『高麗史節要』卷 24, 忠肅 12年 10月 丁酉條. “時有飛書云 禪師祖倫師
傅王三錫 誘引主上 久留龍山 濱海卑濕地至 使公主免身氈幕遘疾莫救
若達帝聰 二人之罪 在所不赦”

내용은 비록 사실과는 거리가 멀다고 할지라도 사회적으로 널리 유포된 것으로 보아 당시 고려 民들의 내면적 욕구가 익명서를 통해 표출된 것이 아닌가 생각된다.

이와 같은 일련의 사건은 고려의 왕이 원의 공주와 정책적인 결혼을 통해 왕권을 신장시키고자 했던 과정에서 파생된 결과이다. 원의 공주가 고려로 시집와서 왕과의 생활이 원만하지 못했던 것은 문화적인 차이도 있겠으나 보다 근본적으로 고려와 원의 정책적인 차원에서 맺어진 관계 때문이다. 즉 고려의 왕이 원의 공주를 특별 대우하지 않고 次妃들과 유사한 위치에서 대우하고자 했다는 것은 고려왕실이 무조건적인 원의 지배체제에 순응하지 않고 독자적인 길을 걷고자 하였음을 보여주는 한 단면이기도 하다. 원의 공주와 왕의 次妃 사이에 왕에 대한 애정문제로 여러 가지 문제가 발생했다는 것이 이를 대변해 준다고 할 것이다. 또한 왕과 공주와의 관계가 익명서의 대상이 되었다는 것 자체는 그 시대 민의 초미의 관심사항이었음을 반영하고 있는 것이다. 그렇기 때문에 원 공주의 죽음을 곧 고려 왕조가 방치하고 유도하기를 바라는 민의 내면적 욕구가 익명서로 표출되기도 하였던 것이다. 이같이 원간섭기 양국의 혼인정책은 정치사회적으로 적지 않은 영향을 끼쳤음을 확인할 수 있다.

3. 恭愍王의 改革政治 이후

원의 간섭으로부터 벗어나 자주적인 개혁정치를 추진한 공민왕대 이후의 익명서는 그 양상이 달라진다. 그 내용은 역모와 관련된 사항이거나 혹은 권력쟁탈과 관련된 것이 주를 이루고 있어 고려 말의 혼란스러운 정국양상을 그대로 보여주고 있다. 공민왕 20년 (1371) 選部議郎 李韌이 익명서를 올려 辛旽의 逆謀를 아뢰었으며,[45] 우왕 8년(1382)에는 李仁任의 사위인 姜筮의 집에 익명서가 전달되었다. 그 내용은 "왕의 즉위에 의심나는 것이 없지 않으며, 또 매우 無道하므로 曹敏修·林堅味·廉興邦·都吉敷·文達漢 등이 이인임과 崔瑩을 없애고 定昌君 瑤를 세워 왕으로 삼으로 한 다"는 것이었다.[46] 前者는 신돈과 관련된 인물들이 죽음을 당하였으며, 後者는 익명서의 내용을 제일 먼저 발설한 전판사 金克恭이 매를 못 이겨 스스로의 소행이라고 거짓 자복하고 희생당하였다. 이 사건들은 모두가 역모와 직접적으로 관련되어 있었던 사건들이 다. 실제로 그들이 역모를 모의했는가의 문제는 정확하지 않지만 정치의 혼란상을 여실히 보여주는 사건들이다.

그리고 우왕 3년(1377) 李仁任의 집 대문에 붙은 익명서도 당시 권력을 행사하고 있던 이인임을 제거한다는 내용이었지만 실제로 는 이인임과 池奫 사이의 권력쟁탈전과 직결된 사건이다. 익명서 의 내용은 다음과 같다.

> '池奫의 문객 金允升 등 7~8명이 門下舍人 鄭穆을 사주해서 인임을 탄핵하여 쫓아 버리고 지윤을 시중으로 삼으려 하는데, 일이 절박하니 빨리 도모하라'하였고, 그 끝에 또 말하기를 '내 관직은 判事이고, 내 姓은 李이고, 내 이름은 11획이다.'[47]

---

45)『高麗史』卷 43, 世家 43 恭愍王 20年 7月 丙辰條. "丙辰選部議郎李韌 上匿名書 告辛旽謀逆 鞫其黨寄顯崔思遠鄭龜漢陳允儉寄仲脩等誅之"
46)『高麗史節要』卷 31, 辛禑 8年 正月. "初有投匿名書于李仁任壻姜筮家 云 王之卽位不無嫌疑 且甚無道曹敏修林堅味廉興邦都吉敷文達漢等 謀去李仁任崔瑩 立定昌君瑤爲王"
47)『高麗史節要』卷 30, 辛禑 3年 2月. "書于達魯花赤石末天衢曰任門曰 池奫門客金允升等七八人 嗾門下舍人鄭穆 欲劾去仁任 以奫爲侍中 事 迫矣 其速圖之 其末又言 吾職判事 吾姓李 吾名十一劃"

글의 내용은 지윤이 이인임을 제거하고자 하니 먼저 방책을 강
구하여 지윤을 탄핵하라는 내용이었다. 이를 본 이인임은 지윤을
만나 글을 보여주며 그의 의도를 떠보는 한편 지윤의 문객으로 소
위 '池齋 門下의 四傑'이라 불리던 판전교시사 李悅, 좌상시 華之
元, 우부대언 金承得, 지신사 金允升 가운데 김윤승을 제외한 나머
지 3명에 대해 조정을 비방하였다는 죄목으로 모두 유배 보내 지
윤의 세력을 축소하였다. 그러자 위기를 느낀 지윤이 이인임 일당
을 제거하고자 난을 도모하였으며, 이를 역이용한 이인임이 지윤
일당을 모두 체포하여 처형함으로써 결말을 지었다.[48) 이 사건은
당시 권력자들 사이의 정권쟁탈전이 어느 정도였는가를 확인할 수
있는 한편 정치적 여론을 형성하는데 익명서가 일조하고 있음을
보여주고 있는 것이다.

Ⅳ. 맺음말

이상에서와 같이 고려시대 와언과 요언 및 익명서를 통해 그 시
대의 정치사회 여론의 실상을 살펴보았다. 아울러 이들을 내용
별・시기별 분류를 통해 각 사건들의 양상과 성격 및 정부의 대응
등을 논술하였다.
『高麗史』와『高麗史節要』에 나타나고 있는 와언과 요언에 관한

---

48) 이 사건의 전말은『高麗史節要』卷 30, 辛禑 3年 2月 :『高麗史』卷
125, 列傳38 姦臣1 池齋條 :『東國通鑑』卷 50, 高麗紀 辛禑 3年 2月에
상세하게 기록되어 있다.

기록은 모두 22건이 나타나고 있다. 이들은 대부분 국가의 각종 天災地變과 災害를 기록해 놓은 五行條에서 집중적으로 다루고 있으며, 그 이외에는 列傳과 世家에 일부의 기록이 전하고 있다. 고려시대 와언과 요언의 내용을 근거로 분류하면 크게 세 가지 유형으로 구분할 수 있다. 첫째는 異民族의 침입이나 內國人에 의한 민란 등으로 인하여 곧 전쟁이 일어날 것이라는 내용의 전쟁발설에 관한 와언이다. 묘청의 난이 발생했을 때의 와언이나 왜구와 홍건적의 침입관련 와언들은 고려 말의 정치사회적 여건들을 그대로 반영하고 있는 것이다. 이들의 와언에 대해 정부에서도 와언을 믿고 대응책을 강구하는 사례가 종종 발견되고 있어 와언을 믿을 수밖에 없었던 당시의 허약한 사회적 현실을 살펴볼 수 있다. 둘째는 살인·납치 등과 관련된 사회적 동요에 관한 와언이다. 이와 같은 와언이 유행할 때의 반응은 부녀자의 방탕한 생활과 도피, 사치생활, 빈집을 상대로 한 도적질 등 도덕적·사회적 문제를 노출시키고 있다. 이에 대하여 정부에서는 종교적 힘을 빌려 민심을 안정시키기도 하였으며, 왕이 詔書를 내리거나 榜을 붙여 사실에 어긋남을 홍보함으로서 와언을 불식시키고자 노력하고 있음을 볼 수 있다. 셋째는 국가정책이나 권력 남용과 관련된 와언이다. 무신정권기 최충헌의 하늘을 찌를 듯한 권력행사에 대한 비판적 여론을 담은 와언이나, 고려 말 남경으로의 수도 천도설과 같은 국가 정책과 관련된 와언이 많이 발생하였다.

　이상과 같은 와언의 유행에 대하여 고려 정부나 위정자들은 여론을 받아들이고, 능동적이면서도 적극적인 대응책을 강구하였다. 와언의 유행을 자연재해와 같은 존재로 인식하여『고려사』의 五行條에 기록한 것을 통해서 볼 때 고려시대 위정자들은 와언을 단순한 유언비어의 한 형태로 치부하지 않았음을 보여주고 있는 것이다.

고려시대의 익명서는 『高麗史』와 『高麗史節要』에 모두 18건이 소개되고 있다. 이들 익명서는 무신정권 이후부터 나타나고 있으며, 전체 18건 가운데 무신정권기에 발생한 사건이 8건으로 44%의 발생률을 보이고 있으며, 몽고의 침입으로 무신정권이 종료된 이후 원의 간섭기와 고려 말에 약 56%가 집중되어 있다. 이를 다시 구분하면 원의 간섭기에 5건이 발생하고 있고, 공민왕의 개혁정치 이후 조선이 건국되기까지 고려 말의 격동기에 5건이 나타나고 있어 비슷한 분포를 보이고 있다.

무신정권기의 익명서 사건들은 그 시대적 특성을 반영하듯이 집권무신들 사이의 정권쟁탈이나 정권의 전횡을 공개적으로 비판하고, 나아가 정국의 운영을 장악하고 있는 지배층에 대한 살해와 관련된 내용이 주를 이루고 있음을 확인할 수 있다. 그리고 사건이 발생했을 경우 그 주모자들이나 연루된 사람들에 대한 처리결과는 유배라는 가벼운 처벌을 내리고 있다. 원의 간섭기에 나타난 익명서는 원과 고려의 혼인에 바탕을 둔 외교라는 당시의 특수한 상황을 그대로 보여주는 내용들이 주를 이루고 있다. 고려 왕실 내에서 원 공주와 왕 次妃와의 사이에 발생하는 시기와 질투관련 내용이나 원 공주의 죽음을 둘러싸고 나타나는 의혹관련 익명서 등이 그 특징이다. 이어 고려 말에는 권력쟁탈 혹은 역모 모의와 관련된 내용들이 주를 이루어 당시의 혼란스러운 변혁기의 정치상을 보여주고 있다.

결국 고려시대 무신정권기 이후부터 나타나기 시작한 訛言이나 妖言 및 匿名書들은 그 시대의 정치사회 여론을 그대로 반영하면서 대두된 언론의 창구 역할을 하였다. 무신들에 의한 정권쟁탈전, 몽고와의 전쟁 이후 원의 간섭을 받으면서 고려 왕조를 지탱하고자 하는 위정자들, 왜구와 홍건적 등 이민족의 침입 등으로 혼란해

진 정치사회적 여건 속에서 민들의 비판적 의식이 와언이나 익명
서로 표출되어 정치사회 여론을 형성하였던 것이다. 그리고 이에
대해 위정자들은 무시하거나 격하하지 않고 그 대응책을 즉시 강
구하는 등 적극적인 자세를 견지하기도 하였다.

제2장

조선 초기 匿名書의 유형과 특징

I. 머리말

익명서란 글자 그대로 이름을 숨기고 작성한 모든 글을 통칭하는 말이다.[1] 글을 쓰는데 있어서 그 내용의 긍정과 부정을 떠나 이름을 숨기고 쓴다는 것 자체는 자신을 드러내기 싫다는 의미이다.

---

[1] 익명서의 유형으로는 投書·壁書·榜書·秘書·掛書 등이 있다. 투서와 비서는 그 내용을 아는 사람이 극히 한정되어 있으나 벽서와 방서 및 괘서는 공개된 장소이므로 여러 사람이 글의 내용을 인지할 수 있다. 따라서 익명서의 주모자가 글의 내용을 널리 알리고자 할 때는 후자를 이용하였고, 특정인에게 사실을 알리고자 할 때는 전자를 이용하였다. 조선 전기에는 이들을 뚜렷이 구별하여 사용하지 않고 익명서로 통칭하여 불렀으며, 조선 후기 숙종 이후에는 괘서라는 용어가 널리 사용되고 있다(李相培, 1999, 『朝鮮後期 政治와 掛書』, 國學資料院, 19~26쪽 참조.)

따라서 그 글 내용의 신빙성은 다소 떨어진다고 할 수 있으나 시대
적 상황과 여건에 따라 사실적인 내용도 포함하고 있음을 부정할
수는 없다. 오늘날에도 익명의 투서사건이나 대자보 사건이 종종
나타나고 있다. 사안에 따라 다소 과장되기도 하고 없는 사실을 부
풀려 誣告하는 경우도 있지만 사실적인 내용을 담고 있는 경우도
많다.

문제는 오늘날과 같이 자신의 주장을 자유롭게 피력할 수 있는
각종 매체와 도구가 발달되어 있지 않았던 전근대 사회의 경우, 익
명서가 소수 지식인층과 일반 백성들의 의사표현 통로로서 일정한
역할을 수행하였다는 점이다. 물론 上疏·民訴·上言·擊錚·申
聞鼓 등 법이 허용하는 한도 내에서 의사를 개진할 수도 있었으나,
이들은 일정한 한계를 갖고 있어 모든 사람에게 자유로운 의사전
달 통로로서의 역할을 담당하는데는 역부족이었다. 이와 같은 한
계점을 극복하고 자신의 의견을 개진할 수 있었던 하나의 수단이
바로 익명서이다. 이것은 법적으로 금지되어 있었기 때문에 위험
요소를 안고 행동에 옮길 수밖에 없었던 방법이다. 나아가 익명서
를 사용할 경우 그 내용이 다른 사람들에게 전파되어 사회여론을
조성하는 수단으로서도 사용되었다.

따라서 익명서는 그 내용이나 경향을 통해 당 시대 정치사회상
의 한 단면을 살펴볼 수 있는 사료라고 생각한다. 그럼에도 불구하
고 조선 전기 익명서에 관한 연구는 아직까지 불모지대라 할 수 있
다. 조선 후기의 경우는 1990년대에 들어서면서 연구가 진행되어
오늘날까지 많은 논문이 발표되었다.[2] 그러나 조선 전기는 1999년
에 故 韓㳍劤 선생의 遺稿가 學術院論文集에 실린 것이 유일한 글

---

2) 조선 후기 익명서 연구 동향에 관하여는 李相培, 위의 책, 12~13쪽
  참조.

이다.3)

본 논문에서는 이러한 문제의식을 가지고 조선 초기 익명서 사건의 전체적인 현황 파악과 아울러 익명서의 주요내용과 그 유형 및 특징을 살펴보고자 한다. 특히 성종대에 많이 발생하고 있는 익명서 사건 가운데 비교적 사료가 많이 남아 있으면서 주목될 만한 사건을 중심으로 논지를 전개하고자 한다. 이러한 연구는 익명서를 통해 조선 초기 정치사회상의 한 단면을 살펴볼 수 있는 계기가 될 것이다.

Ⅱ. 익명서 사건의 성격과 특징

1392년 조선이 개국된 이후 100여 년간『조선왕조실록』에 기록된 익명서는 모두 24건으로 나타나고 있다. 이 수치는 어디까지나 국가에서 기록한 공식적인 것이기 때문에 실제적인 숫자는 이를 훨씬 상회한다고 할 수 있다. 왜냐하면 익명서를 처음 발견한 자는 전파하지 말고 즉시 불사르도록 법에 규정하고 있기 때문에4) 보고되지 않은 익명서의 수를 합하면 보다 많은 사건이 발생하였을 것이라는 사실을 쉽게 알 수 있다. 조선 초기에 나타나는 24건 익명

---

3) 韓㳓劤, 1999,「朝鮮時代의 匿名書 硏究」『學術院論文集(人文・社會科學篇)』38, 1～30쪽.
　이 글은 조선 초기부터 영조대까지의 익명서 사건을 개략적으로 소개하고 있지만 필자에 의해 완전하게 탈고된 글은 아니다.
4)『經國大典』刑典 推斷條.

서의 발생 시기와 장소 및 그 주요 내용을 도표로 정리하면 아래와 같다.

<표 Ⅰ-2> 조선 초기 익명서 발생 현황

번호	발생시기	발생장소	주 요 내 용	주모자	결과
1	태조 4년 (1395) 6월	도순문사 안경량의 집	道巡撫使 崔允祉가 역적을 모의한다고 道巡問使 安景良에게 익명서를 보냄	前郎將 金永守	참형
2	태조 7년 (1398) 4월	都堂	노비소유문제로 김귀생이 前縣令 李迪를 반란 모의 혐의로 투서함	前散員 金貴生	〃
3	태종 3년 (1403) 11월	조영무의 집	大護軍 宋居信이 조영무를 죽이고 난을 일으키려고 한다는 내용의 익명서.	宋介石	장형
4	태종 6년 (1406) 7월	한성부 鐘樓 및 시가지	하륜이 집정했기 때문에 가뭄이 계속된다는 등 조정을 비판하는 내용으로 여러 곳에 동시에 붙임	受田人으로 추정	효유
5	태종 8년 (1408) 2월	?	2~3회에 걸쳐 黃喜의 관리천거가 공정하지 못하다는 내용으로 비난함	?	?
6	태종 11년 (1411) 8월	서북면	계속되는 가뭄이 서북면 도순문사 유정현 때문이라는 등의 비판	?	?
7	세종 13년 (1431) 5월	형조판서 鄭欽之의 집	절제사와 수령들이 모여 반역을 모의하고 조정을 비난한다고 무고함	충주인 柳衍生	참형
8	세종 13년 (1431) 6월	영흥부	영흥부 官庫의 도둑을 官奴 延萬·加叱同 등의 소행이라고 무고하는 내용의 익명서	?	?
9	문종 1년 (1451) 5월	대사헌 정창손의 집	영산고을 수령의 비리 7~8가지를 적음	儒生 閔孝寬	?
10	세조 4년 (1458) 11월	관찰사	진주목사 安知歸 등 수령들이 군기를 증강하고 모여 宴飮을 하는 등 행적이 수상하다는 내용	?	?

번호	발생시기	발생장소	주 요 내 용	주모자	결과
11	세조 13년 (1467) 7월	도성 한 가운데	光山君 金國光이 병조판서 재직시의 청렴하지 못한 사항들을 적어 비난함	?	?
12	성종 4년 (1473) 6월	오백창의 집	吳伯昌의 비리를 적은 글	大司諫 成俊	파직
13	성종 4년 (1473) 6월	?	대사간 成俊이 注書였을 때 본처를 소박하고, 여자집에서 나신으로 도망했다는 등의 내용	興原君 오백창 (?)	파직
14	성종 6년 (1475) 11월	승정원의 문	대왕대비의 관리임명과 외척두둔에 대한 비판 (대왕대비가 수렴청정을 거둠)	?	?
15	성종 9년 (1478) 1월	도승지의 집	여자 살인사건에 대하여 거평군 부인이 질투하여 한 소행이라고 주장	崔儉知	?
16	성종 9년 (1478) 6월	宣政殿 月廊	평안도관찰사 玄碩圭를 소인배라고 하고, 이조판서 姜希孟을 탐욕스럽다고 비판함	生員 李元佐	?
17	성종 13년 (1482) 3월	?	남양부사 蔡申保가 나이 들고 우둔하다고 비판	貴同	?
18	성종 13년 (1482) 9월	성균관	성균관의 유생이 師長 河荊山 등을 비판하는 내용의 律詩를 적어 붙임	성균관 유생	?
19	성종 15년 (1484) 4월	?	노비 세습에 불만을 품고 어머니가 失行했다는 내용으로 투서함	勤力副尉 張獅子	絞刑
20	성종 15년 (1484) 8월	승정원	충주판괸 吳尚文이 죄를 짓고 옥에 갇히자 친구인 及第 李淑諴이 자신의 첩을 간통했다는 내용. 세조 6년에 발생한 사건이나 익명서의 문제가 표면화 된 것은 성종 15년임	忠州判官 吳尚文	부제학 이숙감 파직
21	성종 16년 (1485) 7월	이덕량 아우의 집	서울 저자거리의 상인들이 언문으로 저자거리 이전에 관해 논의한 호조판서 이덕량 등 관리들을 비판하는 내용	저자거리 상인	옥사

번호	발생시기	발생장소	주 요 내 용	주모자	결과
22	성종 20년 (1489) 3월	궐문	信川 관리의 불법행위에 관한 비판	?	?
23	성종 23년 (1492) 2월	성균관	유생들의 일부는 비판하고 일부는 칭찬하는 내용	성균관 유생	不問
24	성종 25년 (1494) 1월	인정전 어좌	강화의 관리가 비리를 범했다는 내용으로 붙임	?	?

위의 도표를 통해서 보면 성종대가 13건으로 전체 24건 가운데 약 54% 정도로 가장 많은 사건이 발생하였음을 알 수 있다. 그 다음이 태종대 4건, 태조·세종·세조대 각 2건, 문종대가 가장 적은 1건의 사건이 발생 보고되었다. 이 결과를 통해볼 때 대체적으로 조선 초기 왕조가 개창되어 자리를 잡아가는 시기에는 발생빈도가 적게 나타나고 있고, 조선 왕조의 통치체제가 완비된 성종대에 집중적으로 익명서 사건이 발생됨을 확인할 수 있다. 그렇다면 왜 성종대에 유난히 많은 익명서 사건이 나타났던 것일까? 그 이유는 다양한 관점에서 추론할 수 있으나 무엇보다도 정치사회 환경의 변화에서 찾을 수 있을 것이다. 즉 주지하듯이 성종대는 정치적으로 중앙집권제가 완성 단계에 들어가는 시기였으나 사림세력들이 정치적으로 부상하고, 성종이 나이 어린 상태에서 즉위하여 실질적인 권력행사가 용이하지 못했던 시기이다. 더구나 사림세력을 중심으로 한 대간들의 활동이 두드러지고 언로가 조선 초기 다른 왕들에 비해 개방되어 있었으며, 사회적으로는 향촌사회에 뿌리를 둔 사림들의 지위가 향상되었던 시기였다.[5] 이들 대간들은 뚜렷한 근거가 없이도 권력구조의 상층부를 거침없이 탄핵하였고, 이와 같은 정치사회적 여건의 변화가 익명서의 출현을 자유롭게 한 것

---

5) 鄭杜熙, 1994, 『朝鮮時代의 臺諫研究』, 一潮閣, 201~204쪽.

이 아닌가 생각된다. 대사간의 지위에 오른 자가 합법적인 절차를 거치지 않고 익명서를 이용하여 다른 사람을 비판한 것도 당시의 정치적 여건의 한 단면을 극명하게 보여주는 한 예이다.

조선 초기 익명서를 내용을 기준으로 분류할 때 크게 세 가지 유형으로 나눌 수 있다. 첫째는 국가의 반란 및 역모와 관련된 내용으로서 총 24건 가운데 5건을 차지하고 있다. 특히 이러한 내용의 익명서는 조선왕조가 건국된 초창기에 집중되어 있음을 발견할 수 있다. 둘째로는 관리의 부정부패와 비리를 적은 내용으로 전체 24건 가운데 14건을 차지하고 있어 가장 많은 점유율을 보이고 있다. 특히 성종대가 10건으로 가장 많이 나타나고 있음을 발견할 수 있다. 마지막으로 誣告, 사회문제에 대한 고발, 경제적 이권과 관련된 내용, 성균관 유생들의 비판적 내용 등으로서 약 5건이 나타나고 있다.

그리고 지역적으로 볼 때 익명서는 3~4건을 제외하고 모두가 한성부에 집중되어 있다. 이것은 당시 한성부에 인구가 집중되어 있을 뿐만 아니라 정치·경제·문화의 중심지라는 점이 작용했기 때문이다. 즉 익명서의 주모자가 그 내용을 보다 많은 사람들에게 전파하여 파급 효과를 극대화하고, 그로 인해 그들이 달성하고자 하는 목적에 보다 가까이 근접하기 위해서는 수도 서울의 입지조건이 지방보다 효과적이었기 때문이다. 나아가 수도 서울은 나른 도시에 비하여 사건 이후 도망하기에 편리하고, 관에서의 주모자 검거가 용이하지 않았다는 점도 한 요인으로 작용하였을 것이다. 이는 18세기 이후 익명서 사건이 전국 각지의 대도시와 산간 벽촌에서 발생하고 있는 점과[6] 비교할 때 중앙에서 점차 지방으로 확산되어 가고 있었음을 보여주고 있는 것이다.

---

6) 李相培, 1999, 앞의 책, 288~289쪽.

또한 익명서의 부착 및 투서 장소가 매우 다양함을 발견할 수 있
다. 개인의 집 대문, 경복궁의 사대문, 사헌부, 승정원 등 관청의 정
문, 종로거리, 성균관 등은 물론이고 국왕의 어좌에 이르기까지 익
명서가 부착되었음을 볼 때 특정한 지정 장소가 없이 어느 곳에서
든지 익명서 부착이나 투서가 가능하였음을 보여주고 있다.[7]

그리고 조선이 개국한 직후에 나타난 익명서는 한결같이 참형의
극형으로 다스려졌던 데 비해 그 이후 성종대는 사건의 결과를 명
확하게 알 수가 없다는 점이다. 이것은 정부에서 주모자에 대한 체
포의 의지를 보이지 않았던 측면도 있거니와 체포 자체가 용이하
지 않았던 점도 한 요인으로 작용하였다. 세종대와 성종대 상금을
걸고 주모자의 체포를 시도했으나 효과를 거두지 못하였을 뿐만
아니라,[8] 익명서는 논의하지 않는다는 법 규정의 원칙을 지키고자
했던 때문으로 보인다.

나아가 익명서 사건의 주모자가 체포된 경우를 대상으로 그들의
신분과 직역을 분석하면 직역이 위로는 정2품의 대사간과 재상에
서부터 아래로는 상인과 같은 양인들에 이르기까지 폭넓은 계층이
익명서를 이용하였음을 볼 수 있다. 그 가운데는 성균관의 유생과
判官·生員 등과 하위 관직인 郎將·散員·勤力副尉 등도 포함
되어 있다. 결국 익명서의 이용 계층이 고위직에서부터 하급관료
와 일반 백성에 이르기까지 다양하였음을 알 수 있다.

---

7) 조선 중기에도 한성부에 집중되어 있으나 그 가운데서도 특히 대궐과
   사헌부에서 많이 발생하고 있음이 앞 시기와 다른 점이다(李相培,
   2001, 「조선 중기 익명서사건의 특징과 정치사회상 - 연산군~명종대
   를 중심으로 - 」『史林』15, 수선사학회, 17~18쪽 참조).
8) 『成宗實錄』卷 61, 成宗 6年 11月 甲子·乙丑條.

Ⅲ. 정치사회적 변혁과 익명서 사건

태조에서 세조대까지는 모두 11건의 익명서 사건이 발생하고 있다. 이 시기의 익명서 사건에 관한 기록은 극히 소략하기 때문에 전체를 소개하는 것으로 대신하고자 한다.

태조 4년(1395) 6월 郎將을 지낸 金永守가 서북면 도순문사 安景良에게 익명서를 보내어 서북면의 도순무사 崔允祉 부자가 分外에서 야망을 가지고 역적을 모의한다고 하였다. 이에 안경량이 익명서를 작성한 김영수를 체포하여 서울로 압송하였고, 태조에 의해 신문을 받지도 않고 바로 사지를 찢기는 참형에 처하여졌다.9)

이어서 태조 7년(1398) 4월에는 散員을 지낸 金貴生이 현령을 지낸 李迪을 반란을 모의한다고 都堂에 익명서를 보내었다가 그의 집에서 익명서 초본이 발견되어 무고임이 밝혀지자 바로 사지가 찢기는 참형에 처하여졌다.10) 이 두 가지 사건은 개인적인 원한에 근거한 무고사건이었으며, 태조는 이 사건에 대하여 즉각적이고도 단호한 조치를 취하였음을 알 수 있다.

태종 3년(1403) 11월에는 宋介石이 趙英茂의 집에 투서한 사건이 발생하였다. 송개석은 기생 陽臺를 사랑했으나 대호군 宋居信이 이를 빼앗자 당시 정치권력의 중심적 위치에 있던 조영무의 집에 투서하여 "송거신이 영무를 죽이고 난을 일으키려 한다"고 하였다. 송개석은 투서를 통해 조영무를 자극함으로써 송거신에게 불리함을 입히고자 했으나 일이 발각되어 모든 것을 자백하였다.

---

9) 『太祖實錄』 卷 7, 太祖 4年 6月 戊子條.
10) 『太祖實錄』 卷 13, 太祖 7年 4月 甲申條.

송개석의 어머니가 간곡한 탄원을 하였고, 탄원이 받아들여져 사형은 면하였으나 장 1백대를 맞고 合浦로 유배되었다.[11] 이 사건 역시 개인적인 원한에 의한 무고사건이었다.

다음으로 태종 6년(1406) 7월에 발생한 사건은 좌정승 河崙을 비난한 내용이다. 종루와 市街地 여기저기에 동시에 붙은 익명서의 구체적인 내용은 알 수 없으나 단지 나라에 계속되는 가뭄을 좌정승 하륜이 집정하고 있기 때문이라고 비난하였다고 기록하고 있다. 이에 하륜이 사직상소를 올렸으나 받아들여지지 않았으며 주모자가 체포되지 않아 유야무야 되었다.[12] 그런데 사건 발생 이틀 후에 또다시 조정을 비방하고 하륜을 헐뜯는 익명서가 발생하였다. 이에 대하여 受田品官들이 불만을 갖고 한 소행이라는 소리를 듣고 태종은 이들을 모두 궐문 밖에 모이도록 하여 曉諭하는 조치를 취하였다.[13] 이들 두 건의 익명서는 모두가 자신들에게 피해가 나타나게 되자 그 불만을 조정과 고위 관리인 하륜을 비난함으로써 해소하려고 한 것으로 보인다. 주모자들도 서울에 있었던 受田人들이 중심이 되었음을 볼 때 단순한 무고사건이 아님을 알 수 있다.

태종 8년(1408) 2월에 발생한 익명서 사건은 知申事 黃喜가 知吏曹를 겸하면서 관리를 천거할 때 자신과 친밀하고 믿을 만한 사람만을 천거한다고 지적한 내용이 두 세 차례 게시된 사건이다.[14] 이로 인해 황희가 뉘우치고 다시 제도를 고쳐 인사를 시행하였다. 태종 11년(1411) 8월 서북면에서 발생한 익명서 사건은 가뭄이 지속되는 것이 도순문사 柳廷顯 때문이라고 비난한 사건이다. 정부에

11) 『太宗實錄』 卷 6, 太宗 3年 11月 辛丑條.
12) 『太宗實錄』 卷 12, 太宗 6年 7月 辛酉條.
13) 『太宗實錄』 卷 12, 太宗 6年 7月 癸亥條.
14) 『太宗實錄』 卷 15, 太宗 8年 2月 癸未條.

서는 도순문사 유정현이 행정에 엄격하기 때문에 그 고을의 수령들이 불만을 갖고 그를 핍박하고자 꾸민 일이라고 보았다.15) 이와 같이 태종 때의 익명서 사건들은 단순한 무고보다는 정부의 정책이나 관리의 잘못을 지적하는 익명서가 더 많이 발생하고 있음을 알 수 있다.

세종 때는 두 건의 익명서 사건이 발생하였는데, 하나는 역모에 관련된 익명서이고 다른 하나는 단순한 무고사건이다. 전자는 세종 13년(1431) 5월 충주인 柳衍生이 형조판서 鄭欽之의 집 종에게 글을 주고 갔는데, 그 내용이 '충청도 도절제사 · 충주목사 · 판관 등과 충주에 유배된 金寶重, 제천 · 음성 · 괴산의 수령들이 모여 임금을 비난하고 반역을 모의한다'는 내용이었다. 세종은 병조정랑 李長孫을 특별히 청주로 파견하여 사건의 정황을 살펴보도록 하였다. 불필요한 推鞫은 삼갈 것이며, 추국을 할 경우에는 공평을 기하여 억울한 사례가 발생하지 않도록 하라고 지시하였다.16) 이후 이장손이 유연생을 잡아 의금부로 압송하여17) 국문한 결과 김보중이 자신의 기생을 강제로 빼앗고, 연회를 베푸는 자리에서 고을의 관리들이 자신을 비난하였으며, 나아가 義倉의 糴米를 얻으려고 했으나 들어주지 않자 이들을 곤경에 빠뜨리기 위해 무고하였다고 진술하여 不待時斬刑에 처해졌다.18)

세종 13년 6월에는 영흥부에서 官庫의 곡식을 도둑맞는 사건이 발생하였다. 그런데 누군가가 관노 延萬 · 加叱同 · 內隱達 등의 소행이라는 내용의 익명서를 보내와 영흥부사가 이를 그대로 믿고 관노들을 체포하여 국문을 진행하였다. 이들이 석방되기 전까

---

15) 『太宗實錄』 卷 22, 太宗 11年 8月 戊午條.
16) 『世宗實錄』 卷 52, 世宗 13年 5月 壬申條.
17) 『世宗實錄』 卷 52, 世宗 13年 5月 丁丑條.
18) 『世宗實錄』 卷 52, 世宗 13年 5月 戊子條.

지 가질동은 1,300여대를 맞았으며, 연만은 400여대를 맞아 物故
직전에 이르렀음에도 뚜렷한 혐의점을 발견하지 못하여 그대로
석방하였다. 이 사건은 누군가가 관노들에게 원한을 갖고 있으면
서 죄를 뒤집어 씌워 고문을 받도록 한 것으로 주모자들은 자신의
목적을 달성했다고 여겨진다. 세종은 이 사건을 예로 들면서 모든
관리들에게 법 집행을 공정하게 하고 신중하게 판결할 것을 지시
하였다.[19]

문종 1년(1451) 5월의 익명서는 靈山의 유생 閔孝寬이 그 고을
수령의 비리 7~8가지를 적어 대사헌 鄭昌孫의 집에 투서한 사건
이다. 민효관은 글에는 이름을 밝히지 않았으나 겉봉투에 서명하
여 추핵을 당하였다. 그 결과는 어찌되었는지 알 수 없으나 익명서
로 볼 수 있는가의 여부에 대한 논란은 익명서로 볼 수 없다는 쪽
이 강하였다.[20] 그가 고을 수령에 대한 비리를 적어 관리의 부정부
패를 관장하는 사헌부의 수장에게 자신의 신분을 노출하면서까지
투서의 형태를 빌어 고발한 것은 매우 특이한 경우이다.

세조 4년(1458) 11월에는 진주에 사는 사람이 관찰사에게 '진주
의 목사와 판관 및 사천·고성·곤양의 수령들이 軍器를 만들면
서 모여 술을 마시고 잔치를 하니 그 행적이 이상하고 은밀하다'고
익명서를 보냈는데, 관찰사는 해당자들을 모두 잡아 가두고 역마
를 띄워 정부에 익명서와 함께 보고하였다. 세조는 진주목사 安知
歸가 모반할 사람이 아니라고 하면서 논하지 말고 석방하도록 명
하였다.[21] 또한 세조 13년(1467) 7월에는 우참찬 金國光이 병조판
서에 재직할 때 뇌물을 받은 일과 이익을 꾀한 일 등 청렴하지 못

---

19) 『世宗實錄』 卷 52, 世宗 13年 6月 甲午條.
20) 『文宗實錄』 卷 7, 文宗 元年 5月 丙寅條.
21) 『世祖實錄』 卷 14, 世祖 4年 11月 辛卯條.

한 사항들을 적어 도성 안에 익명의 榜을 걸어 놓은 사건이 있었
다. 당시 그에 대한 비난은 사회여론화되어 있었으며 이를 익명서
를 통해 누군가가 표출하였고, 이러한 사실을 사간원의 正言 金漬
가 세조에게 보고하였다.[22) 당시에는 세조가 무마하여 더 이상 문
제화되지 않았으나 성종 때에 이르러 다시 이 문제로 인해 대간들
로부터 탄핵을 받기에 이르렀다.[23)

  이상에서와 같이 세조대까지의 익명서 사건들은 역모논의와 관
련된 사안이 많이 나타나고 있다. 이것은 당시의 시대상황이 조선
의 건국과 왕자의 난 및 세조의 왕위 찬탈 등과 같은 변혁기였던
상황과 관련된 것으로 보인다. 즉 익명서의 내용이 역모와 관련된
사안이 많았다는 것은 당시의 정치사회상이 변혁기였기 때문에 단
순한 비판보다는 역모와 관련되어야만 주모자가 그 목적을 쉽게
달성할 수 있으리라 파악했기 때문으로 생각된다.[24) 이 외에는 관
리의 부정부패 및 각종 비리와 관련된 문제를 폭로하거나 인사문
제에 따른 반발, 자연재해의 책임을 관리에게 전가하는 등의 내용
이 나타나고 있다. 그리고 역모 논의와 관련된 사건들은 구체적인
과정이나 결과가 없기 때문에 단순한 무고인지의 여부에 대하여
정확하게 판단을 내리기가 어려운 입장이다.

---

22)『世祖實錄』卷 43, 世祖 13年 7月 甲戌條.
23)『成宗實錄』卷 11, 成宗 2年 7月 丁酉條, 8월 壬寅條.
24) 조선시대 익명서의 내용을 살펴보면 초기와 후기에는 그 내용이 逆謀
   나 조선멸망설 등과 관련되나 조선 중기의 익명서에는 이러한 내용이
   나타나고 있지 않다. 따라서 조선 초기의 익명서 내용이 역모와 관련되
   었다는 것은 당시의 시대상황이 역모를 주장했을 때 사건의 여파가 커
   지고 정치사회적으로 충격을 줄 수 있다는 점을 주모자가 인식하고 있
   었기 때문이다(李相培, 앞의 책, 277~281쪽과 李相培, 2001, 앞의 논문,
   1~17쪽 참조).

Ⅳ. 성종대 익명서 사건의 사례 분석

성종 때 발생하는 익명서 사건은 앞의 표에서 보듯이 모두 13건이다. 이 여러 건의 익명서 사건 가운데 몇 가지 특징적인 사건들을 중심으로 살펴보고자 한다. 먼저 성종 4년 재상과 대간 사이에서 발생한 익명서 사건을 구체적으로 살펴보고자 한다. 이것은 익명서의 이용 계층이 최고 엘리트라고 할 수 있는 대간과 재상들도 이용하고 있었음을 보여주는 사례로서 의미가 있다고 파악하였다. 다음으로는 성균관에서 유생들이 붙였던 익명서를 그 대상으로 하였다. 성균관은 조선시대 최고의 학부로서 나라의 관리를 배출하는 지식인들이 운집해 있던 곳이다. 이러한 장소에서 타인을 비판하는 내용의 글을 正道를 벗어나 익명서를 이용한 사례는 매우 이례적인 것으로 파악되기 때문이다. 그 다음으로는 서울 저자거리의 시민들이 붙였던 익명서를 살펴보고자 한다. 이 사건은 정부에서 저자거리를 옮겨 배치하고자 했다가 이해 당사자들이 익명서를 이용해 항의함으로써 옥사가 발생하는 결과를 가져왔다. 따라서 앞서 논의하는 사안과 전혀 다른 사례로 나타나기 때문이다. 이들 이외의 사건들은 관리의 비리와 무능을 비판하는 익명서 혹은 개인적인 사욕에 의해 타인을 모함하는 내용의 익명서들이 대부분이다.

1. 興原君 吳伯昌과 大司諫 成俊과의 匿名書事件

성종 3년(1472) 11월에 발생한 익명서 사건의 내용은 대사간 成俊이 부녀자를 通奸하다가 의관을 빼앗기고 벌거벗은 채 도망하였으며, 正妻를 소박했다고 비난하는 내용이었다.25) 그리고 한달 후에 行副護軍 吳伯昌의 집에 병조참판 鄭文炯의 丘史라고 밝힌 자가 익명의 折簡을 던져 넣고 사라지는 사건이 발생하였다.26) 익명으로 된 그 글에는 부녀를 통간하고 도주한 사실이 없으며 정처를 소박한 사실도 없다는 내용이 실려 있었다.27) 결국 1달 앞서 발생했던 익명서 내용에 대한 해명을 적은 글이었다. 이 사건들은 정부에 보고되지 않아 유야무야 되는 듯했다.

그러나 성종 4년 2월 오백창을 資憲大夫 興原君 奉朝賀로 임명하자28) 대사간 성준이 "오백창은 본래 탐욕하고 간사하며 남을 속이는데다가 天聰까지 속였으므로 종신토록 서용하지 않더라도 다행일 것인데, 파직된 지 얼마 되지 않아 곧 벼슬을 제수하였으니, 악한 짓을 하는 무리가 장차 무엇으로 징계되겠습니까?"라고 강하게 비판하면서 봉조하의 임명을 취소할 것을 종용하였다.29) 성준의 반대상소는 6월까지 계속되었으며, 대사간인 그가 전면에 나서서 적극적으로 활동하였다. 심지어는 다음과 같이 오백창의 인간

---

25) 『成宗實錄』 卷 31, 成宗 4年 6月 甲子・庚辰條.
26) 『成宗實錄』 卷 31, 成宗 4年 6月 甲子條.
27) 『成宗實錄』 卷 31, 成宗 4年 6月 庚辰條.
28) 『成宗實錄』 卷 27, 成宗 4年 2月 戊辰條.
29) 『成宗實錄』 卷 27, 成宗 4年 2月 己巳條.

적인 소양이 부족하다는 이유까지 들면서 반대를 표명하였다.

> 오백창은 사람됨이 心志가 奸狡하여 취할 만한 재주가 없으며, 비
> 록 죄를 범하지 않았다고 하더라도 진실로 서용할 만하지 않은데,
> 하물며 이제 죄를 범한 것이 가볍지 않은 데이겠습니까. 진실로 마
> 땅히 종신토록 서용하지 않아야 할 것인데, 도리어 다시 서용하니
> 국가에서 惡을 징계하고 後來를 징계하는 도리에 어떠합니까?30)

이 지경에 이르자 행부호군 오백창은 6월 5일 성종에게 글을 올
려 전년도에 발생한 익명서 사건을 표면화시키고, 이에 관한 사실
여부를 밝히기 위해 성준과의 面質을 요청하였다. 그의 상소 내용
에서 익명서와 관계된 부분만을 옮기면 다음과 같다.

> 지난 임진년 12월에 신이 집에 있는데, 날이 저물어갈 무렵에 어
> 떤 사람이 와서 말하기를, '병조 참판 鄭文炯의 丘史가 折簡을 던졌
> 다'고 하므로, 신이 즉시 열어 보니 小臣을 비방하는 글이기에 급히
> 그 사람을 찾았으나 이미 도망해 버린 뒤였습니다. 이어 익명서를
> 열어 보니, 거기에 이르기를, '榜에 붙인 것은 모두 범한 바가 아닌
> 데, 무슨 두려워할 것이 있겠는가? 설혹 있다고 하더라도 탐욕스럽
> 고 아첨하여 임금을 기망한 자에 비할 것이 아니니, 무슨 부끄러움
> 이 있겠는가? 그 衣冠을 모두 빼앗기고 赤身으로 도주하였다는 일은
> 조그마한 근거나 원인이 없으며, 글에 쓰인 바는 모두 애매하여 밝
> 히기가 어려운 일이다. 그러나 그 때 房을 지킨 丘史가 현재 있으니,
> 스스로 밝히는 데에 무엇이 어렵겠는가? 또한 "疎薄하였다"는 일은,
> 妾이 있는 자는 반드시 모두 正妻를 소박한다고 하겠는가? 만약 실
> 제로 소박하였다 하더라도 또한 妻族이 있고 또한 隣里가 있으니 스
> 스로 밝히기에 무엇이 어렵겠는가? 이와 같이 밝히기 쉬운 일을 가
> 지고 매일처럼 榜을 붙인다 하더라도 무슨 염려할 것이 있겠는가?
> 설령 내가 없다고 하더라도 後人들이 반드시 모두 緘口하고 默言하
> 겠는가? 또한 도적의 術策을 하다가 혹시 드러나면 죄가 작지 않을
> 것이니, 하물며 이 匿名狀은 국가에서 추문할 방법이 없으니 모름지

---

30) 『成宗實錄』卷 30, 成宗 4年 5月 戊午條.

기 속히 친히 啓達하여 더불어 面對詰問하여 옳고 그름을 가린다면
다행이겠다'고 하였습니다.
　이 글은 반드시 大司諫 成俊의 소행입니다. 前日에 어떤 사람이
성명을 쓰지 않은 榜文을 붙였는데, 대사간 성준이, 正妻를 소박하
였느니, 의관을 모두 빼앗겼느니, 赤臣으로 逃走하였다는 등의 일을
썼다고 합니다. 성준은 이 방문이 小臣 父子의 소행이라고 생각하여
이를 원망하고 鄭文炯의 丘史라고 거짓 칭하고서 折簡을 신의 집에
던졌던 것입니다. 그 후에 성준은 조금도 숨기지 아니하고 사람을
만나면 반드시 말하기를, '오백창의 집에 투서한 것은 내가 한 바이
다'하고, 또한 '설혹 우리가 없다고 하더라도 後人들이 반드시 모두
緘黙하고서 말을 하지 않겠는가?'라고 하였는데, 이것은 반드시 言
官이 말한 것입니다.[31]

　결국 오백창은 자신의 집에 던져진 투서의 내용을 소상하게 상
술하면서, 이 내용은 앞서 성준을 비방하는 익명서의 내용을 조목
조목 반박하는 것이 확실하기 때문에 자신의 집에 던져진 익명서
의 주모자는 성준이 틀림없다고 주장하였다. 그는 과거의 익명서
사건을 표면화함으로써 성준이 자신에게 감정을 가지고 있다는 것
을 알리고, 이를 근거로 자신을 비난하고 있는 것이지 정말로 자신
에게 비리가 있어서 탄핵하는 것이 아니라는 주장을 하였던 것이
다. 이에 대하여 성종은 대간과의 면질은 허락할 수 없는 일이며
개익치 말라고 하면서 음식까지 대접하여 보냈다.
　그러나 다음날 대왕대비가 이러한 사실을 전해 듣고 선비로서
행할 도리가 아니라고 하면서 院相들로 하여금 논의하여 아뢰라고
하였다. 이에 鄭昌孫 등은 오백창의 행동은 대신으로서 갖추어야
할 행동이 아니라고 비판하면서 국문하는 것이 옳다고 하였다.[32]
이들의 주장에 대하여 오백창은 大臣의 위치이므로 논하지 않는

---

31)『成宗實錄』卷 31, 成宗 4年 6月 甲子條.
32)『成宗實錄』卷 31, 成宗 4年 6月 乙丑條.

것이 옳다는 쪽으로 결론이 나는 듯 했다. 그러나 대사간 성준이 상소를 올려 오백창과의 면질을 주장하면서 본격적으로 논쟁이 되었다. 대사간 성준은 전년도에 자신을 비방하는 글을 붙인 장본인이 오백창이며 자신은 오백창에게 투서한 사실이 없다고 주장하면서 무슨 근거로 그 같은 주장을 하는지 면질해서 밝힐 것을 요구하였다. 아울러 자신이 비판받은 익명서의 내용은 사실과 어긋나는 일이며 과거에 오백창이 자신에게 탄핵받은 것에 대한 원한을 품고 자신을 모해하기 위해 꾸민 일이라고 주장하였다.33)

일찍이 오백창과 성준은 서로간에 개인적인 앙금을 가지고 있었다. 성준은 성종이 왕위에 오른 이후 佐理功臣을 책록하자 이에 반발하는 상소를 올렸고,34) 좌리 4등공신에 책록되었던 오백창이35) 경상도관찰사로 임명된 것을 비판하면서 그의 벼슬을 파직시킬 것을 상소하였다.36) 나아가 당시 대사헌이었던 金之慶은 오백창이 貂皮를 뇌물로 받은 적이 있다고 탄핵하였고, 이에 대하여 오백창의 아들인 참봉 吳義孫이 풍문에 의한 근거없는 말로써 탄핵하는 것이라고 강하게 반발하였다.37) 이후 오백창이 경상도관찰사로 부임하여 현지에서 강상죄를 범한 노비를 병이 들었다는 이유로 방면한 것이 문제되어 또 다시 성준 등의 탄핵을 받기에 이르고38) 결

---

33) 上同.
34) 『成宗實錄』 卷 9, 成宗 2年 3月 辛丑條.
35) 『成宗實錄』 卷 9, 成宗 2年 3月 庚子條.
36) 『成宗實錄』 卷 13, 成宗 2年 12月 丙子條.
37) 『成宗實錄』 卷 13, 成宗 2年 12月 辛未條.
38) 『成宗實錄』 卷 16, 成宗 3年 3月 壬戌條. 이 사건은 尙州 內需司의 奴 池衆이 士族의 며느리 善非를 간통한 사건으로서 강상죄에 해당하나 牧使 具致明·判官 金言愼 등이 贖罪하도록 하였고, 관찰사 오백창은 내버려두고 거론하지 않아 문제가 되었던 사건이다. 이에 왕이 그 연유를 묻자 오백창은 노 지중이 병이 들어 구료하기 위해 방면했다고 글을 올려 탄핵의 대상이 되었다.

국은 성종 3년 3월 경상도 관찰사에서 파직되기에 이른다.39)

  오백창과 성준의 익명서 사건이 각각 표면화되자 사간원의 사간
朴崇質, 정언 李堪 등은 오백창이 성준에게 개인적 원한을 품고 익
명서를 내세워 모함하는 것이니 성준은 죄가 없고, 오백창을 국문
해야 한다고 주장하였다.40) 이에 대하여 사헌부에서는 오백창과
성준에게 각각 公緘을 보내 사실확인을 거쳤다. 그 결과 오백창에
게 전달된 익명서나 성준을 비방한 익명서가 모두 상대방의 소행
이라고 주장한 것은 자신들의 짐작일 뿐이었음을 확인하였다.41)
그러나 院相인 申叔舟는 오백창은 2품 재상이고 성준은 당상 간관
인데 간관으로서 자신의 억울함을 조정에서 밝히지 못하고 절간을
던져 사특한 방법을 취한 것은 분명 잘못이라고 하여 절간의 익명
서를 작성한 것은 성준임을 주장하였다.42) 그 이유는 절간의 내용
이 첫 번째 익명서에 대한 구체적인 반박내용이기 때문에 성준 이
외의 사람이 작성할 이유가 없다는 것이다.

  이후 성준은 사헌부가 고의적으로 오백창을 두둔하고 자신의 말
은 전혀 믿지 않는다고 항변하였으나 받아들여지지 않았다. 최종
적으로 사헌부에서 보고한 바에 의거하여 두 사람은 모두 파직되
었다. 이 때 내린 사헌부의 결론은 오백창은 익명서를 불태우지 않
고 왕에게 보고하였기 때문에 대명률에 의거하여 장 80대에 해당
한다고 하였다. 그리고 성준은 오백창의 소행이라고 억측하고 동
료와 더불어 이러한 사실을 말한 죄로서 不應爲事理에 해당하여
장 80대가 적용되어야 한다고 밝혔다. 나아가 이들이 고위 관리로
서 이와 같은 일을 저질렀으니 告身을 거두고 영구히 외방에 付處

39)『成宗實錄』卷 16, 成宗 3年 3月 乙丑條.
40)『成宗實錄』卷 31, 成宗 4年 6月 乙丑・丙寅條.
41)『成宗實錄』卷 31, 成宗 4年 6月 丙寅・壬申條.
42)『成宗實錄』卷 31, 成宗 4年 6月 癸酉條.

해야 한다고 주장하였다.[43] 이후에도 사간원의 대간들은 성준의 죄는 가볍고 오백창은 무거운데 형벌이 같은 것은 잘못된 일이라고 주장하였고, 사헌부 관리들은 두 사람 모두를 유배 보내고 영구히 사용해서는 안 된다고 주장하였다.[44] 그러나 성종은 오백창은 공신이고 성준은 대간이기 때문에 가벼이 하는 것이라고 하면서 듣지 않았다.[45] 나아가 대간들의 반발에 대하여 이들이 벌을 받은 것은 서로간에 원수진 일 때문이며 간관으로서 남의 과실을 말하였다고 해서 죄를 준 것은 아니라고 하여 대간들의 반발에 한발 양보의 자세를 보이고 있다.[46]

성준을 비판하는 내용의 익명서가 오백창의 소행인지는 명확하지 않지만 적어도 오백창의 집에 투서한 익명서는 성준과 밀접하게 연관되어 있음이 명확하다.[47] 당시 사림세력을 대표하는 인물이었던 성준이 자신의 유교윤리에 어긋나는 행동으로 인해 훈구세력이었던 오백창에게 익명서를 통해 비난을 받았다고 생각한 나머지 이를 해명하는 내용의 익명서를 지어 오백창의 집에 투서한 이 사건은 자칫 훈구세력과 사림세력 사이에 정권의 대립양상으로 발전하는 듯이 보였으나 더 이상 확대되지는 않았다. 당시의 시대적 여건이 대간들이 항간에 떠도는 풍문에 의거하여 탄핵을 하는 사례가 종종 있었다는 종래의 연구에 비추어 볼 때[48] 이러한 익명서

---

43)『成宗實錄』卷 31, 成宗 4年 6月 丁丑條.
44)『成宗實錄』卷 31, 成宗 4年 6月 戊寅·己卯·庚辰·乙酉條.
45)『成宗實錄』卷 31, 成宗 4年 6月 己卯條.
46)『成宗實錄』卷 31, 成宗 4年 6月 乙酉條.
47)『成宗實錄』卷 31, 成宗 4年 6月 庚辰條. 사헌부 집의 현석규는 사건 정황의 진행사황을 설명하면서 각각의 익명서는 오백창과 성준의 소행이 틀림없다고 밝히고 있다.
48) 대간들의 풍문에 의한 탄핵에 관해서는 다음의 연구가 참고된다.
   朴龍雲, 1980,『高麗時代 臺諫制度硏究』, 一志社, 264~270쪽 ; 南智

사건은 풍문탄핵의 근거자료로서 매개체가 되기에는 충분했음을 알 수 있다. 나아가 이 사건에서 익명서의 내용은 비록 개인의 윤리적 문제에 대한 인신공격과 그에 대한 반론 제기였지만 익명서를 정부의 최고위층도 사용하였음을 보여주는 한 사례이며, 관료들의 사회적 유교 윤리가 비판의 대상으로 자리하였음을 보여주는 사건이다. 이것은 익명서 이용대상층이 그만큼 넓었음을 의미하며, 유교윤리가 사회적으로 정착되어 갔음을 보여주는 것이다. 적어도 합법적이고 합리적인 방법을 통해 문제를 해결할 수 있는 위치에 있던 사람들도 익명서와 같은 비합법적인 방법을 통해 사회적 여론을 조성하여 자신의 불만을 해결하고자 했다는 것은 그 시대 사회상의 한 단면을 보여주는 것이다.

2. 成均館 匿名書事件

성종대 조선시대 최고의 학부인 성균관에서 익명서 사건이 발생하여 보고된 것은 모두 2건이다. 하나는 성균관의 유생들이 스승을 비난하는 내용이고, 다른 하나는 성균관에 머물러 공부하는 유생들 사이에서 발생한 사건이다.

성종 12년 봄에 성균관의 유생들이 스승을 비난하는 내용의 시를 지어 館直房의 벽에 붙여 놓았던 사건이 이듬해 8월 표면화되었다.[49] 당시 처음으로 익명서를 발견한 성균관의 直講 河荊山은 익명서 발견 직후 불살라 버리고 아무에게도 발설하지 않았다. 그

大, 1985, 「朝鮮 成宗代의 臺諫言論」『韓國史論』 12, 154~160쪽 ; 鄭
杜熙, 1994,『朝鮮時代의 臺諫研究』, 一潮閣, 94~124쪽.
49)『成宗實錄』卷 146, 成宗 13年 9月 辛丑條.

러나 이듬해 東學의 訓導 李孟思와 만나 최근에 유생들이 자신의
직분을 넘어서는 행동을 하고 있다는 내용의 대화를 나누던 과정
에서 익명서의 내용을 발설하였다. 즉 당시 동학훈도 이맹사는 동
학의 유생들이 교수를 비방하는 사태가 도를 넘어섰다고 하면서
'수염은 비록 무성하게 났지만 활 쏘는 것은 잘한다' 혹은 '나이는
비록 80이 넘어 사서와 오경을 통달했지만 가증스러운 사람이다'
는 등의 말로써 스승을 헐뜯으니 유생의 기풍이 경박하게 변하는
것이 심하다고 말하였다. 이에 같은 생각을 가지고 있었던 하형산
은 동학만이 그런 것이 아니고 성균관에서도 이러한 풍습이 있다
고 하면서 자신이 읽은 익명서의 律詩十韻을 알려 주었다. 이를 들
은 이맹사가 성균관에 알리고 성균관에서 예조를 거쳐 성종에게
보고함으로써 사건이 표면화되었던 것이다.[50]

당시 예조를 통해 성종에게 올려진 익명서의 시는 다음과 같다.

누가 성균관을 현관이라고 말하였던가?　　　　　(誰云芹舘是賢關)
썩고 용렬한 무리들이 그 벼슬을 차지하였도다.(陳腐庸流尸厥官)
술을 들어 입술에 대어 양 볼만 벌름거리고,　　(擧酒擬唇掀輔頰)
입을 벌려 유생들을 꾸짖으며 흉악한 성질만을 부리네.

　　　　　　　　　　　　　　　　　　　　(叱儒張口肆兒頑)

洪同은 이미 죽고 林同만이 남았으며,　　　　　(洪同已逝林同在)
李學이 돌아가자 趙學이 다시 왔네.　　　　　　(李學纔歸趙學還)
늙은 놈은 어서 바삐 산관에 두어 마땅하고,　　(老漢只應忙置散)
虫餘는 하루 속히 한직에 던져야 적합하이.　　(虫餘端合早投閑)
南生의 疏奏에 심장이 두근거릴 것이며,　　　　(南生疏奏心應悸)
李子의 詩章에 간담이 또한 서늘하리라.　　　　(李子詩章膽亦寒)
衣綠·方成은 어찌 족히 따지리오마는,　　　　(衣綠方成何足筭)
鶩梁·宋籍은 볼 것조차 없구나.　　　　　　　(鶩梁宋籍不須看)
가난한 누이 돌보지 않았으니 얼굴이 어찌 그다지도 두터우며,

　　　　　　　　　　　　　　　　　　　　(窮妹不恤顔何厚)

---

50) 上同.

아비를 봉양할 겨를이 없으니 행실이 또한 잔인하구나.
                                    (將父未遑行亦殘)
겉으로는 정직한 체하면서 속으로는 거짓을 품었고,
                                    (陽爲正眞陰懷詐)
외양으론 寬柔함을 보이면서 속은 진실로 간사하구나.
                                    (外示寬柔內實奸)
성균관의 제자들을 불쌍하게 여기노니,   (爲弔芹宮諸弟子)
어디에 덕이 있다 여기고 낮을 대하리오?   (於何考德且承顔)[51]

　위의 율시는 그 내용이 한결같이 성균관의 스승들을 비난하고
있다. 비난의 주요 내용은 성균관의 스승들이 무능하고 스승으로
서의 자질이 부족하며, 늙은 사람은 모두 물러가고, 어버이와 가족
을 돌보는 기본적인 도리부터 지켜야 할 것이라고 통박하고 있다.
여기에서 지적된 인물들에 대하여 당시 사관은 다음과 같이 적고
있다.

　　사신이 논평하기를, "洪同과 林同은 동지사 洪敬孫과 林守謙을
　가리킨 것이고, 李學과 趙學은 學官인 李丙奎와 趙元卿을 가리킨
　것이며, 虫餘는 直講 金錫元을 가리킨 것이니, 김석원은 이때 疳瘡
　을 앓고 있었다. 南生은 진사 南孝溫을 가리킨 것이니, 남효온은 일
　찍이 上書하여 사표가 될 만한 사람이 없는 것을 논하였고, 李生은
　분명하게 어느 사람을 가리켜 말한 것인지 모르겠다. 홍경손과 임수
　겸은 '白髮을 이고 백마를 타는 자'라고 譏弄함이 있어, 성균관의 壁
　上에 쓰기를, '나그네여, 나그네여, 그 말도 또한 희구나. 하얀 사람
　의 흰 것이 백마의 흰 것과 다름이 없구나.'(有客有客 亦白其馬 白人
　之白 無異於白馬之白) 하였다. 이것을 쓴 사람은 간혹 '유생 李鰲가
　쓴 것이다.'고 말하기도 하는데, 아마도 이 사람을 가리킨 것이 아닌
　가 생각된다. 衣綠과 鵞梁은 司成 方綱과 典籍 宋元昌을 가리킨 것
　이니, 이들은 첩을 데리고 살았다. '가난한 누이를 돌보지 않았다.'는
　것은 同知事 兪鎭이 홀로 된 누이를 거두어 돌보지 않은 것을 가리
　킨 것이고, '아비를 봉양할 겨를이 없다.'는 것은 典籍 黃震孫이 고

51) 『成宗實錄』 卷 145, 成宗 13年 閏8月 丙戌條.

향에 돌아가서 老親을 봉양하지 않은 것을 가리킨 것이며, 그 밖에
는 누구를 가리킨 것인지 알 수 없다"하였다.[52]

사관의 논평에서 보듯이 비판의 대상이 된 사람들은 동지사 홍
경손과 임수겸, 학관 이병규와 조원경, 직강 김석원, 사성 방강, 전
적 송원창과 황진손 등으로서 모두가 성균관 스승의 반열에 있던
사람들이었다. 즉 성균관의 유생들은 이들에게서 학문을 배우면서
도 君師父一體의 유교적 덕목에 어긋나는 행위를 하였던 것이다.
당시 익명서를 처음 발견한 하형산은 위의 사관이 지적한 항목에
서 제외되어 있었다. 그러나 본인은 처음 익명서를 발견하였을 때
시에서 언급한 '아비를 봉양할 겨를이 없어 행실이 잔인한 자'를
자신을 가르키는 것이라고 생각하고 바로 찢어 버렸다고 진술하고
있다.[53]
이 사건에 대하여 성종은 "師長을 일일이 비방하면서 시를 지어
欺弄하고 모욕한 것에 대하여 성균관 上·下齋의 有司들을 끝까
지 조사하여 아뢰라"고 의금부에 지시하였다.[54] 이로 인해 많은 사
람들이 의금부의 옥에 갇혀 국문을 받았다. 그런데 국문의 대상은
성균관의 유생들만이 아니고 비난의 대상이 되었던 師長들도 포함
되어 있었다. 9월 3일에는 대사헌 魚世謙이 "성균관 유생들이 스승
을 헐뜯는 익명서의 일로 옥에 갇혀 있는 자가 많으니 혐의가 없는
자들을 풀어주자"는 의견을 제시하면서 사건을 진화하려고 노력하
였다.[55]
조정에서는 성균관의 유생들 가운데 시를 잘 짓는 사람이면서

---

52) 上同.
53) 『成宗實錄』 卷 146, 成宗 13年 9月 壬戌條.
54) 『成宗實錄』 卷 145, 成宗 13年 閏8月 丙戌條.
55) 『成宗實錄』 卷 146, 成宗 13年 9月 戊戌條.

왼손을 잘 쓰는 자, 그리고 사장을 미워하는 자에 중점을 두고 심
문을 벌였지만 이렇다할 단서를 얻는데 실패하였다.[56] 하형산을
비롯한 성균관 관원들과 수십 명의 유생들이 한달 이상 옥에 갇혀
심문을 받았는데도 끝내 단서를 얻지 못하자 성종은 억울한 사람
들이 해를 입어서는 안 된다고 전제하면서 '지금 선비를 뽑는 길이
넓지 못하니 특별히 이들을 모두 내버려두도록 하라'는 전지를 내
리면서 마무리지었다.[57]

사건의 종결은 널리 인재를 뽑고자 한다는 정부의 의지를 표방
하면서 마무리되었으나 사건이 진행되어 가는 동안 관리들이 이
사건을 보는 시각은 각기 달랐다. 즉 당시 同知事 李克基는 '유생
들이 윗사람을 능멸하는 기풍은 경박하고 나쁜 행위이지만 師長의
인망이 만족하지 못하기 때문입니다'[58]라고 하면서 유생보다는 근
본적인 문제가 사장에게 있다고 하였다. 한발 더 나아가 사림파의
인물로 촉망을 받던 持平 曺偉는 유생들이 비록 狂妄하지만 그 뜻
이 고상하다고 하면서, 그들을 힘으로 복종시킬 수 없으며, 스승들
이 재주와 덕망이 있어야만 할 것이라고 하면서 스승의 자질에 문
제가 있다고 주장하였다.[59] 또한 領事 洪應은 성균관의 스승인 하
형산의 성품이 본디부터 단정하지 못하다고 비난하고 나서기까지
히였다.[60] 이들은 하나같이 익명서를 이용해 스승을 비난한 유생

---

56) 上同.
57) 『成宗實錄』 卷 146, 成宗 13年 9月 壬戌條.
58) 『成宗實錄』 卷 146, 成宗 13年 9月 癸亥條.
59) 上同.
60) 上同. 하형산은 성종 2년 진사일 때 최항의 추천에 의해 감찰과 南學教
授를 지내다가 중국으로 가는 사신에게 布를 준 것이 화근이 되어 벼
슬에서 물러났다. 이후 성종 8년 하형산에게서 배우고 있던 유생 李闐
등 33인이 하형산을 서용해 달라는 연합상소를 올림에 따라 성균관에
서 유생을 가르치게 되었다. 이후 익명서 사건으로 인해 경주교수로 좌

들의 잘못을 지적하지 않고 오히려 익명서의 비난 대상이 된 스승
의 자질에 더 문제가 있다고 비판하였던 것이다. 당시는 국가에서
선비들의 인재 등용에 힘을 기울여 金宗直 등 사림파가 본격적으
로 정계에 진출하는 시기여서[61] 성균관 유생들의 행위를 과소평가
하고 오히려 스승의 잘못을 논의한 것이 아닌가 생각된다. 이와 같
은 인식은 다른 익명서에서 일반적으로 그 피해자를 논하지 않는
것과 비교할 때 극명하게 배치되는 사항이다.

　반면 승문원의 박사 金碑, 예문관 봉교 崔潾, 성균관 박사 嚴孝
良, 전교서관 저작 權顥 등은 성종에게 上書를 올려 성균관 유생의
잘못된 점을 비판하고 나섰다. 그들은 일찍이 四館(성균관·예문
관·교서관·승문원)을 설치한 것은 유생을 바로잡고 名敎를 유
지하기 위한 것인데 풍속과 교화의 근원이고 인재를 육성하는 곳
인 성균관의 유생들이 스승을 비난하였다는 사실에 매우 놀라움을
표하면서 엄히 다스려 유생의 氣風을 바로 잡아야 할 것이라고 주
장하였다.[62] 이들의 주장이 끝까지 받아들여지지는 않았으나 그들
은 성균관 유생들로부터 비난을 받은 師長과 같은 반열에 있는 사
람들로서 동병상련의 아픔을 간직하고 있었던 것이다. 또한 일찍
이 史官의 반열에 올라 4년 동안을 봉직한 李杜는 당시 성균관에
서 유생들 사이에 三凶五鬼說이 널리 퍼져있으며, 서로를 원망하
는 풍조가 만연되어 있었음을 한탄하고 있다.[63]

　이와 같이 사건에 대한 상반된 견해 속에서 성종은 인재등용이
라는 대의명분을 내걸고 사건을 무마하면서 성균관 유생에 대한

　천되어 나갔고, 성종 17년에는 고성현령을 거쳐 영덕현령을 지냈다. 오
　랜 기간 동안 師儒로 활동해 온 인물이다.
61) 李秉烋, 1999,『朝鮮前期 士林派의 現實認識과 對應』, 一潮閣, 97쪽.
62)『成宗實錄』卷 146, 成宗 13年 9月 庚子條.
63) 上同.

특별한 조치를 취하지 않았다. 사건의 정황을 살피는 과정에서도 성균관의 사장들을 모두 假獄에 가두어 다른 유생들과 함께 똑같이 심문함으로써 그들의 신분에 대한 고려를 하지 않았다.

성균관 익명서 사건이 있은 지 10여 년이 지난 성종 23년(1492) 2월 성균관 내에서 또 다시 익명서 사건이 발생하였다. 이 때의 익명서는 성균관 유생들 사이에서 서로를 비난하는 내용이었으며, 익명서와 함께 사람의 형상을 한 목이 없는 인형에 글귀를 적어 놓은 사건이다. 익명서의 전체적인 내용은 모두 알 수 없으나 그중 일부는 "李穆 등 50인은 모두 腰斬해야 마땅하며, 宋欽 등 세 사람의 군자도 사회 풍속의 흐름을 이기지 못하여 혹은 미리 상소를 짓기도 하고 혹은 色掌이 되니 처해야 마땅하다"는 글귀가 있었다.[64] 그리고 인형의 몸통에 새겨진 글귀는 '너는 무슨 그릇이냐?' '瑚璉이다' '너의 머리는 어디에 있느냐?' '날카로운 칼날의 번쩍이는 광망을 따라 날아가 버렸다'고 적혀 있었다.[65] 이 내용으로 보건대 익명서의 주모자는 성균관 유생 중 어떤 한 사람만을 비난한 것이 아니라 이목을 비롯한 50여 명에 이르는 다수의 유생과 송흠 등 성균관 유생가운데 주도적 위치를 차지하고 있었던 세 사람을 가리켜 없애버려야 할 사람들이라고 지적하고 있다. 또한 인형은 '瑚璉'의 목을 벤 형상으로 만들었으며 이들의 목을 베야 한다는 극단적인 표현을 담고 있다. 당시 성종에게 불려온 생원 가운데 裵潤珣은 호련이 辛世瑚와 辛世璉을 가리킨 것이라고 진술하고 있어[66] 이들에게 나쁜 감정이나 이해관계를 가지고 있음을 표현하고 있는 것이다.

---

64) 『成宗實錄』 卷 262, 成宗 23年 2月 丙辰條.
65) 上同.
66) 上同.

이 사건이 발생한 이후 성종은 성균관의 유생 배윤손을 불러 누구의 소행인가를 물었고, 그는 주저없이 성균관에 있는 생원 黃筆의 소행이라고 답하였다.[67] 그 이유로 황필이 일찍이 성균관에서 유기그릇을 샀기 때문에 성균관 유생들 사이에 끼지 못하였으며, 익명서에서 비난한 사람들은 모두 그가 미워하는 사람이고, 칭찬한 사람은 모두 그가 좋아하는 사람이기 때문이라는 것이다. 실제로 李穆은 황필을 독단적으로 성균관에서 내쫓으려고 한 사실도 있었다.[68] 이에 곧 의금부로 하여금 추국하도록 명하였다. 의금부에서는 성균관의 사건 관련 유생들을 모두 추국하였는데 한결같이 인형은 李希孟의 소행이며, 익명서는 황필이 한 일이라고 진술하였으나 이를 입증할 만한 증빙자료는 없었다.[69]

당시 황필은 함께 있는 성균관 유생들로부터 배척을 당하고 있었던 것이 사실이다. 성균관 유생 151명이 연명하여 황필의 잘못된 점을 지적하는 상소문을 성종에게 올린 것에는 다음과 같이 적고 있다.

> 생원 황필은 學宮의 齋안에서 市人(장사꾼)을 불러 들여 직접 유기를 잡고 그 값을 올리고 내리는 등 그 행실이 商賈와 같았으니 儒風을 허물어뜨린 것이 이보다 심할 수가 없습니다. … 신 등은 아마도 利를 탐하는 문을 한번 열어 놓으면 末流의 폐단을 막기 어려울 것이 두려우며, 장차 詩書를 익히려던 것이 商賈의 이익을 다투게 되고, 예의를 숭상하는 자리가 市井의 마당으로 되는 것이 반드시 황필로부터 비롯될 것이니 이것이 바로 신 등이 그와 더불어 한 무리가 되는 것을 부끄럽게 여기면서 함께 분격하는 것입니다.[70]

---

67) 上同.
68) 『成宗實錄』 卷 261, 成宗 23年 1月 庚寅條.
69) 『成宗實錄』 卷 262, 成宗 23年 2月 戊辰條.
70) 上同.

즉 황필이 성리학의 도학을 닦고 예를 숭상하며 詩書를 익히는 신성한 성균관에서 시정의 장사꾼들을 끌어들여 유기를 매매하는 데 앞장섰으므로 그와 함께 기거할 수 없다는 내용이다. 나아가 이러한 연유로 황필이 성균관에서 배척 당하였으니 익명서는 바로 그가 배척 당한 것에 앙심을 품고 저지른 소행이라는 것이다.

그러나 실제로 익명서가 황필의 소행인지는 뚜렷한 증거가 없어 알 수가 없다. 다만 사건의 정황으로 미루어볼 때 세 가지 방향에서 추론이 가능하다. 첫째는 성균관 유생들의 주장대로 황필이 자신을 배척하는 다수의 유생들을 상대로 익명서를 작성하였을 것이라는 점이다. 둘째는 황필을 미워하는 다수의 유생들이 익명서를 작성하여 붙이고 그 죄를 황필에게 뒤집어 씌웠을 것이라는 점이다. 셋째는 전혀 알 수 없는 제 삼자가 익명서를 붙였을 것이라는 점이다. 이와 같은 세 가지를 놓고 추론할 때 가장 근접할 수 있는 것은 두 번째 추론이다.

그 이유는 다음과 같은 몇 가지 사건 정황을 통해 알 수 있다. 첫째로 황필이 성균관 내에서 유기를 매매한 사실이 있는가의 문제이다. 이 일은 익명서 사건이 발생하기 전인 성종 22년 11월 황필의 집 종이 경상도에서 유기를 사기 위해 올라왔다가 市井에서 유기를 사 가지고 돌아가는 길에 성균관에 들렀던 사실이 있었다. 이것을 보고 성균관의 유생들은 황필이 유기를 매매한다고 하였던 것이다. 이 일은 그 이듬해인 성종 23년 1월 성균관에서 조정의 관원들이 모였을 때 유생들이 관원에게 고하여 표면화되었다. 그러나 당시 성균관 동지사 李克增, 成俔, 대사성 洪貴達, 예조판서 成健 등은 황필에게는 잘못이 없었다고 분명하게 밝히고 있다.[71] 따라서 대다수의 유생들이 주장하는 황필의 유기매매설은 설득력이

---

71) 『成宗實錄』卷 261, 成宗 23年 1月 庚寅條.

떨어진다는 것이다. 둘째로 당시 황필은 재능이 뛰어나 성균관에서 시행하는 시험에 여러 차례 수석에 올랐던 사람이다. 나아가 같은 동년배 가운데 명망이 있는 28명이 계를 만들어 함께 행동함으로써 여기에 끼지 못하는 대다수 유생들로부터 질시의 대상이 되었다. 그리고 이희맹도 황필과 함께 성균관의 巨擘에 올랐던 인물들로서 뛰어난 자질을 겸비하고 있었다는 것이다. 셋째로 황필이 익명서를 작성할 뚜렷한 목적이 없다는 점이다. 만일 유생 한 두 명을 제거하는 것이 목적이라면 다르겠지만 수십 명을 객관적인 명분도 없이 익명서를 통해 모함에 빠뜨린다는 것은 혼자 힘으로는 불가능한 일이다. 상대적으로 황필에게 감정을 품고 있었던 유생들은 익명서를 이용해 그를 범인으로 몰고 갈 수 있는 여력과 명분이 있었다는 점도 고려되어야 할 것이다. 이 사건은 계속된 유생들의 국문이 이어졌음에도 불구하고 별다른 단서나 진술이 없자 억울한 유생들이 피해를 당하여 곤장을 맞고 죽는다면 왕의 덕이 없는 것이 가중된다는 이유를 들어 불문에 부치는 것으로 매듭지었다.[72]

　이들 성균관 익명서 사건을 통해 알 수 있는 사실은 다음과 같다. 첫째, 조선시대 최고의 학부에서 유교윤리와 덕목을 배우고 있었던 유생들이 正道를 벗어난 방법으로 익명서를 이용하여 자신들과 뜻을 달리하는 세력을 비난했다는 점이다. 그것은 같은 동료들 사이에서 일종의 이지메와 같은 현상으로 나타나기도 했으며, 급기야는 비난의 대상이 자신을 가르치는 스승에까지 이를 정도로 심각했음을 보여주고 있다. 둘째, 성균관 유생들의 익명서를 이용한 비난을 정부에서 별다른 제재없이 불문에 부치고 있다는 것이다. 스승을 비난한 유생들을 잘한 일이라고 두둔하면서 오히려 스

---

72)『成宗實錄』卷 262, 成宗 23年 2月 癸酉條.

승들의 자질을 문제시 삼았던 정치적 분위기는 당시의 정치현실이
비판적 태도를 받아들이고 나아가 비판의식이 지식인층에 사이에
널리 퍼져있었음을 보여주는 사례이기도 하다. 이것은 곧 성종대
가 정치사회적으로 비판의식이나 탄핵하는 여론이 사회저변에 깔
려 있었고, 이러한 비판적 태도를 언로의 보장이라는 측면에서 용
인하고 있었던 시기임을 보여주고 있는 것이다.

3. 漢城府 저자거리 匿名書事件

성종 16년 7월 한성부의 저자거리에 익명서가 나돌고 두 장으로
된 익명의 諺文이 호조판서 李德良의 아우집에 투서되었다. 이 투
서를 이덕량이 가지고 궁에 들어가 성종에게 보였는데 그 구체적
인 내용은 알 수 없으나 대략적인 줄거리는 다음과 같다.

> 저자를 옮겨 배치하는 것을 公道에서 나온 것이 아니라 하고, 판
> 서를 가리켜 제 자식을 위한 것이라 하고, 참판을 가리켜 뇌물을 받
> 기 위한 것이라 하며, 申瀞을 끌어 들여 욕심이 많고 뇌물을 받아 법
> 에 저촉되었다고 하고, 尹弼商은 재물을 증식하다가 홍문관의 논의
> 를 초래하였다는 등 나쁜 말과 욕설에 찬 비방을 하지 않은 바가 없
> 습니다.[73]

즉 익명서의 내용은 호조판서 李德良, 호조참판 金升卿이 저자
거리를 옮기는 문제와 관련하여 많은 뇌물을 받았으며, 저자거리
옮기는 문제 자체가 公道가 아닌 개인의 사리사욕을 위해 취하는
조치라고 비난하고 있다. 나아가 당시 홍문관으로부터 재산을 축

---

73)『成宗實錄』卷 181, 成宗 16年 7月 乙丑條.

적하고 이익을 탐한다고 탄핵을 받은 영의정 尹弼商,[74] 신숙주의
아들로서 전 평안도 관찰사로 재직할 당시 伴倘 文甫羅와 金巾·
金理 등의 差帖을 발급하는 과정에서 印信을 위조하였다는 죄로
사사당한 인물인 申瀚[75] 등을 거론하면서 정부의 부정부패를 공개
적으로 비난하고 있다. 또한 호조의 낭청이 저자거리의 鐵物廛 앞
을 지나는 길에 '철물은 매우 무거워서 옮겨 놓기가 어렵다. 만약
면포 7~8동만 뇌물로 준다면 반드시 예전대로 돌아갈 것이다'라
는 말을 들었다고 하였다.[76] 이러한 내용은 결국 저자거리를 옮기
는 과정에서 주무 행정담당 부서인 호조와 한성부에서 뇌물을 받
아 챙긴다고 주장하는 것이다.

그러면 당시 저자거리 옮기는 일에는 어떠한 문제점이 있었는
가? 조선 초기에는 정부의 주도 하에 태종 12년(1412)부터 4차에 걸
쳐 市廛建物이 지어졌다. 청계천에서 창덕궁으로 이어지는 길 양
쪽, 종루에서 경복궁까지, 창덕궁에서 종묘까지, 숭례문 근처, 대궐
문에서 貞善洞 입구에 이르는 지역 등지에 행랑을 지어 일반 상인
들에게 빌려주고 일정한 商稅를 받았다.[77] 그런데 이때에 이르러
서울 주민들의 요청에 따라 저자거리를 일부 옮겼는데 구체적으로
어디에 있던 시전건물을 어디로 옮겼는가는 기록이 없어 알 수 없
다. 그러나 시전건물을 옮기는 문제는 처음의 시전건물에서 살고
있는 사람들에게는 매우 민감한 사안이었으며, 생활경제에 직접적
인 타격을 주었을 것은 자명한 일이다. 이 시전을 옮기는 과정에서
성종은 충분한 점검을 거쳐 단행했던 것으로 보인다. 당시 성종은

---

74) 『成宗實錄』 卷 181, 成宗 16年 7月 甲寅·乙卯條.
75) 『成宗實錄』 卷 140, 成宗 13年 4月 壬戌條.
76) 『成宗實錄』 卷 181, 成宗 16年 7月 乙丑條.
77) 劉敎聖, 1955, 「서울六矣廛 硏究」『歷史學報』8 : 姜萬吉, 1977, 「商業」
　　『서울六百年史』 1, 서울特別市史編纂委員會, 474~475쪽.

언문의 투서사건이 발생하자 "시전을 옮긴 것은 본래 시전상인이
원하여 이루어진 것인데 이제 와서 도리어 원망하는 것은 무슨 이
유인가?"라고 하였고, 우승지 安琛은 "전의 시전거리는 지역이 좁
은데 많은 사람들이 모여서 혼잡하고 상업상의 질서도 문란하였으
나 넓은 곳으로 옮긴 후에는 이런 폐단이 없어질 것입니다. 비록
반대하는 사람이 있어도 구애될 것이 없습니다"라고 답하고 있
다.78) 또한 도승지 權健은 "시전상인들이 원하는 것은 그들의 집
앞에서 장사를 하고 싶어하는 이유일 뿐입니다. 이번의 시전 이전
에 있어서도 옮긴 시전이 집에서 가까운 상인들은 기뻐할 것이고
먼 사람은 원망할 것입니다. 같은 도성 안인데 왕래하기에 그다지
불편할 이유가 없고, 또 坐商들이 많은데 어찌 그 소원을 다 들어
줄 수 있겠습니까?"79)라고 하면서 시전 이전의 타당성에 문제가
없음을 주장하고 있다. 결국 기존에 시전건물이 있던 지역이 저자
거리로서는 협소한 지역적 한계점을 가지고 있었기 때문에 여러
사람들이 붐빌 수 있는 지역으로 확산 이전했음을 알 수 있다. 이
과정에서 생계에 위험을 느낀 일부 세력들이 저항하였으나 받아들
여지지 않자 행정실무를 담당하고 있던 부서의 책임자를 비난하는
익명서를 살포하였던 것이다.

　이로 인해 즉시 저자거리 옮기는 문제에 대하여 가장 반발이 심
하였던 鐵物廛과 綿紬廛에서 장사하는 사람들을 의금부에서 삽아
들여 추국하였다. 사건 당일인 7월 17일 의금부에 간힌 자가 모두
79명에 이르렀고,80) 5일 후인 7월 22일에는 150명에 육박하여 혐의
자들을 의금부에 다 수용하지 못하고 여러 곳에 분산하여 가두었

---

78)『成宗實錄』卷 181, 成宗 16年 7月 戊辰條.
79) 上同.
80)『成宗實錄』卷 181, 成宗 16年 7月 乙丑條.

다.[81] 뿐만 아니라 옥에 가두지 않은 상태에서 국문을 받는 자도 있어 실제로 추국 당한 수는 150명을 훨씬 상회하는 것이며, 이들을 수발하기 위해 鞫問場 앞에 나온 친인척들로 인해 저자거리는 텅 비고 工匠과 상인이 생업을 잃는 지경에까지 이를 정도였다.[82]

　이 사건에 대한 조정의 반응은 두 갈래로 나뉘어 졌다. 하나는 익명서로 인한 것이니 사건을 확대하지 말고 특별히 혐의가 있는 사람들만 국한해서 추국하자는 것이고, 다른 하나는 시정의 무리들이 재상을 헐뜯었으니 그 풍속을 바꾸어 놓아야 하기 때문에 엄히 다스려야 한다는 주장이다. 전자는 사헌부와 사간원의 언관들이 주장한 반면[83] 후자는 성종의 생각이었다. 성종은 언문으로 재상을 비방하는 것은 풍속에 관계된 것이니 수년의 시일이 걸리더라도 반드시 그 실상을 알아내야 한다고 주장하면서 비록 국문하는 과정에서 몇 사람의 사상자가 나더라도 어쩔 수 없는 일이라고 천명하였다.[84] 이러한 성종의 강력한 의지에 따라 저자거리 사람들에 대한 추국은 5개월 간이나 지속되어 아무런 혐의 없이 매를 맞아 죽는 자가 속출하였다. 당시 성종이 강경한 태도를 취한 이유는 첫째, 저자거리 옮기는 문제를 자신이 명령한 것이었는데 이에 반발하는 것은 곧 자신에게 반발하는 것이라고 생각했고,[85] 둘째는 사회체제가 흔들릴까를 염려하였기 때문이다.

　　재상을 업신여기는 것이 이와 같으니 이러한 일도 하는데 무슨 일인들 못하겠는가? 만약 아래에 있는 사람이 윗사람을 업신여긴다면

---

81) 『成宗實錄』 卷 181, 成宗 16年 7月 庚午條.
82) 上同.
83) 『成宗實錄』 卷 183, 成宗 16年 9月 辛亥條 ; 卷 185, 成宗 16年 11月 乙卯·丙辰條.
84) 『成宗實錄』 卷 182, 成宗 16年 8月 庚辰條.
85) 『成宗實錄』 卷 185, 成宗 16年 11月 丁巳條.

그 폐단이 심지어는 庶人이 士大夫를 업신여기고, 사대부는 재상을 업신여기며, 재상은 人主를 업신여길 것이다. 그래서 이것은 풍속에 관계되는 것이므로 당연히 엄하게 다스려야 한다.[86]

결국 성종은 익명서에 대한 원인파악보다는 저자거리의 사람들이 재상을 비난하였다는 사실 자체에 무게를 두었으며, 이러한 풍속은 곧 사회 위계질서의 기반을 흔들 수 있으며 나아가 자신에게까지 그 영향이 미칠 우려가 있다는 취지에서 강경조치를 취하였음을 알 수 있다. 이 사건의 결과 주모자를 잡아내지 못하였으며, 단지 劉從生 등 여러 사람들이 주모자로 지목되어 억울한 죽음을 당하였을 뿐이다.[87]

이 저자거리의 익명서 사건은 市廛移轉의 정책결정을 추진한 戶曹와 종래 상권의 기득권을 가지고 있던 세력들간에 첨예하게 대립된 과정에서 표출된 것으로서 정치적 관료가 아닌 상인세력들에 의해 발생한 사건이다. 이해 당사자인 시전상인들은 저자거리를 옮김으로써 발생되는 경제적 타격을 감당하기 어려웠고, 이를 해결하기 위한 여러 가지 방안을 시도했으나 이루어지지 않자 최후수단으로서 익명서를 이용하였던 것이다. 그리하여 정책을 추진하는 중심부서인 호조의 책임자를 뇌물을 받아 챙긴 비리자로 몰아 정치권에서 몰아 내고자 하였고 궁극적으로는 저자거리 이전을 방해하고자 하였던 것이다. 상인들은 뜻한 바의 목적을 달성하지는 못했으나 정치적·사회적으로 저자거리 옮기는 문제를 쟁점화하여 여론을 조성하는데는 성공하였다고 보아야 할 것이다.

---

86) 『成宗實錄』卷 185, 成宗 16年 11月 丙辰條.
87) 『成宗實錄』卷 185, 成宗 16年 11月 戊午條. 당시 史臣은 "유종생의 옥사는 익명서 때문에 일어났으나 증거도 없는데 체포되어 계류되었고, 형장아래서 죽은 자가 한 사람 뿐이 아니다"고 기록하고 있어 억울한 죽음을 당한 것으로 보인다.

위의 세 가지 형태 익명서 사건을 통해서 볼 때 다음과 같은 사실을 발견할 수 있다. 첫째 성종대의 익명서 이용계층은 고위관리에서부터 유생과 일반 양인에 이르기까지 광범위한 계층이 참여하고 있음을 확인할 수 있다. 둘째 주요내용이 개인적인 감정에서부터 국가정책에 대한 비판에 이르기까지 다양하다는 점이다. 셋째 익명서를 이용하여 사회적 여론을 조성함으로써 자신들이 추구하는 목적을 달성하고자 시도하였음을 보여주고 있다. 따라서 이 시기의 익명서는 사회의 모든 구성원들에게 있어서 의사표현의 최종 수단이었으며, 주로 정치사회적 지도층 인사들이 이용계층의 주를 이루고 있음을 확인할 수 있다.

V. 맺음말

이상에서와 같이 조선 초기 익명서의 유형과 특징에 관하여 살펴보았다. 이를 정리하는 것으로 결론에 대신하고자 한다.

조선 초기 정부에 보고된 익명서 사건은 총 24건이며 이 가운데 성종대가 13건으로 전체의 약 54%를 차지하고, 그 다음이 태종대 4건, 태조·세종·세조대가 각 2건, 문종대가 가장 적은 1건으로 나타나고 있다. 그리고 익명서의 유형을 내용별로 분류하면 국가의 반란 및 역모와 관련된 내용이 총 24건 가운데 5건을 차지하고 있으며, 관리의 부정부패와 비리를 적은 내용이 전체 24건 가운데 14건을 차지하고 있어 가장 많은 점유율을 보이고 있다. 특히 성종대가 10건으로 가장 많이 나타나고 있음을 발견할 수 있다. 마지막으로 誣告, 사회문제에 대한 고발, 경제적 이권에 관련된 내용, 성균관 유생들의 비판적 내용 등으로서 약 5건이 나타나고 있다. 지역적으로는 익명서 3~4건을 제외하고 모두가 한성부에 집중되어 있으며, 익명서의 부착 및 투서장소도 개인의 집 대문, 경복궁의 사대문, 사헌부·승정원 등 관청의 정문, 종로거리, 성균관 등은 물론이고 국왕의 어좌에 이르기까지 다양한 곳에서 발생되고 있어 특정한 지정장소가 없이 어느 곳에서든지 익명서 부착이나 투서가 가능하였음을 보여주고 있다. 나아가 익명서 사건 주모자의 신분이나 직역은 정2품의 재상이나 대사간은 물론 성균관의 유생이나 判官·生員·散員·郎將·勤力副尉 등 하급관리와 상인과 같은 양인에 이르기까지 다양한 계층이 익명서를 이용하였음을 확인할 수 있다. 조선 후기의 경우 성균관이나 고위관료의 익명서 이용 사례가 나타나지 않고 있는 것과 대조적이라 할 것이다.[88]

조선 초기 익명서 사건 가운데 성종대가 54%를 차지하고 있는 것은 당시의 정치사회 환경의 변화에서 그 원인을 찾을 수 있을 것이다. 즉 주지하듯이 성종대는 정치적으로 중앙집권제가 완성단계에 들어가는 시기였으나 사림세력들이 정치적으로 부상하고, 성종이 나이 어린 상태에서 즉위하여 실질적인 권력행사가 용이하지 못했던 시기이다. 더구나 사림세력을 중심으로 한 대간들의 활동이 두드러지고 언로가 조선 초기 다른 왕들에 비해 개방되어 있었으며, 사회적으로는 향촌사회에 뿌리를 둔 사림들의 지위가 향상되었던 시기였다.[89] 이들 대간들은 뚜렷한 근거가 없이도 권력구조의 상층부를 거침없이 탄핵하였고, 이와 같은 정치사회적 여건의 변화가 익명서의 출현을 자유롭게 한 것이 아닌가 생각된다. 성

---

88) 李相培, 1999, 앞의 책, 國學資料院, 306~308쪽.
89) 鄭杜熙, 1994, 『朝鮮時代의 臺諫硏究』, 一潮閣, 201~204쪽.

균관 유생들의 스승에 대한 비판이나 동료에 대한 이지메적 성격으로서의 익명서 이용 사례를 정부에서 불문에 부치는 처리과정에서도 당시 언로가 어느 정도 용인되었는가를 보여주고 있다.

태조에서 세조대까지의 익명서 사건들은 역모논의와 관련된 사안이 많이 나타나고 있다. 이것은 당시의 시대 상황이 조선의 건국과 왕자의 난 및 세조의 왕위찬탈 등과 같은 변혁기였던 상황과 관련된 것으로 보인다. 즉 익명서의 내용이 역모와 관련된 사안이 많았다는 것은 당시의 정치사회상이 변혁기였기 때문에 단순한 비판보다는 역모와 관련되어야만 주모자가 그 목적을 쉽게 달성할 수 있으리라 파악했기 때문으로 생각된다. 이 외에는 관리의 부정부패 및 각종 비리와 관련된 문제를 폭로하거나 인사문제에 따른 반발, 자연재해의 책임을 관리에게 전가하는 등의 내용이 나타나고 있다.

성종대의 여러 사건 가운데 홍원군 오백창과 대사간 성준 사이에 발생한 익명서 사건은 조선시대 전·후기를 통털어 2품 이상의 관료가 익명서를 이용하여 자신의 의사를 표출한 최초이자 마지막일 것이다. 대사간 성준을 비판하는 내용의 익명서가 오백창의 소행인지는 명확하지 않지만 적어도 오백창의 집에 투서한 익명서는 성준과 밀접하게 연관되어 있음이 명확하다. 당시 사림세력을 대표하는 인물이었던 성준이 자신의 유교윤리에 어긋나는 행동으로 인해 훈구세력이었던 오백창에게 익명서를 통해 비난을 받았다고 생각한 나머지 이를 해명하는 내용의 익명서를 지어 오백창의 집에 투서한 이 사건은 자칫 훈구세력과 사림세력 사이에 정권의 대립양상으로 발전하는 듯이 보였으나 더 이상 확대되지는 않았다. 대간들이 항간에 떠도는 풍문에 의거하여 탄핵을 하는 사례가 종종 있었던 당시에는 이러한 익명서 사건이 풍문탄핵의 근거자료로

서 매개체가 되기에 충분했다. 나아가 이 사건에서 익명서의 내용
은 비록 개인의 윤리적 문제에 대한 인신공격과 그에 대한 반론 제
기였지만 익명서를 정부의 최고위층도 사용하였음을 보여주는 한
사례이며, 관료들의 사회적 유교윤리가 비판의 대상으로 자리하였
음을 보여주는 사건이다. 이것은 익명서 이용대상층이 그만큼 넓
었음을 의미하며, 유교 윤리가 사회적으로 정착되어 갔음을 보여
주는 것이다. 적어도 합법적이고 합리적인 방법을 통해 문제를 해
결할 수 있는 위치에 있던 사람들도 익명서와 같은 비합법적인 방
법을 통해 사회적 여론을 조성하여 자신의 불만을 해결하고자 했
다는 것은 그 시대 사회상의 한 단면을 보여주는 것이다.

다음으로 성균관 유생들에 의해 발생된 2건의 익명서 사건에서
는 두 가지 사항이 주목된다. 첫째, 조선시대 최고의 학부에서 유
교윤리와 덕목을 배우고 있었던 유생들이 正道를 벗어난 방법으
로 익명서를 이용하여 자신들과 뜻을 달리하는 세력을 비난했다
는 점이다. 그것은 같은 동료들 사이에서 일종의 이지메와 같은
현상으로 나타나기도 했으며, 급기야는 비난의 대상이 자신을 가
르치는 스승에까지 이를 정도로 심각했음을 보여주고 있다. 둘째,
성균관 유생들의 익명서를 이용한 비난을 정부에서 별다른 제재
없이 불문에 부치고 있다는 것이다. 스승을 비난한 유생들을 잘한
일이라고 두둔하면서 오히려 스승들의 자질을 문제시 삼았던 정
치적 분위기는 당시의 정치현실이 비판적 태도를 받아들이고 나
아가 비판의식이 지식인층에 사이에 널리 퍼져있었음을 보여주는
사례이기도 하다. 이것은 곧 성종대가 정치사회적으로 비판의식이
나 탄핵하는 여론이 사회저변에 깔려 있었고, 이러한 비판적 태도
를 언로의 보장이라는 측면에서 용인하고 있었던 시기임을 보여
주고 있는 것이다.

마지막으로 저자거리의 익명서 사건은 市廛移轉의 정책결정을 추진한 戶曹와 종래 상권의 기득권을 가지고 있던 세력들간에 첨예하게 대립된 과정에서 표출된 것으로서 정치적 관료가 아닌 상인세력들에 의해 발생한 사건이다. 이해 당사자인 시전상인들은 저자거리를 옮김으로써 발생되는 경제적 타격을 감당하기 어려웠고, 이를 해결하기 위한 여러 가지 방안을 시도했으나 이루어지지 않자 최후 수단으로서 익명서를 이용하였던 것이다. 그리하여 정책을 추진하는 중심부서인 호조의 책임자를 뇌물을 받아 챙긴 비리자로 몰아 정치권에서 몰아 내고자 하였고 궁극적으로는 저자거리 이전을 방해하고자 하였던 것이다. 상인들은 뜻한 바의 목적을 달성하지는 못했으나 정치적·사회적으로 저자거리 옮기는 문제를 쟁점화하여 여론을 조성하는데는 성공하였다고 보아야 할 것이다. 그리하여 저자거리 옮기는 일을 주도적으로 처리한 호조판서 이덕량이 익명서 사건이 일어난 이후에 저자거리를 다시 원래대로 회복하자는 의견을 제시하는 상황이 이를 입증하는 것이다.[90]

결국 중종과 명종대의 익명서 사건이 士禍 등 정치적 역학관계와 밀접하게 관련된 것과 비교할 때[91] 조선 초기의 익명서 사건은 대부분 개인적 또는 집단적 이해관계에 따라 이용된 측면이 강하였음을 알 수 있다. 그럼에도 불구하고 그 내용에서는 조선 초기의 왕조 개창과 왕자의 난, 세조의 왕위 찬탈, 성종 대 국가 기반의 확립과 사림세력의 정계진출 및 정치사회적 언로의 확대와 유교윤리의 정착 등 시대적 변화를 익명서의 내용을 통해서도 확인할 수 있다. 익명서 이용자들은 익명서가 가지고 있는 성격을 이용하여 사회적 여론을 조성하고, 이를 개인적 혹은 정치적으로 이용하여 목

---

90)『成宗實錄』卷 191, 成宗 17年 5月 辛亥條.
91) 李相培, 2001, 앞의 논문, 1~17쪽 참조

적을 달성하고자 하였다. 그러나 집단화된 정치세력과 또 다른 정치세력의 권력다툼으로 이용되거나 혹은 변란과 같은 저항적 세력과 연계되어 발생한 사례는 없었다. 조선 중기의 익명서가 정치세력과 연결되어 발생하고 있고, 조선 후기의 익명서가 변란과 관련되는 것과 비교할 때 조선 초기 익명서 사건의 특징적 요소와 역사적 의미를 발견할 수 있을 것이다.

조선 중기 匿名書事件의 특징과 정치사회상

Ⅰ. 머리말

참소를 당하니 진실로 덕이 없음을 알겠구나
삶 이루기 어려운 속에 한과 부끄러움이 가득하네
누가 능히 忠敬을 다하여
용렬한 임금을 도와 풍속을 바로 잡겠는가[1]

위 글은 연산군이 자신을 비난하는 익명서를 보고 신하들에게
시를 지어 심경을 토로한 것이다. 자신의 잘못된 점을 느끼고 고치
려는 자세보다는 자신을 비난하는 세상의 풍속과 믿을 만한 관료

---

1)『燕山君日記』卷 55, 燕山君 10年 8月 戊午條.

가 없음을 원망하며 한탄하는 분위기가 여실히 느껴진다. 이와 같
이 조선 중기의 익명서는 하위관리의 비리에 대한 비판은 물론 국
왕에 대한 비판까지 그 내용이 다양하게 나타나고 있다. 뿐만 아니
라 국가의 존망에 관한 내용도 서슴없이 담고 있다.

이러한 익명서는 시대에 따라 그 형태도 다양하게 바뀌고, 발생
장소나 이용 계층도 후기로 갈수록 공간적·계층적 확산이 이루어
진다. 따라서 익명서는 그 시대 정치사회상의 한 단면을 살펴볼 수
있는 귀중한 사료이다. 조선 후기의 경우는 민권의식의 성장이나
동학의 사상적 배경의 일단을 추구하는 관점에서 掛書事件에 관한
여러 편의 논문이 발표된 바 있지만2) 조선 전기 익명서에 관한 연
구는 아직까지 전무한 상태이다. 최근에 故 韓沽劤 선생의 완성되
지 않은 遺稿가 학술원 논문집에 실린 것이 유일한 글이며,3) 필자
가 조선 초기 익명서 사건에 관하여 논문을 발표한 것이 전부라고
할 것이다.4)

조선 중기 연산군대부터 임진왜란 이전까지의 기간 동안『조선
왕조실록』에 기록된 익명서 사건은 모두 42건이다. 이 수치는 어디
까지나 국가에서 기록한 공식적인 것이기 때문에 실제적인 숫자는
이를 훨씬 상회한다고 할 수 있다. 조선시대에는 익명서를 처음 발

2) 조선 후기 익명서 연구 동향에 관하여는 李相培, 1999,『朝鮮後期 政治
   와 掛書』, 國學資料院, 12~13쪽 참조.
3) 韓沽劤, 1999,「朝鮮時代의 匿名書 硏究」『學術院論文集(人文·社會
   科學篇)』38, 1~30쪽. 이 글은 조선 초기부터 영조대까지 익명서 사건
   의 解題的 성격을 갖고 있다.
4) 李相培, 2001,「조선 초기 익명서의 유형과 그 특징」『朝鮮時代史學
   報』17, 조선시대사학회. 조선 초기 익명서 사건은 모두 24건이『조선
   왕조실록』에 기록되어 있으며, 이 가운데 성종대가 13건으로 전체의
   54%를 차지하고 있다. 그리고 태종대가 4건, 태조·세종·세조대가 각
   2건, 문종대가 1건으로 분포되어 있다.

견할 경우 발견자가 전파하지 말고 즉시 불사르도록『經國大典』
에 규정하고 있기 때문에[5] 실제로 보고되지 않은 익명서의 수는
더 많다.[6] 전체 42건의 익명서 사건 가운데 중종대가 28건으로 전
체의 67%를 점유하고 있으며, 명종대가 10건, 연산군대가 3건으로
보고되고 있다. 그리고 선조대의 경우 임진왜란 이전까지 1건이 나
타나고 있다. 결국 조선 중기 익명서 사건은 중종대에 집중되어 있
음을 알 수 있다.

　본 논문은 필자가 진행하고 있는 조선 전기 익명서 연구의 한 부
분으로서 16세기를 시기적 한계로 하였다. 이 시기는 조선시대에
있어서 정치사회적으로 매우 급변하는 시기였다. 사림파와 훈구파
로 대별되는 정치·사회·경제적 마찰 속에서 생겨난 각종 사화
를 통해서도 능히 알 수 있는 시기이다. 이러한 시대적 특징을 인
식하면서 이 시기 익명서 사건의 내용과 유형을 통해 그 시대 정치
사회상의 한 단면을 살펴보는 것에 목적을 두고자 한다.

　이러한 연구는 종래 정치·제도적 변화의 틀 속에서 그 시대의
정치사회상을 살펴보는 방법과는 달리 비합법적인 사건을 통해서
제도적 틀 속의 정치사회상을 조명할 수 있다. 비합법적인 방법으
로 표출되는 익명서 사건의 성격상 그 내용은 그 시기의 문제점을
보다 개관적으로 조명할 수 있을 것이라고 생각하기 때문이다. 이
를 위해 연산군·중종·명종대의 각 익명서 사건의 내용분석과
유형의 특징을 살펴보고, 그 시대의 정치사회적 현상들이 익명서
에 어떻게 반영되어 나타나고 있는가를 아울러 조명해 보고자 한
다.

---

5)『經國大典』刑典 推斷條.
6) 실제로 명종 때 尹元衡은 자신의 집에 익명서가 여러 차례 있었으나
　 이것을 일일이 보고하지 않았다고 밝히고 있다(『明宗實錄』卷 8, 明宗
　 3年 6月 辛未條).

Ⅱ. 익명서에 나타난 燕山君의 虐政

아래의 표에서 보듯이 연산군대는 3건의 익명서 사건이 발생한다. 연산군 8년과 연산군 10년 그리고 연산군 12년에 나타나는 익명서는 정부 관료의 비리는 물론 연산군 개인의 포악한 정치행위에 대한 비판, 더 나아가 연산군의 폐위에 관련된 내용까지를 담고 있다. 각각의 사건에 관한 전개과정을 『연산군일기』의 기록을 토대로 살펴보고자 한다.

연산군 8년 1월 太平館 어귀와 종루에 나붙은 익명서는 당시 이조판서 姜龜孫의 비리를 적어 게시한 것이다. 이 익명서가 강귀손에게 전달되었고, 그는 직접 연산군에게 보고하면서 사직을 청하였다. 익명서에 기록된 내용의 대체적인 줄거리는 다음과 같다.

〈표 Ⅰ-3〉 연산군대 익명서 사건의 발생 현황

번호	발생 시기	발생 장소	주 요 내 용	결과
1	연산군 8년 (1502) 1월	태평관 입구와 종루	이조판서 姜龜孫과 그의 족친들이 관리를 임용할 때 뇌물과 노비 등을 받아 챙긴다고 비난	?
2	연산군10년 (1504) 7월	신수영의 집	연산군의 행위를 비난하는 내용. 주모자 고발자에게 포상한다는 이유로 무고사건 발생, 언문사용 금지, 수많은 인명 살상	옥사
3	연산군12년 (1506) 1월	종루의 기둥	의병을 일으켜 연산군을 시해할 것을 촉구함	옥사

匿名書의 대략에 이르기를 '姜龜孫은 다른 사람을 한 관직에 옮겨 주면서 반드시 그 사람에게서 노비·전지·布帛·金銀·馬匹

등을 받은 것이 이루 다 셀 수가 없다. 충청도에는 戒生이 있고, 전
라도에는 姜惡孫이 있고, 서울에는 첩의 집 5~6호와 收養 집 4~5
가와 安貞·安訥 등이 있어 몰래 뇌물을 받았으므로 온 나라 사람
이 시끄럽게 말하여 귀로 차마 들을 수가 없다. 우선 이 말을 기록하
여 司諫院에 고하려고 한다'고 하였다.[7]

위의 글에서 戒生은 강귀손의 집 종이고, 姜惡孫은 그 아우 姜
鶴孫을 지칭한 것이며, 安貞과 安訥은 강귀손의 族親이었다. 결국
관리의 임용에 절대적 권한을 가지고 있는 이조판서의 관직에 있
었던 강귀손과 그의 친인척들이 직위를 이용하여 관리임용에 대한
비리를 저지르고 있다는 내용으로 비난한 것을 알 수 있다. 그리고
익명서를 내 붙인 주모자는 사간원에 고하기 전에 먼저 익명서를
작성하여 붙였음을 천명하고 있는 것으로 보아 익명서를 붙인 연
후에 정치사회적으로 어떠한 반응을 보이는가의 여론 향배에 따라
차후의 행동을 할 것임을 내비치고 있다.

이조판서 강귀손은 관직의 사임을 적극 주장하였으나,[8] 연산군
은 오히려 위로하면서 들어주지 않았다. 그리고 이 사건에 관한 그
이상의 기록이 없어 전개과정이나 결과는 알 수가 없다. 강귀손의
아버지 姜希孟도 이조판서로 재직하고 있을 때 관리임용이 객관적
이지 못하다는 이유로 익명서에 의한 비난을 받은 적이 있는데 그
아들도 비슷한 이유로 비난받았나. 연산군이 세자시절에 강희맹의
집에서 자랐기 때문에 강귀손은 연산군의 신임을 받고 있었으며,
일찍이 인사문제와 貪臟에 관한 일로 대간의 탄핵을 받은 적이 있
다.[9] 뿐만 아니라 '사람을 죽이고 살리는 권한이 그에게 있어 사람
들이 모두 두려워했다'[10]는 기록이 있는 것으로 미루어 익명서의

---

7) 『燕山君日記』 卷 42, 燕山君 8年 1月 戊子條.
8) 『燕山君日記』 卷 54, 燕山君 10年 7月 丁未·己丑條.
9) 『燕山君日記』 卷 21, 燕山君 3年 2月 己丑·辛卯條.

내용이 모두 잘못된 무고라고 치부할 수만은 없다. 따라서 익명서
의 내용이 어느 정도 당시 관리들의 부정부패 양상에 관한 실마리
를 보여주고 있다고 보아도 무방할 것이다.

　다음으로 연산군 10년 7월에 발생한 익명서 사건은 愼守英의 집
에 투서된 글이다.[11] 신분을 알 수 없는 사람이 濟用監正 李遠의
심부름이라고 하면서 새벽에 신수영의 집에 諺文으로 된 익명서를
전달하였다. 당일 신수영은 익명서를 연산군에게 密啓하였다. 그
리하여 즉시 이규를 불러 익명서의 글을 심문하였으나 그러한 사
실이 없다는 진술을 얻었다. 이에 연산군은 도성의 4대문은 물론
성 위에까지 군사를 배치하여 도성 밖으로 사람이 나가지 못하도
록 조치를 취하였다.[12] 당시 신수영의 집에 투서된 익명서의 내용
은 크게 세 부분으로 나뉘어 기록되어 있는데 다음과 같다.

　　　첫째는 "介今·德今·古溫知 등이 함께 모여서 술을 마시는데,
　　개금이 말하기를 '옛 人君은 亂時 일지라도 이토록 사람을 죽이지는
　　않았는데 지금 우리 主上은 어떤 주상이기에 신하를 죽이는 것이 마
　　치 파리 머리를 자르듯 하는가. 아아! 어느 때나 이를 분별할까?'하
　　고, 덕금이 말하기를 '그렇다면 반드시 오래 가지 못할 것이니 무슨

---

10)『燕山君日記』卷 40, 燕山君 7年 7月 己未條.
11) 신수영은 신수근의 아우이다. 愼守勤의 누이가 연산군의 비였기 때문
　　에 외척세력으로 영의정에 올라 권력을 행사하여 비난의 대상이 되었
　　다. 또한 신수근은 자신의 딸을 晉城大君에게 시집보내었기 때문에 중
　　종반정에 참여하였다면 부원군이 될 위치에 있었다. 그러나 중종반정
　　직전에 姜龜孫이 신수근을 만나 '매부와 사위 중에서 어느 편이 더 친
　　한가'하고 물어 의사를 타진하였으나 '세자만을 믿는다'고 답하여 중종
　　반정 당시 신수근은 제거되었다(李廷馨,『東閣雜記』上. "燕山之妃 即
　　愼守勤之妹也 守勤之女 又爲中廟潛邸時夫人 方燕山荒亂 守勤爲相
　　姜龜孫亦同爲相 有廢昏立明之意 適當赴京 一日與守勤 從容言及 妹
　　夫與女婿孰親 以探其意 守勤遽曰 世子英明 只恃此耳").
12)『燕山君日記』卷 54, 燕山君 10年 7月 丁未條.

의심이 있으랴'하며 말하는 것이 심하였으나 이루 다 기억할 수는 없다. 이런 계집을 일찍이 징계하여 바로잡지 않았으므로 가는 곳마다 말하는 것이다. 만약 이 글을 던져 버려 방치하는 자가 있으면, 내가 上言할 것이니 개금을 감싸고자 한 죄로 반드시 화를 입을 것이다"고 하였고

둘째는, "曺方·개금·고온지·덕금 등의 醫女가 개금의 집에 모여 말하기를 '옛 우리 임금은 의리에 어긋나는 일을 하지 않았는데, 지금 우리 임금은 여색을 구별하는 바가 없어, 이제 또한 女妓·의녀·絃首들을 모두 다 點閱하여 後庭에 들이려 하니, 우리 같은 것도 모두 들어가게 되지 않겠는가? 국가가 하는 짓 또한 그른데 어찌 신하의 그름을 바로 잡을 수 있을 것인가? 아아! 우리 임금이 이렇듯 크게 無道하다'하였으니, 발언한 계집을 크게 징계하여야 옳거늘, 어찌하여 국가가 있으되 이런 계집을 징계하지 않는가? 이런 계집을 凌遲하고서야 이런 욕을 다시 듣지 않으리라"하였으며,

셋째는, "개금·덕금·고온지 등이 함께 말하기를 '申氏(신수근을 말함)가 아니었던들 금년에 억울한 사람들이 이토록 극도에 이르렀겠는가. 어찌하면 신씨의 아비·할아비·아들·손자를 아울러 모조리 없애어 씨를 말릴 수 있을까? 우리 임금이 신하를 많이 죽여서 거둥 때에는 반드시 부끄러운 마음이 있으므로 사족의 아낙을 모조리 쫓는 것이며, 이로 말미암아 제 집의 아내로 삼으려는 것이 아닌가. 어느 때에나 이런 代를 바꿀 것인가?'하였으니, 이런 계집은 모름지기 징계하여야 한다"고 하였습니다.[13]

위의 세 문장 내용은 연산군대의 정치사회적 문제점이 무엇인가를 극명하게 표현하고 있다. 익명서 내용을 정리하면 첫째, 연산군이 갑자사화를 거치면서 많은 인명을 살상한 것을[14] 비난하면서 왕권이 오래가지 못할 것이라고 주장하였다. 둘째, 연산군이 無道하여 女色을 밝히고, 의녀들은 기생이 아닌데도 모두 끌어다가 기

---

13) 『燕山君日記』 卷 54, 燕山君 10年 7月 丁未條.
14) 申解淳, 1981, 「官僚間의 對立」 『한국사』 12, 국사편찬위원회, 174~176쪽 : 李秉烋, 1996, 「士林勢力의 進出과 士禍」 『한국사』 28, 국사편찬위원회, 186~191쪽 참조.

생으로 만들려고 하니 나머지 신하들도 그대로 따르고 있다고 비판하였다. 셋째, 갑자사화의 계기가 신수근 가문에서 비롯된 것이니 이들을 하루빨리 제거해야 하며, 士族들의 아내들이 화를 당하고 있다고 주장하였다. 이러한 주장들은 모두가 당시의 정치현실을 그대로 폭로한 것이다.

익명서의 형식은 주모자가 介今·德今·古溫知·曺方 등이 모여서 나눈 이야기를 듣고 이 사실을 당시 정권의 핵심적 위치에 있었던 영의정 신수근의 동생 신수영에게 투서로서 알린 형태이다. 그런데 개금 등의 의녀들이 실제로 이러한 이야기를 주고받았다고 한다면 이를 의금부나 포도청 또는 형조에 정식으로 고변하는 것이 고변자에게 더욱 이로울텐데 굳이 익명서의 형식을 빌린 것이 의문이다. 또한 익명서에 언급된 의녀들을 잡아들여 국문한 결과 모두 발언 사실을 부인하고 있다. 이러한 점을 함께 고려할 때 하층 신분인 의녀들이 공공연하게 모여서 왕과 관리를 비난하였다기보다는 익명서의 주모자가 이들을 희생양으로 하여 자신이 주장하고 싶은 사항들을 기록하여 투서한 것으로 보는 것이 타당하다고 생각한다. 더욱이 당시 연산군은 대간들뿐만 아니라 신하들이 자신을 비난하는 내용의 상소 등을 올리지 못하게 愼言牌를 차고 다니도록 할 정도로 언로가 막혀있었던 시대 상황을 감안한다면[15] 주모자가 익명서를 이용한 이유를 충분히 이해할 수 있을 것이다.

연산군은 사건 발생 당일 죄인을 고발하는 자에게는 주모자의 재산은 물론 면포 500필을 주고, 직첩이 있는 자는 당상관으로, 직첩이 없는 자는 정3품의 직첩을, 천인은 양인으로 삼는다는 節目을 포고하고 의금부의 문에 면포 500필을 내걸게 하였다.[16] 이어

---

15) 『燕山君日記』卷 57, 燕山君 11年 3月 丁酉條.
16) 『燕山君日記』卷 54, 燕山君 10年 7月 丁未條.

다음날에는 익명서가 언문으로 되어 있다고 하여 "앞으로 언문을 가르치지도 말고 배우지도 말며 이미 배운 자도 쓰지 못하도록 하라"17)는 전교를 내려 언문의 사용금지를 명하였다.

사건이 발생한 직후 도성을 봉쇄한 연산군은 범인을 잡기 위해 모든 행정력을 동원하였다. 제일 먼저 介今·德今 등 의녀와 기녀들의 이름이 익명서에 나와있었기 때문에 그들에게 혐의점을 두고 그들의 지아비를 비롯하여 친·인척 등 이들 주위에 있는 사람들을 모두 잡아들여 추국하였다.18) 그리고 언문을 아는 사람들이 쓴 글과 익명서의 글이 조금이라도 비슷하면 잡아다가 매질을 했고,19) 이에 더해 자신에게 약간의 불만을 가진 세력들로 예측되는 사람들을 모두 잡아들여 推鞫하도록 하였다. 예를 들면 會試를 본 뒤에 停擧되어 전시를 보지 못한 자들,20) 갑자사화에 연루되어 죽은 자의 자손들과 친·인척들,21) 귀양가 있는 사람들의 자제와 친척들,22) 運平·興淸 등 강제로 끌려와 있던 자들의 지아비들23) 등 불만을 가지고 있을 법한 사람들은 모두 잡아다가 추국하였다. 그리하여 사건 발생 1년 6개월이 지난 연산군 11년 12월까지도 160여명이 옥에 갇혀 계속 국문을 당할 정도였다.24) 사화에 연루되어

---

17) 『燕山君日記』 卷 54, 燕山君 10年 7月 戊申條.
18) 『燕山君日記』 卷 54, 燕山君 10年 7月 戊申條 ; 卷 55, 燕山君 10年 9月 戊子條.
19) 『燕山君日記』 卷 54, 燕山君 10年 7月 乙卯條 ; 卷 55, 燕山君 10年 8月 丁丑條.
20) 『燕山君日記』 卷 55, 燕山君 10年 9月 癸巳條 ; 卷 56, 燕山君 10年 10月 庚辰條.
21) 『燕山君日記』 卷 56, 燕山君 10年 11月 己亥·甲辰·丙辰條.
22) 『燕山君日記』 卷 58, 燕山君 11年 7月 丙戌條.
23) 『燕山君日記』 卷 58, 燕山君 11年 7月 丙戌條 ; 卷 61, 燕山君 12年 1月 癸巳條.
24) 『燕山君日記』 卷 60, 燕山君 11年 12月 丁巳條.

죽은 사람들의 친·인척은 젖먹이만을 제외하고 모두 잡아다가 추국할 정도였다.[25] 『연려실기술』에서는 이 사건으로 인해 갑자년의 사화가 일어났다고 기술할 정도로 많은 인명이 살상되었다.[26]

그러나 끝내 주모자를 체포하지 못하고 사건은 유야무야 되었다. 익명서에 언급되었던 의녀 介今·德今·古溫知는 1년 6개월간 옥에 갇혀 있으면서 수시로 국문을 받았음에도 살아남아 官婢로 처해졌다.[27] 여기서 한가지 주목할 것은 익명서에 직접적으로 언급되었던 의녀들은 목숨을 구하고 살아남은 반면, 사화에 연루된 자의 자손이 오히려 화를 당했다는 점이다. 이것은 익명서의 주모자가 갑자사화의 확산을 도모하기 위해 꾸민 정치세력이었을 가능성도 있음을 시사하는 대목이다.

연산군 10년 7월에 발생한 익명서 사건은 사건 발생 1년 6개월이 지난 연산군 12년 1월 20일 주모자를 체포하지 못한 채 마무리되었는데 그로부터 8일 후인 1월 28일 한성부 종루 기둥에 또 하나의 익명서가 나붙었다. 그 내용은 "임금을 弑害하는 것은 옛 책에도 있으니 가엾은 四良들아 나의 의병을 따르라"[28]라고 기록되어 있었다. 급기야는 익명서의 내용에 왕을 시해하는 것이 義兵이라고 정의될 정도의 지경에 이르렀음을 보여주고 있는 것이다. 이 익명서는 驪川尉 閔子芳이 밀계함으로써 표면화되었다.[29]

---

25) 『燕山君日記』 卷 56, 燕山君 10年 11月 丙辰條. 당시 李世佐·尹弼商·李坡 등 3인과 관련되어 유배된 친인척만도 203명에 달하였으므로 이들을 포함하여 갑자사화 관련자의 후손과 친인척을 모두 잡아들이도록 하였으니 그 숫자를 가히 짐작할 만하다.

26) 『燃藜室記述』 제6권, 燕山朝 故事本末 甲子士禍條. "時愼守英寵幸用事 告匿名書誹謗朝廷 負罪者怏怏怨望 遂有甲子士禍"

27) 『燕山君日記』 卷 61, 燕山君 12年 1月 庚子條.

28) 『燕山君日記』 卷 61, 燕山君 12年 1月 戊申條.

29) 『中宗實錄』 卷 1, 中宗 1年 10月 己未·辛酉·甲子·乙丑條. 중종반

연산군은 익명서의 내용으로 볼 때 성균관의 유생들 소행일 것이라고 짐작하고 성균관에서 주모자를 찾아내라고 명하였다. 이와 함께 일반 백성들이 궁궐을 본다는 이유로 성곽 주위의 민가를 모두 철거하고 禁標를 세우도록 하였는데, 그 과정에서 자신의 집이 철거되어 원망을 품고 있는 유생들을 잡아들이라 명하였다.30) 이 때에도 무리를 지어 모여 있는 자들이나31) 약간의 문자를 알고 있는 자,32) 과거 죄인의 굴레를 쓰고 유배를 당한 자들의 족친·동성친족33) 등을 모두 잡아들여 멸종이 될 정도로 매일 국문하라고 명하였다. 이 사건은 연산군이 그 해 9월 중종반정에 의해 폐위됨으로써 주모자를 검거하지 못한 채 미궁으로 빠져들었지만 짧은 기간동안에 역시 많은 인명이 살상되었음은 물론이다.34)

이상에서 보건대 연산군대 익명서 사건은 비판의 대상을 관리의 부정부패에 대한 비판과 아울러 연산군의 비행에 초점이 맞추어져 있음이 주목된다. 특히 연산군대의 정치사회 현실이었던 무오사화와 갑자사화로 인한 인명피해, 興淸과 醫女·기녀 등을 동원한 연산군의 지나친 방탕 생활, 연산군을 둘러싸고 있는 신수근 가문 등 궁중세력의 정치적 권력행사에 따른 비판적 내용 등이 그대로 익명서에 반영되어 나타나고 있다. 나아가 연산군을 시해하는 의병을 일으키자는 내용의 익명서가 종루에 나붙게 되었다는 것은 더

정 이후 민자방은 종루의 익명서를 왕에게 고하여 많은 사람을 죽게 하였다는 죄로 대간들의 집중적인 탄핵을 받았으나 국왕의 부마이므로 감형되어야 한다는 대신들의 논의에 따라 장 백대를 맞고 파직되었다.
30)『燕山君日記』卷 61, 燕山君 12年 1月 戊申條.
31) 上同.
32)『燕山君日記』卷 61, 燕山君 12年 2月 辛亥條.
33)『燕山君日記』卷 62, 燕山君 12年 6月 庚午·辛未條 ; 卷 63, 燕山君 12年 7月 丙戌條.
34)『燕山君日記』卷 63, 燕山君 12年 9月 己卯條.

이상 지탱하기 어려운 연산군대 정치사회의 말기적 현상을 그대로
드러내고 있는 것이다. 결국 연산군대의 익명서는 연산군이 반정
에 의해 쫓겨나 정치권력을 상실하게 되는 과정 속에서 정치여론
의 형성에 일조하였음을 보여주고 있다고 할 것이다. 나아가 익명
서에 지적된 연산군과 신수근 가문에 대한 비난은 적어도 당시 정
치사회적으로 그 폐해가 극심했기 때문에 익명서에 드러났던 것임
을 인지할 수 있다.

Ⅲ. 중종대 익명서를 이용한 政局變化

중종대 익명서 사건은 28건으로 조선 중기 42건의 익명서 사건
가운데 67%를 차지하고 있어 가장 많은 발생률을 보이고 있는 시
기이다. 이 시기의 익명서는 아래의 표에서 보듯이 사건에 대한 최
종적인 처리 결과를 대부분 不問에 부치고 있기 때문에 사건의 전
말이나 주모자의 신분 및 목적 등을 확연하게 규명하기가 매우 어
려운 형편이다. 따라서 각 익명서 사건의 개요를 아래의 도표와 같
이 정리하고, 그 특징이 무엇인가를 당시의 정치사회상과 연관지
어 살펴보고자 한다.

〈표 Ⅰ-4〉 중종대 익명서 사건 발생 현황

번호	발생 시기	발생 장소	주 요 내 용	결과
1	중종 3년 (1508) 5월	사헌부	'弑君之賊' 등의 말과 중종반정 이후 논공행상의 불만을 표출하는 등 不道 之言이 많음	不問
2	중종 9년 (1514) 1월	사헌부 벽	내용을 알 수 없음. 벽서의 사실을 보고한 承旨가 탄핵 받음	〃
3	중종 10년 (1515) 1월	廣州의 봉분 위	함경도 관찰사를 지낸 韓世桓이 시묘살이를 하는 도중 봉분 위에 수령이 환곡을 지나치게 징수하며, 伸訴를 들어주지 않고, 한세환이 광주군수와 扶護한다고 비난한 내용	〃
4	중종 10년 (1515) 4월	경상도 성주의 院宇	사헌부 장령을 지낸 宋好義가 죽고 난 이후 그의 과실을 적어 놓음	〃
5	중종 11년 (1516) 7월	사헌부 문	익명서를 매달아 화살을 쏨(내용을 알 수 없음). 대사헌이 교체됨	〃
6	중종 11년 (1516) 12월	?	문소전에서 위판이 도난 당했다가 보자기에 싸여 익명서와 함께 돌아옴(내용을 알 수 없음)	〃
7	중종 12년 (1517) 8월	사헌부	사헌부의 관리들을 죽일 것이라는 내용으로 정문에 화살 2개를 익명서와 함께 쏨	〃
8	중종 14년 (1519) 1월	궐문, 영춘문, 사헌부 정문, 육조	4군데에 동시에 쏘고, 붙임. 언문으로 사림의 金淨 등이 훈구대신들을 제거하고자 한다는 내용, 정부와 언관들을 비난하고 이름을 명기하여 '아무날 善類들을 없앨 것이니 알아 두라'고 쏨	〃
9	중종 14년 (1519) 2월	건춘문	한달 전에 익녕서를 붙였는데도 아무 반응이 없어 같은 내용으로 다시 화살에 글을 매달아 쏨.	〃
10	중종 14년 (1519)12월	?	내용을 알 수 없음	〃
11	중종 15년 (1520) 4월	궐내	走肖大夫筆이란 讖書를 던져 넣음	〃
12	중종 20년 (1525) 6월	대사헌 홍언필의 대문	대사헌 홍언필 등에게 원수를 갚는다는 내용으로 화살에 글을 달아 쏨	체포 시도
13	중종 20년 (1525) 7월	건춘문 벽 위쪽	화살에 글을 매달아 쏨(수문장만 추고 당함)	不問

번호	발생 시기	발생 장소	주 요 내 용	결과
14	중종 21년 (1526) 2월	성균관 재실 기둥	성균관 下齋儒生이 上齋儒生들을 비난하는 내용	유생 추고
15	중종 21년 (1526) 7월	건춘문 문루 바깥쪽 판자	화살에 글을 달아 쏨	不問
16	중종 22년 (1527) 2월	동궁	물통나무 조각에 동궁을 비방하는 내용	옥사
17	중종 23년 (1528) 9월	성균관 正錄廳	조정의 관리들을 청백리, 사치한 자, 탐오한 자 등으로 나누어 익명서를 써서 붙임	不問
18	중종 25년 (1530)11월	재령군 동헌건물	황해도 관찰사의 침소로 鳴鏑에 글을 써서 쏨	不問
19	중종 25년 (1530)12월	?	과거 낙방자들이 과거에 문제가 있음을 지적하면서 무효화해야 한다는 내용으로 罷榜을 요구함	〃
20	중종 26년 (1531) 5월	건춘문, 의정부와 사헌부의 대문	화살에 글을 매달아 쏨. 臺諫 비난, 조정 원망, 時事를 비난	체포 시도
21	중종 26년 (1531) 5월	종루	臺諫의 이름을 거론하면서 비난하고 조정을 원망하며 時事를 비난함	〃
22	중종 26년 (1531)10월	종루	정부 인사이동 및 時事를 비난. 沈思順이 누명을 쓰고 物故당함. 명종 때 직첩을 돌려 받음	物故
23	중종 27년 (1532) 7월	사정전 뜰	정부 비난	不問
24	중종 27년 (1532)12월	대사헌 황사우의 집과 사헌부 대문	대간에 대한 비난과 정부 비난	〃
25	중종 28년 (1533) 5월	지평 신거관의 집, 영추문	세자와 왕 및 중궁을 모해하는 내용	옥사
26	중종 28년 (1533) 5월	동궁빈청의 把子 위	세자의 몸을 凌遲하고, 父王의 몸을 교살하고, 중궁을 참할 것이라는 내용의 세줄로 쓴 木牌 인형을 달아 맴.	〃
27	중종 28년 (1533) 7월	대간청의 벽	동궁의 패서와 같은 내용	〃
28	중종 37년 (1542) 4월	광화문 동쪽 협문	수령에 대한 비판	不問

위의 표를 볼 때 중종대 익명서 사건의 유형에 몇 가지 특징을
발견할 수 있다. 첫째, 다른 왕조의 익명서 유형에서는 벽서나 투
서를 사람들이 직접 전달하거나 붙이는 형태였으나,[35] 중종 11년 7
월 이후로는 화살을 이용하고 있는 것이 다른 점이다. 화살에 익명
의 글을 써서 매달아 먼 장소에서 쏘아 전달하는 방법을 택하였던
것이다.[36] 이러한 방법은 유독 중종대에만 나타나고 조선 초기나
후기에는 발견되지 않는 유형이다. 그 이유가 무엇인지는 단언할
수 없지만 부착장소가 대궐과 사헌부에 집중되어 있어 근접하기가
용이하지 못한 점, 상대자에게 위압감을 주려는 목적, 주모자가 익
명서를 던지는 목적이 특정인에게 사실을 알리는데 있었던 점 등
과 관련이 있을 것으로 생각된다.[37]

둘째, 익명서 사건의 처리과정에서 사건 자체를 불문에 부치는
경향이 매우 많다는 사실을 인지할 수 있다. 즉 익명서 사건의 주
모자에 대한 정부의 체포의지가 보이지 않고 있다. 그로 인해 사건
의 정황을 알 수 있는 기록마저도 매우 빈약한 실태이다. 중종대에
익명서 사건을 불문에 부치면서 적극적인 체포의지를 가지고 있지
않았던 것은 전적으로 연산군대의 옥사에 기인한다. 즉 연산군대
익명서 사건으로 갑자사화 이후에 많은 인물이 옥사 당하는 사례
를 직접 겪었던 중종과 대신들은 또다시 그 전철을 밟지 않으려고

---

35) 李相培, 1999,『朝鮮後期 政治와 掛書』, 國學資料院 ; 李相培, 2001,「朝
    鮮初期 匿名書의 類型과 特徵」『朝鮮時代史學報』17, 朝鮮時代史學會.
36) 화살을 이용할 경우 글을 매다는 방법 이외에 화살을 부러뜨리고 그 안
    을 빈 공간으로 만든 다음 그 속에 익명의 글을 집어 넣고 나서 다시
    봉합한 후 쏘아 날리는 경우도 있었다(李廷馨,『東閣雜記』上. "則裁箭
    腰還合 空其中而納書").
37) 익명서의 내용을 여러 사람들에게 알리기 위해서는 화살에 묶어서 쏘
    는 것보다 사람들의 통행이 많은 장소에 게시하는 것이 보다 효과적이
    기 때문이다.

했기 때문이다.

　셋째, 익명서의 발생 장소가 경복궁의 궁궐과 사헌부에 집중되어 있음을 알 수 있다. 익명서의 주모자가 발생 장소로 궐문이나 경복궁 내의 동궁, 궐내를 이용한 것이 전체 28건 가운데 12건이며, 사헌부와 그 관청의 首長인 대사헌의 집을 이용한 것이 8건으로 이들이 약 71%를 차지하고 있는 것이 확인된다. 그리고 종루와 성균관에서 각 2건씩이 나타나고 있고, 지방의 경우는 경기도 광주와 경상도 성주 및 재령군에서 발생하였을 뿐이다. 이와 같이 서울에서도 특히 국왕이 거주하는 대궐과 관리의 감찰 기능이라는 특수성을 가지고 있는 기관인 사헌부에 집중되어 있다는 것은 익명서의 주요 목적이 정치세력의 浮沈이나 권력에 대한 호소적 성격이 강함을 보여주고 있는 것이다.

　한편 중종대 익명서의 내용을 살펴보면 중종 집권기 초반에는 反正 이후 논공행상에 불만을 품은 내용들이 나타나고, 중종 14년을 전후해서는 훈구세력과 사림세력 간의 정치적 소용돌이와 관련된 내용이 주를 이루고 있다. 그리고 중종 26년을 전후해서는 臺諫과 조정에 대한 비난이 많이 나타나고 있으며, 중종 28년에는 세자를 둘러 싼 궁중의 음모와 관련된 내용이 중심을 이루고 있다. 이외에도 중종 10년 1월과 중종 37년 4월에는 수령에 대한 비판도 나타나고 있음을 확인할 수 있다.

　연산군 12년(1506) 朴元宗·成希顔·柳順汀 등은 왕을 폐출하고 晉城大君을 옹립하여 中宗反正을 일으켰다. 중종반정은 117명에 이르는 靖國功臣을 배출하였는데 특히 그 주도자인 박원종·성희안·유순정 등 소위 3공신이 의정부를 중심으로 중종 8년까지 정국을 이끌어 갔다.[38] 공신들이 주도가 된 정국의 운영과정에서

────────────

38) 李秉烋, 1996, 「사림세력의 진출과 사화」『한국사』 국사편찬위원회,

반정에 직접적으로 참여한 무인세력들은 공공연하게 "우리들은 공
이 있는데도 加資를 모두 빼앗기고, 문신들은 편안히 앉아서 받아
도 논란하는 자가 없다"39)는 불만을 표출하고 있었다. 또한 헌납
申鏛이 "간사한 무리가 三公·六卿·侍從·臺諫과 王子 중에서
도 조금만 사사로운 혐의가 있어도 반드시 익명서를 만들어 과실
을 꾸미고 상을 핍박하는 말을 덧붙여 관부에 투입, 상달한다"40)라
고 한 말에서 정국공신의 논공행상에 대한 불만과 이러한 불만이
일부 익명서의 형태로 표현되고 있었던 당시의 정치사회적 분위기
를 엿볼 수 있다. 바로 중종 3년 5월의 익명서가 그 과정 속에서 표
출된 것이다.

중종 3년(1508) 5월 29일 저녁 어떤 사람이 사헌부에 와서 吏曹
에서 보낸 문서라고 하며 글을 전달한 사건에서 그 예를 발견할 수
있다. 당시 대사헌 李惟淸이 봉투를 개봉하니 글의 바깥쪽에 '弑君
之賊'이란 글귀가 있었으며,41) 上典開坼이라 쓰인 글이 하나 더 있
었고, 그 겉봉에는 戶曹의 印章이 날인되어 있었다. 이러한 사실을
대사헌 이유청·장령 李偉·지평 徐厚 등이 중종에게 아뢰자 중
종이 글을 올리라고 하여 보고 난 후 다시 내려 불태우도록 하였
다.42) 중종은 그 글의 내용을 여러 달이 지난 후 "글 가운데 있는
일은 지질구레한 사람들이 加資의 일을 말한 것이요, 靖國功臣의
일이 아니었다"43)고 언급함으로써 그 내용이 중종반정 이후 論功
行賞에 대한 불만을 기록한 것임을 알 수 있다. 다음날 臺諫들은

194쪽
39)『中宗實錄』卷 7, 中宗 3年 11月 庚申條.
40)『中宗實錄』卷 6, 中宗 3年 6月 己巳條.
41)『中宗實錄』卷 7, 中宗 3年 11月 庚申條.
42)『中宗實錄』卷 6, 中宗 3年 5月 丙寅條.
43)『中宗實錄』卷 7, 中宗 3年 11月 庚申條.

일제히 사헌부에서 익명의 글을 중종에게 올린 것은 법에 어긋나
는 행위라고 주장하면서 추고하기를 청하였고,[44] 결국에는 대사헌
이유청 등이 "익명서는 아뢰지 않아야 하는데 아뢰었으므로 待罪
합니다"라고 하여 파직시켰다.[45] 대간들은 여기에서 그치지 않고
차후에 이와 같은 일이 또 다시 발생할 것이니 죄를 분명하게 다스
려야 한다고 계속 주장하였으나 받아들여지지는 않았다.[46] 당시
대간들의 격렬한 탄핵은 연산군 때 익명서를 왕에게 보고하여 관
련없는 많은 사람들이 죽었으므로 또 다시 과거의 전철을 밟지 않
을까 하는 두려움 속에서 집중적으로 사헌부의 관리들을 탄핵한
것이다. 바로 이와 같은 생각 때문에 중종대는 익명서 사건에 대한
대응을 不問에 부치는 것이 많았고, 이로 인해 주모자가 밝혀지지
않아 익명서의 이용계층이나 목적 등에 대한 분석이 용이하지 않
은 형편이다.

중종 8년 이후 중종은 왕권행사에 제약을 가하던 훈구세력을 견
제하기 위해 새로운 세력의 형성을 필요로 했고, 그 의지는 중종
10년 趙光祖·金湜·朴薰 등 사림파의 등장으로 나타나게 되었
다.[47] 이후 종래 정국공신 중심의 집권하에서 야기되었던 각종 정
치적·사회적 모순을 시정하고 과감한 개혁정치를 추진하였다. 사
림세력에 의한 개혁정치는 僞勳削除를 정점으로 하여 훈구세력의
조직적인 반발을 사게 되었고, 급기야는 己卯士禍가 발생하는 발
단이 되기도 하였다. 중종 14년 1월과 2월 도성 주위에서 집중적으
로 발생한 일련의 익명서 사건에서 당시 정치사회적으로 위훈삭제

---

44) 『中宗實錄』 卷 6, 中宗 3年 6月 丁卯條.
45) 『中宗實錄』 卷 6, 中宗 3年 6月 丁卯條.
46) 『中宗實錄』 卷 6, 中宗 3年 6月 戊辰·己巳·庚午·辛巳條.
47) 李秉烋, 1990,「朝鮮前期 中央勸力과 鄕村勢力의 對應」『國史館論叢』
   12, 國史編纂委員會, 144~145쪽 참조

제3장 조선 중기 匿名書事件의 특징과 정치사회상 93

에 대한 반발이 어느 정도로 팽배해 있었는가를 보여주고 있다.

중종 14년 3월 金友曾이란 자가 정국공신인 信平君 康允禧를 만나 "金淨 등이 조광조 등과 함께 정국공신을 다 제거하고자 한 다"는 말을 하고 더 나아가 "저번에 건춘문과 大內에 쏜 화살의 익명서 글에도 金淨 등의 일이 갖추어 적혀 있었다. 그러나 상께서 돌아보아 살피지 않고 三公도 논계하지 않으니 만약 賢良方正科 출신이 조정에 布列하면 반드시 舊臣을 다 제거할 것이다."라는 말을 하였다고 왕에게 고하였다.48) 이 내용은 사림파세력이 훈구 파세력을 제거하고자 하며, 그 선두에 김정과 조광조가 포진하고 있다는 말이다. 뿐만 아니라 그러한 내용이 지난번에 발생한 건춘 문의 익명서에 들어있었다고 주장한 것이다. 이로 인해 익명서의 내용을 알고 있었던 그가 익명서의 주모자일 가능성이 있다고 생 각하고 국문을 벌였으나 그는 범인이 아닌 것으로 밝혀졌다. 익명 서는 언문으로 쓴 글자가 많았는데 김우증은 언문을 해득하지 못 하고 있었기 때문이다.49) 국문의 결과 김우증은 익명서를 작성한 주모자가 아니라 亂言을 한 죄로 유배형을 당하였다. 그러나 그의 진술 속에서 중종 14년에 발생한 일련의 익명서 사건 내용이 사림 세력과 훈구세력 사이의 갈등에 관한 사항이었음을 알 수 있다. 결 국 중종 14년 11월 11일 위훈삭제가 관철되었고, 4일 후인 15일에 는 조광조·김정·김식 등의 사림파들이 체포되어 기묘사화가 발 생하였다. 이와 같이 중종 14년대의 익명서는 당시 훈구세력과 사 림세력간의 정치적 힘의 대결을 보여주고 있는 것이다.

기묘사화를 계기로 정계에서 사림세력을 축출한 훈구세력들은 중종 26년(1531)까지 정국을 주도하여 갔다. 그 중심에는 南袞·洪

---

48) 『中宗實錄』 卷 35, 中宗 14年 3月 乙未條.
49) 『中宗實錄』 卷 35, 中宗 14年 3月 丙申條.

景舟·沈貞·李荇 등이 주축을 이루었다. 그러나 이들이 차례로 죽고 난 이후 남곤·심정 등과 갈등을 빚었던 金安老가 중종 24년 유배에서 풀려나고[50] 2년 후인 중종 26년 義興衛 大護軍에 임용되었다.[51] 이후 김안로는 중종 32년 10월 중종의 제2계비인 文定王后를 폐하려 한다는 대사헌 梁淵 및 문정왕후의 족친인 尹安仁의 탄핵을 받아 사사되기까지 정국을 주도하였다.[52]

그런데 김안로가 대호군에 임용되기 바로 전인 중종 26년 5월에서 6월 사이에 경복궁의 건춘문을 위시하여 의정부와 사헌부 및 종루에서 익명서 사건이 발생하였는데 그 내용에는 김안로를 비롯하여 대간들의 이름이 올라 있으며, 조정을 원망하고 당시의 時事를 비난하는 내용이었다. 당시의 時事라 한다면 김안로의 직첩 환급에 대한 대간들의 반대여론과 계속되는 가뭄과 흉년으로 야기된 사회여론, 그리고 관리들의 임용에 대한 비난 등을 말하는 것이다.[53] 익명서의 내용을 자세하게 알 수는 없으나 사건 발생 이후 의금부에서 만들어 올린 購捕節目을 통해서 그 내용을 충분히 유추할 수 있다.

　　榜文의 첫머리에 '여러 해 동안 비가 오지 않아 천택이 말라붙고 백성들이 살아갈 수가 없으니, 의당 즉시 賑救해야 된다'했고, 또 김안로·권예·허흡·오결·이임·김미·채무택·허항 등의 이름을 쓰고 '聖上이 대신과 의논을 하지 않은 채 간교한 자들의 술수에 빠졌다. 이들을 律에 의거 죄를 주면 하늘이 비를 내릴 것이다'했고, 또 '이 사람들을 죽이기 위해서 엿보고 있다'고 했다. 蔡無斁의 이름은 斁字를 질게 썼다가 御諱인 懌(중종의 이름)으로 고쳐 썼고, 李任

---

50)『中宗實錄』卷 65, 中宗 24年 5月 戊午條.
51)『中宗實錄』卷 71, 中宗 26年 6月 辛未條.
52)『中宗實錄』卷 85, 中宗 32年 10月 癸酉條.
53)『中宗實錄』卷 70, 中宗 26年 5月 壬子條 ; 卷 72, 中宗 26年 11月 甲戌條.

의 이름은 인변(亻邊)을 없애고 壬으로 썼으며, 金壽의 이름은 迷로
고쳐 썼다. 방문에 쓴 말이 매우 많았으나 대체적인 줄거리는 이러
했다.54)

익명서에 이름이 거론된 사헌부와 사간원의 대간들은 '수많은
사람들이 있는 서울 한복판에서 익명서가 붙었으므로 서울의 모든
관원들 가운데 모르는 자가 없을 정도'라고 하면서 즉시 체직시켜
줄 것을 요청하였으며,55) 홍문관의 관리들도 차자를 올려 대책을
강구할 것을 요구하였다.56) 그런데 사건이 발생한 당일 史臣은 '당
시 사람들이 익명서를 주도한 자를 金安老로 의심하고 있으며, 그
목적은 김안로의 반대세력이 그를 제거하고자 익명서를 이용한 것
처럼 꾸미고, 이로 인해 김안로에 대한 중종의 총애를 확고하게 만
들고자 했다'고 기록하고 있다.57) 물론 당시 사신의 주장이 정확하
다고는 할 수 없으나 고려의 대상은 될 수 있다. 왜냐하면 당시 김
안로의 정계진입을 대간들이 중심이 되어 반대하고 있었던 정국의
상황 속에서 대간들을 비난하는 익명서에 굳이 김안로의 이름을
넣은 연유가 합리적이지 않으며, 사건이 발생한 직후 대간들의 반
대에도 불구하고 김안로의 임용을 중종이 강행한 것을 감안한다면
설득력이 있다고 할 것이다.

그러나 이 사건의 범인은 엉뚱한 곳에서 나타나게 된다. 중종 26
년 10월 김안로를 예조판서에 임명하자 대간들이 이를 반대하였
고, 급기야 중종이 대간들을 한사람씩 모두 面對하여 의견을 청취
하였다. 그 과정에서 許沆이 종루에 익명서를 건 것은 沈思順의 필

---

54)『中宗實錄』卷 70, 中宗 26年 5月 丁未條.
55)『中宗實錄』卷 70, 中宗 26年 5月 丁未・戊申條.
56)『中宗實錄』卷 70, 中宗 26年 5月 戊申條.
57)『中宗實錄』卷 70, 中宗 26年 5月 丁未條.

적이라고 아뢰면서 그를 잡아들여 추국하도록 하였다.[58] 심사순은
국문을 받는 과정에서 物故를 당하였으며, 단지 필체가 같다는 것
으로 대간들이 그의 소행이라고 하였을 뿐 뚜렷한 물증도 없었다.
뿐만 아니라 그를 추국하던 의금부에서 필적을 대조한 결과 같지
않다는 의견을 올리기도 하였다.[59] 또한 사건 발생 2년 후인 중종
28년에도 심사순은 범인이 아닐 가능성이 크다는 의견을 史官이
제시하고 있다.[60] 그리고 명종대에는 심사순의 형인 沈思恭이 上
言하기를 "익명서는 김안로의 심복인 許沆·蔡無擇 등이 모의하
여 꾀를 내고 채무택의 종이 종루에 내 걸고 나서 신의 아우 심사
순의 소위라고 죄를 조작한 것입니다"라고 주장하였고, 김안로·
허항·채무택을 신문하는 과정에서 이들이 그러한 사실을 인정하
였다. 그리하여 심사순은 아들이 상언을 올려 직첩을 돌려 받기에
이르렀다.[61]

　결국 중종 26년에 발생한 일련의 익명서 사건은 김안로가 정계
에 복귀하면서 沈貞을 비롯한 政敵을 제거하기 위한 방편으로 이
용하였음을 알 수 있다. 당시 김안로는 정계복귀에 유리한 정국을
만들기 위해 심복인 채무택에게 자신을 포함하여 대간들을 비난하
는 익명서를 만들어 종루에 걸도록 하였다. 그리고 필체가 같다는
이유로 익명서의 범인을 심정의 아들인 심사순의 소행으로 몰아갔
다. 그리하여 당시 정국의 핵심적 위치에 있으면서 자신의 정계복
귀를 반대해 온 훈구세력인 심정을 제거하였던 것이다. 이를 통해
서 볼 때 익명서가 정계의 세력변화에 이용되었음을 알 수 있다.
일찍이 중종이 "평상시의 익명서는 사림을 모해하는 것이므로 보

58)『中宗實錄』卷 71, 中宗 26年 10月 乙巳條.
59)『中宗實錄』卷 71, 中宗 26年 10月 戊申條.
60)『中宗實錄』卷 74, 中宗 28年 4月 庚寅條.
61)『明宗實錄』卷 18, 明宗 10年 3月 乙卯條.

아서는 안된다"[62]고 말한 것도 권력의 핵심에 있는 사람들이 자신의 정치적 위치를 지키기 위해 익명서를 이용하여 士林을 비난하였음을 단적으로 표현하고 있는 것이다.

한편 중종 28년에 나타나는 일련의 익명서 사건은 세자를 둘러싼 궁중의 음모와 관련된 내용들이다.[63] 그 해 5월 대간인 愼居寬의 집에 먼저 익명의 글이 소녀를 통해 배달되었다. 곧 이어 경복궁의 西門에 익명서를 매단 화살이 꽂히고, 이후 동궁의 처소에 익명으로 글을 새겨 넣은 木牌가 내 걸렸다.[64] 이 세 가지는 모두 내용이 大同小異하여 동일인의 소행임을 알 수 있다. 동궁에 걸린 목패에는 '모름지기 세자의 몸을 凌遲할 것, 모름지기 세자 아버지의 몸을 絞殺할 것, 모름지기 中宮을 斬할 것' 이라 쓰고 다른 일면에는 '5월 16일 兵曹의 胥吏 韓忠輔 등 15인이 행한 일임'이라고 쓰여 있었다.[65]

이에 조정에서는 병조의 서리라는 한충보를 체포하여 관계사실을 물었으나 전혀 모르는 바라는 진술을 얻었다. 그리하여 평소 한충보에게 원한을 품고 있는 자가 죄를 뒤집어 씌우기 위해 저지른 소행이라고 생각하고 한충보에게 평상시 너를 미워하는 자들이 누구인가를 묻자 처음에는 韓有孫・朴長孫・李孝珍・韓世傑・金亨卿 등이라고 진술하였다.[66] 그리하여 이들을 모두 체포하여 국

62) 『中宗實錄』 卷 71, 中宗 26年 10月 戊申條.
63) 李廷馨, 『東閣雜記』 上 嘉靖壬辰條에는 이 사건의 발생을 중종 27년으로 기록하고 있으나 그 내용에 작서의 변을 같은 시기에 발생한 것으로 기록하고 있으므로 명백한 오류이다. 따라서 조선왕조실록의 기록을 근거로 하였다.
64) 『中宗實錄』 卷 75, 中宗 28年 7月 辛酉條.
65) 『中宗實錄』 卷 74, 中宗 28年 5月 己未條.
66) 『中宗實錄』 卷 74, 中宗 28年 5月 己未・庚申條. 한유손은 尙衣院의 書員이며, 이효진은 甲士, 한세걸은 刑曹의 胥吏, 김형경은 사헌부의

문하였으나 별다른 혐의점을 발견하지 못하였다. 이후 다시 용의
자를 추문하자 궁궐에서 敬嬪 朴氏의 奴로 있었던 守堅과 姜孫이
용의선상에 올라왔다. 그 가운데 수견의 집을 수색하는 과정에서
동궁의 목패와 같은 재질의 나무가 발견되어 수사가 급진전되었
다.[67] 결국 수견은 강손과 같이 동궁에 목패를 내 걸었다고 진술하
였고, 강손은 "이 일은 掌務 韓終孫, 保母 孝德, 大闕別監 李銀石
과 함께 모의한 것이며 한종손이 글씨를 썼다"고 진술하였다.[68] 나
아가 대궐별감 이은석은 "수견과 강손이 상전의 명령에 따라 동궁
을 모해하기 위해 목패와 人像을 동궁에 걸었다"고 진술했고, 보모
효덕도 "수견·강손과 같이 모의했으며, 그렇게 한 것은 바로 朴
氏를 위하여 동궁을 해치려는 것이었다"고 자백하였다.[69] 강손은
경빈 박씨의 딸인 惠靜翁主의 奴로서 唐城尉 洪礪의 집에 살고 있
었다.

　결국 이들이 주모자로 밝혀지면서 그 배후의 인물에 초점이 맞
추어져 수사가 진행되었다. 따라서 자연히 경빈 박씨를 위하여 했
다는 보모의 진술로 인해 作鼠의 變으로 廢庶人되어 쫓겨나 있던
경빈 박씨와 尙州에 유배가 있던 그의 아들 福城君, 사위 홍여 등
에게로 사건이 확산되었다. 대간들은 일제히 경빈 박씨와 복성군
의 賜死를 주장하였고, 중종도 이들의 의견을 따라 박씨가 직접 모
의에 가담하지는 않았으나 그를 위해 한 일이라는 진술이 있으므
로 사약을 내리고, 복성군은 가담 여부가 없으니 그대로 두라고 전
교하였다.[70] 그러나 복성군의 사사와 홍여를 鞫問하자는 대간들의

　　서리였다. 한유손은 한충보의 전처 아버지이며, 한세걸은 한유손의 아
　　들이다.
67)『中宗實錄』卷 74, 中宗 28年 5月 壬戌條.
68)『中宗實錄』卷 74, 中宗 28年 5月 癸亥條.
69) 위와 같음

상소가 계속 이어졌다. 결국 홍여에 대한 추국이 시행되었으나 사실관계를 부인하다가 物故되었으며,[71] 복성군은 사사되었다.[72] 이 사건의 진정한 주모자가 경빈 박씨였는지, 아니면 경빈 박씨를 완전히 제거하기 위한 또 다른 궁중세력이 꾸민 일인지는 알 수 없지만 익명서의 특수성을 이용하여 조정의 여론을 조성하고, 이를 통해 자신의 목적을 달성하고자 했음을 보여주고 있는 사건이다. 실제로 김안로는 이 사건을 이용하여 자신의 政敵인 심정을 경빈 박씨와 결탁했다고 주장하여 賜死시켰고, 그 외에 반대 정치세력은 고문으로 사건을 조작하여 제거하였다.[73]

한편 중종 말 영의정 金謹思는 "요즘 백성의 풍기가 날로 무너지고 士習이 매우 야박해져 자기 한 몸의 원한을 반드시 갚으려고 할 뿐만 아니라, 자신이 피할 수 없는 죄를 저질러 법에 저촉된 자도 교묘한 계책으로 빠져나가려 하다가 손을 쓸 수 없게 되면 그때마다 투서를 하고 방을 붙인다"[74]고 표명할 정도로 중종대에 익명서 사건이 많이 발생한 원인은 어디에 있을까? 무엇보다도 정치사회 전반적으로 활성화된 여론을 지적하지 않을 수 없다. 대간인 成世昌은 "道가 있을 때에는 敢諫의 북을 설치하고 誹謗의 나무를 세워 비록 閭巷의 사람이라도 모두 조정의 득실과 인물의 高下를 말하였는데, 지금은 비록 논의가 있다 해도 이는 모두 조정의 의논뿐입니다. 백성의 입을 막는 것은 개천을 막는 것보다 어려우니 公

70) 『中宗實錄』 卷 74, 中宗 28年 5月 乙丑條.
71) 『中宗實錄』 卷 74, 中宗 28年 5月 戊辰條.
72) 『中宗實錄』 卷 74, 中宗 28年 5月 己巳條.
73) 李廷馨, 『東閣雜記』 上 嘉靖壬辰條. "左議政沈貞 以交結朴嬪 亦賜死 … 時金安老主張此事 鍛練成獄 因以擠陷其平昔有隙之人 貞惡積罪盈 天道好還 雖其自取 而以此成罪 人有不服者"
74) 『中宗實錄』 卷 80, 中宗 30年 8月 己亥條.

論을 정지시킬 수는 없는 것입니다."라고 하여 백성들 사이에서 일
어나는 여론을 강제로 막을 수는 없다고 주장하였다.[75] 또한 중종
대 言路가 열려있었음은 특진관 孫澍의 다음과 같은 말을 통해서
가히 알 수 있다.

> 言路는 血氣와 같아서 一身에 周流하는 것입니다. 혈기가 통하지
> 아니하면 사람이 스스로 생존할 수 없고, 언로가 막히면 아래의 정
> 이 상달될 수 없는 것이며, 국가는 이로부터 위태롭고 어지럽게 되
> 는 것입니다. 모름지기 언로를 널리 열어야 백성들의 폐막을 들을
> 수 있고, 군자와 소인을 분별할 수 있습니다. 그러므로 비록 狂直한
> 말이라 해도 마땅히 優容하여야 합니다. 연산군 때 사대부로서 국사
> 를 말하던 이는 모두 誅竄을 당하였습니다만, 지금은 성상께서 中興
> 을 하셨으므로 사람들이 모두 말씀드려 숨기지 않는 것입니다.[76]

  이와 같이 언로가 열려있던 시기였기 때문에 익명서를 이용하여
정치적·사회적으로 여론을 형성하고, 이러한 여론이 마치 정치권
과 사회 전반에 걸친 것으로 호도하면서, 이를 빌미로 정치세력을
제거하는데 익명서가 한 몫을 담당했음을 보여주고 있다. 물론 이
시기의 모든 익명서가 정치적 목적으로 사용된 것은 아니지만 정
국공신 이후의 시대 상황, 기묘사화 이전의 反士林勢力의 여론 형
성, 세자를 제거하고자 하는 궁중세력들의 익명서 이용사례를 통
해 알 수 있는 사실이다. 연산군대와 중종대를 단순비교하더라고
도 연산군은 강력한 전제정치를 실시하면서 언로를 막고, 왕을 능
멸하거나 무시하는 소위 陵上之風을 강력하게 막았으며, 이러한
행위는 무오사화와 갑자사화를 거치면서 더욱 강화되었다.[77] 반면

---

75) 『中宗實錄』卷 7, 中宗 3年 11月 庚申條.
76) 『中宗實錄』卷 7, 中宗 3年 11月 丁未條.
77) 宋洙煥, 1999, 「甲子士禍의 새 해석」『史學研究』57, 韓國史學會, 105~
    144쪽.

중종은 타인의 힘에 의해 왕위에 오른 후 반정공신과 사림세력들
의 주도적인 정국의 운영으로 왕권의 신장을 꾀하지 못하였을 뿐
만 아니라 대간제도가 본격적으로 발전하면서 언로가 확산되었
다.[78] 이러한 정치사회적 환경여건의 변화가 중종대에 보다 많은
익명서 사건이 일어날 수 있었던 배경이 아닌가 생각된다.

Ⅳ. 명종대 익명서 사건과 정치사회상

명종대의 익명서 사건은 아래의 표에서 보듯이 모두 10건이 나
타나고 있다. 모두가 도성을 중심으로 나타나고 있는데, 그 내용을
보면 초기에는 문정왕후와 국왕에 대한 비판적 내용을 담고 있으
며, 관리의 비리와 탐욕을 비판하는 내용 등이 주를 이루고 있다.
앞선 시기와 내용면에서 크게 다른 점은 없으나 上䟽의 형식을 띤
익명서가 나타나고, 백성들의 익명서 이용이 늘고 있다는 점이 눈
에 띄는 형상이다.

<표 Ⅰ-5> 명종대 익명서의 발생 현황

번호	발생 시기	발생 장소	주 요 내 용	결과
1	명종 2년 (1547) 9월	양재역	女主가 정권을 잡고 간신 이기가 권세를 농간하고 있어 나라가 망할 것이라는 내용	옥사
2	명종 2년 (1547) 9월	부원군 임 백령의 집	全城正의 종과 무녀들이 임금을 원망하고 저주하였다는 내용의 언문	不問

---

78) 鄭杜熙, 1994, 『朝鮮時代의 臺諫硏究』, 一潮閣, 206~207쪽.

번호	발생 시기	발생 장소	주 요 내 용	결과
3	명종 3년 (1548) 1월	길거리	형조판서 鄭士龍의 뇌물수수 및 형벌판결의 불공정한 비리를 적어 화살에 묶어서 쏨	〃
4	명종 3년 (1548) 6월	종 루	왕의 이름을 거명하면서 조정을 비난하는 내용의 不道之言(주모 혐의자 자진)	推鞫
5	명종 4년 (1549) 2월	광화문	내용을 알 수 없음(수문장 추고)	不問
6	명종 7년 (1552) 4월	御駕 앞에서	익명으로 上言하고 사라짐. 풍수설을 이유로 靖陵의 길흉을 논함	〃
7	명종 7년 (1552)10월	전옥서	담장으로 언서가 던져짐	〃
8	명종 8년 (1553) 3월	上疏의 형태	재상들의 권력과 수령의 가렴주구 등 국가정책 전반에 걸친 비난으로 상소. 이름을 위조하여 올림	〃
9	명종11년 (1556) 1월	?	남원죄수 丁詮이 승지 尹仁恕 부친의 묘를 파내어 파괴하고 투서함. 내용을 알 수 없음	참형
10	명종 15년 (1560)12월	금호문	내용을 알 수 없음	不問
11	선조 7년 (1574) 5월	車駕 앞	朴淳과 첩의 아비 이번신의 탐욕을 비판함	〃

중종의 뒤를 이어 세자가 왕위에 올라 인종이 되었으나 오래 재위하지 못하고 바로 죽자 文定王后의 아들인 慶原大君이 즉위하여 명종이 되었다. 이 과정에서 세자를 지지한 尹任 勢力과 명종을 지지한 尹元衡 세력 사이에 상대세력을 견제함으로써 그들 주도의 정치운영체제를 구축하려 하였다. 그러나 인종이 즉위한 후 얼마 지나지 않아 죽음으로써 윤임 세력의 정치적 입지가 좁아지게 되었고, 반대로 명종을 지지한 윤원형 세력은 정권장악의 기틀을 마련하게 되었다. 12세에 왕위에 오른 명종은 문정왕후의 수렴청정을 받아 정국을 운영하였으며, 문정왕후는 비밀리에 윤원형에게

밀지를 내려 윤임 세력을 제거할 빌미를 만들도록 하였다.[79] 이 결과 명종 즉위년(1545) 8월 하순에 乙巳士禍의 대옥사가 발생하였다. 을사사화로 인해 尹任·柳灌·柳仁淑·李輝·李德應 등이 참형에 처해졌고, 衛社功臣 28인, 原從功臣 1,400명이 책록되면서 공신의 주축에 있었던 외척 윤원형과 李芑를 중심으로 하는 정국 운영체제의 기반이 만들어졌다.

이와 같은 시대적 상황 하에서 명종 2년 9월 양재역벽서사건이 발생하였다.[80] 척신계열의 부제학 鄭彦慤은 시집가는 딸을 전송하기 위해 한강 건너 양재역까지 나왔다가 양재역의 驛館 벽에 붉은 글씨로 써서 붙인 익명서를 보고 이를 떼어 封書하여 명종에게 올렸다. 익명서는 발견 즉시 불사르고 전파해서는 안 된다고 규정되어 있으나 그가 이를 어기고 명종에게 익명서를 그대로 올린 것은 "국가에 관계된 내용이며 인심이 이와 같다는 것을 알려주기 위해서"라고 말하였다.[81] 결국 익명서의 내용을 통해 사회여론을 알려주고자 하였다는 것이다. 그 글의 요지는 다음과 같다.

> 女主가 위에서 정권을 잡고 이기 등이 아래에서 권세를 농간하고 있으니 나라가 장차 망할 것을 서서 기다릴 수 있게 되었다. 어찌 한심하지 않은가. 중추월 그믐날[82]

위의 글에서 女主는 물론 문정왕후를 가리키는 것이며, 위사공

79) 李廷馨, 『東閣雜記』 下. "乙巳八月 下密旨于禮曹參議尹元衡處 乃罪尹任柳灌柳仁淑等事也"

80) 사건이 발생한 양재역은 당시 경기도 광주에 위치한 역이다(『明宗實錄』 卷 21, 明宗 11年 8月 己酉條).

81) 『明宗實錄』 卷 6, 明宗 2年 9月 丙寅條.

82) 『明宗實錄』 卷 6, 明宗 2年 9月 丙寅條 : 李廷馨, 『東閣雜記』 下, 丁未 9月條.

신 이기 등이 정권을 농간하고 있음을 비난하면서 나라가 저절로
망할 것이라고 언급하고 있다. 이 글이 보고된 이후 조정의 대신들
이 모두 모인 가운데 윤원형·윤인경·이기·정순붕 등은 벽서에
관한 이야기보다는 '요즈음 勳臣을 가리켜 공이 없는 자들이라 하
고 죄인들이 억울한 죽음을 당했다는 사악한 여론이 떠돌고 있다'
고 하면서 정치사회적 여론을 빌미로 乙巳士禍의 남은 죄인들을
엄히 다스릴 것을 요구하였다.[83] 뿐만 아니라 "이 글을 보니 무식
한 자가 한 짓이 아닙니다. 근래에 사악한 여론이 들끓고 있는데
이 글이 비록 진실을 취하기에는 부족하지만 이를 보건대 사악한
여론이 들끓는다는 것은 헛말이 아닙니다"[84]라고 하면서 익명서에
나타난 내용이 사회적 여론이고 그 의미가 무시할 수 없는 사안이
라고 하여 정치적 문제로 비화시키고 있다. 즉 양재역벽서를 매개
로 하여 을사사화 때 남은 士林들과 尹任세력을 완전히 제거하고
자 한 것이다. 그 결과 중종의 아들인 鳳城君 岏을 비롯하여 宋麟
壽·李若氷·林亨秀 등을 사사하고 李彦迪 등 30여명을 유배형
이상에 처하였다.[85] 당시 송인수는 직접적인 혐의가 없어 鄭順朋
등이 "아깝다. 이 사람은 진실한 사람이다"라고 하면서 求命을 주
장하였다. 그러나 이기가 "어진 사람를 선택해야 한다는 설을 선동
한 자를 안 죽이겠는가"라고 하여 명종의 왕위계승에 반대했다는
구실을 붙여 죽임을 당했던 것이다.[86] 결국 정언각은 양재역에 나

---

83) 『明宗實錄』卷 6, 明宗 2年 9月 丙寅·丁卯條.

84) 李廷馨, 『東閣雜記』下, 丁未 9月條. "仁鏡回啓曰 見此書 則非迷劣者
     所爲也 近來邪論飛騰 此書雖不足取實 然見此邪論之騰不虛矣"

85) 『明宗實錄』卷 6, 明宗 2年 9月 丙寅·丁卯條.

86) 李珥, 『石潭日記』卷 上, 明宗大王 22年 10月 丙戌條. "壁書之變 權臣
     李芑等會賓廳 錄罪人名 點其死者 至麟壽名 芑大點之 鄭順朋曰 惜哉
     此子愿愨人也 芑顧曰 鼓擇賢之說者 不死而何 順朋無語"

붙은 벽서를 명종에게 올려 나라의 인심이 이와 같으니 을사사화
의 남은 잔당들을 모두 제거해야 왜곡된 여론이 떠돌지 않을 것이
라고 하면서 그가 당초 목적했던 방향으로 논지를 이끌어 갔던 것
이다.87)

이 사건에 대하여 조정에서는 단지 양재역의 찰방 裵繡光이 역
관 근처에서 배회하던 사람들의 이름을 올려 추문하였으나 글도
모르는 자들이라 놓아주었을 뿐88) 주모자 체포를 위한 다른 조치
는 취하지 않았다. 조정의 관리들도 주모자 체포를 주장하는 사람
이 없었으며, 오직 을사사화로 인해 죄를 받은 사람들을 더 加刑할
것만을 주장하였다. 이러한 정황으로 볼 때 양재역의 익명서는 이
기 등이 을사사화의 잔당들을 제거하고, 자신들의 정치기반을 보
다 확고히 하기 위하여 일으킨 사건으로 추정된다. 익명서 사건의
처리 과정과 결과가 이와 같은 방향에서 추진되고 맺어진 것을 통
해서도 추론이 가능하다. 더 나아가 당시의 사람들 가운데서는 익
명서를 발견하여 중앙에 보고한 장본인인 정언각 자신이 지은 것
이라고 말하는 사람도 있었던 것으로 보아89) 을사사화 주도세력들
의 소행일 가능성이 더욱 높다고 할 것이다.

명종 3년 1월에 한성부 길거리에서 발생한 익명서 사건은 형조
판서 鄭士龍에 관한 비리를 적은 내용이다. 당시 정사룡은 3년간
형조판서 자리에 있으면서 직책을 이용하여 죄인을 취조하는 과정
에서 뇌물을 받고 죄 있는 자를 풀어주거나 勝訴시켜주곤 하여 원
망을 많이 받고 있었다. 따라서 이에 원한을 가진 자들이 그의 비
리 행적을 적어 거리의 곳곳에 붙인 것이다. 이로 인해 정사룡은

---

87) 『明宗實錄』 卷 6, 明宗 2年 9月 丁卯條.
88) 『明宗實錄』 卷 6, 明宗 2年 9月 庚午條.
89) 『明宗實錄』 卷 21, 明宗 11年 8月 己酉條.

스스로 체직시켜 줄 것을 요구하였으나 명종은 따르지 않았다. 당시의 史臣은 정사룡의 행위를 비판하면서 부끄러움을 모르는 자라고 하여 그의 비리가 사실이었음을 알려주고 있다.[90] 보다 구체적인 사건 진행과정은 자세히 알 수 없으나 정2품 고위관리의 부정부패에 관한 상세한 비판내용이 익명서에 남아 있었던 것은 확인할 수 있다. 이 외에 명종 3년 6월 종루의 익명서 사건부터 명종 7년 전옥서의 익명서 사건까지도 구체적인 기록이 없어 보다 명확하게 파악할 수가 없는 실정이다.

한편 명종 11년의 익명서 사건은 당시의 사회상을 알게 해주는 사건이다. 당시 남원의 죄수 丁詮은 승지 尹仁恕의 아버지 무덤을 파헤치고 익명의 투서를 던진 죄로 체포되어 참형에 처해졌다. 정전이 무엇으로 인해 죄수가 되었는지, 윤인서와 어떠한 관계로 원수진 일이 있는지는 자세히 알 수 없으나 그가 취한 행동은 당시 유교적 사회에서는 극형에 해당하는 사안이었다. 이와 같은 사회현상은 비단 이번만이 아니었다. 府院君 林百齡도 아버지의 무덤이 파헤쳐진 일이 있었고, 知事 金麟孫도 부모의 무덤이 파헤쳐진 사건이 발생했었다.[91] 그리하여 당시 사헌부에서는 다음과 같이 사회의 악습이 자행되는 현상을 보고하고 있다.

> 요사이 인심이 완악하여 하지 않는 짓이 없으므로 조금이라도 혐의나 원한이 있으면 보복하려고 생각하며 만일 그 사람에게 보복하지 못하게 되면 반드시 그 부모의 무덤을 파헤쳐 자기의 마음을 통쾌하게 한다.[92]

---

90) 『明宗實錄』 卷 7, 明宗 3年 1月 己卯條.
91) 『明宗實錄』 卷 18, 明宗 10年 1月 庚子條.
92) 上同.

결국 일반 民들로서는 자신의 원한을 갚기 위한 다양한 방법 가운데 상대가 고위 관직에 있는 경우 합법적인 방법으로는 한계가 있었기 때문에 그들이 취할 수 있는 행동은 극히 제한적일 수밖에 없었다. 정전의 경우도 원수진 상대가 이미 승지의 반열에 있는 사람이었고, 자신은 죄수의 처지였기 때문에 윤인서의 부모 무덤을 파헤침으로서 다소나마 윤인서에 대한 원한을 갚고, 그의 비리를 적어 익명의 투서를 함으로써 정치적 · 사회적 · 도덕적으로 타격을 주고자 했던 것이다. 이러한 사건이 벌어지자 윤인서는 즉시 투서의 주모자가 자신에게 원수를 갚기 위한 행동이라고 단언하면서 정전의 소행임을 왕에게 보고하였다. 당시의 史臣들은 윤인서가 세력을 믿고 방자한 짓을 하여 원수진 일이 있을 것이라고 논평하면서 그의 잘못된 행동을 비판하고 있다.[93] 당시의 조선은 유교적 통치이념과 가치기준이 자리 잡아가는 시기였기 때문에 부모 무덤에 대한 훼손은 자손에게 있어 크게 죄악시되던 사회였다. 이러한 시기에 일반 민들이 익명서와 함께 무덤훼손 사건을 일으킨 것은 민의 사회적 저항의식의 일면을 보여주고 있는 것이다.

이상에서와 같이 명종대 익명서 사건은 초기에는 을사사화의 정국동향 하에서 정치적 목적을 위해 사용되었고, 윤원형을 중심으로 한 척신계열의 정국운영이 안정된 이후로는 일반 민들에 의해 관리의 비리나 탐욕에 대한 폭로 등이 주를 이루었다. 이러한 익명서의 내용을 통해 명종대의 정국운영체제가 초기에는 중종대와 마찬가지로 훈구세력과 사림세력 사이에 정국운영의 주도권을 둘러싸고 대립적 구도를 가지고 있었으나, 중기 이후에는 안정된 정국 하에서 관리와 사회에 대한 비판과 저항하는 형태의 내용들이 나타나고 있음을 확인할 수가 있다.

---

93) 上同.

V. 맺음말

　　이상으로 조선 중기 익명서 사건의 특징과 정치사회상을 살펴보았다. 조선 중기 연산군대부터 선조 임진왜란 이전까지『朝鮮王朝實錄』에 기록된 익명서 사건은 모두 42건이다. 전체 42건의 익명서 사건 가운데 중종대가 28건으로 전체의 67%를 점유하고 있으며, 이어서 명종대에 10건, 연산군대에 3건이 나타나고 있다. 그리고 선조대의 경우 임진왜란 이전까지 1건이 나타나고 있다.

　　연산군대 익명서 사건의 주요 내용은 관리의 부정부패에 대한 비난과 함께 연산군의 비행에 초점이 맞추어져 있다. 연산군대의 정치사회 현실이었던 무오사화와 갑자사화로 인한 인명피해, 興淸과 醫女・기녀 등을 동원한 연산군의 지나친 방탕생활, 연산군을 둘러싸고 있는 愼守勤 가문 등 궁중세력의 정치적 권력행사에 따른 비판적 내용 등이 그대로 익명서에 반영되어 나타나고 있다. 뿐만 아니라 연산군을 시해하는 의병을 일으키자는 내용의 익명서가 종루에 나붙게 되었다는 것은 더 이상 지탱하기 어려운 연산군대 정치사회의 말기적 현상을 그대로 드러내고 있는 것이다. 이들 사건으로 연산군은 큰 옥사를 일으켜 혐의가 없는 애매한 사람들을 추국하였고, 결국에는 연산군이 반정에 의해 쫓겨나기에 이르렀다. 이와 같이 연산군이 정치권력을 상실하게 되기까지의 과정 속에서 익명서가 반연산군의 정치여론을 형성하는데 일조하였음을 보여주고 있다고 할 것이다.

　　중종대의 익명서 사건은 그 유형에서 몇 가지 특징을 가지고 있다. 첫째는 익명서 사건의 발생 장소가 대궐과 사헌부에서 집중되었다는 점이고, 둘째는 익명서 사건에 대한 조정의 대응이 대부분 不問에 부치고 있다는 점, 셋째는 익명서를 화살에 매달아 멀리서 쏘아 꽂는다는 점 등이 다른 시대의 익명서 사건 유형과 다른 점이다. 그리고 내용면에서는 중종 집권 초반에는 反正 이후 논공행상에 불만을 품은 내용들이 나타나고, 중종 14년을 전후해서는 훈구세력과 사림세력 간의 정치적 소용돌이 속에서 기묘사화 발생 이전의 정치사회 여론을 반영한 내용이 주를 이루고 있다. 그리고 중종 26년을 전후해서는 臺諫과 조정에 대한 비난이 많이 나타나고 있으며, 중종 28년에는 경빈 박씨와 세자를 둘러 싼 궁중의 음모와 관련된 내용이 중심을 이루고 있다. 이 외에도 중종 10년 1월과 중종 37년 4월에는 수령에 대한 비판도 나타나고 있음을 확인할 수 있다. 대체적으로 훈구세력들이 정국의 변화를 꾀하려는 정치적 목적하에 익명서가 이용되는 사례가 많았으며, 이에 대한 피해는 사림들에게 그 영향이 미쳤다.

다음으로 명종대 익명서는 초기에 을사사화의 정국동향 하에서 정치적 목적을 위해 사용되었고, 윤원형을 중심으로 한 척신계열의 정국운영이 안정된 이후로는 일반 민들에 의해 관리의 비리나 탐욕에 대한 폭로 등이 주를 이루고 있었다. 이러한 익명서의 내용을 통해 명종대의 정국운영체제가 초기에는 중종대와 마찬가지로 훈구세력과 사림세력 사이에 정국운영의 주도권을 둘러싸고 대립적 구도를 가지고 있었으나, 중기 이후에는 안정된 정국 하에서 관리와 사회에 대한 비판과 저항하는 형태의 내용들이 나타나고 있음을 확인할 수가 있다.

결과적으로 조선 중기 연산군·중종·명종대를 거치는 시기의 익명서는 훈구세력과 사림세력의 정치권력 장악의 시대적 상황과 맞물려 반대세력을 제거하는 촉매제로서 이용되었다. 먼저 익명서를 이용하여 여론 형성의 기틀을 마련하고, 이를 매개로 정치사회 여론을 조성하여 상대 세력을 제거하기 위한 명분을 만들어 옥사를 일으켰던 것이다. 이와 같은 익명서의 역기능성 때문에 중종과 명종대의 관료들은 정권과 직접적으로 관련된 익명서 사건 이외에는 가능한 사건 자체를 불문에 부치고자 노력하였던 것이다.

제2부

暗行御史詐稱과 歌詞事件

제1장

暗行御史의 정착과 假稱御史事件

I. 머리말

조선시대 암행어사제도는 왕권의 강화를 도모함은 물론 지방행정의 실태와 민심을 파악하고 지방관의 부정부패 척결과 업무횡포 또는 월권행위를 규찰하기 위한 제도였다.[1]

조선은 초기부터 行臺監察을 지방에 파견하여 관리들을 감찰하였고, 세조 이후에는 상설기관으로서 分臺御史制를 채택하여 지방을 통제하였다. 그러나 조선 중기 이후로 상설기관인 분대어사가 제기능을 발휘하지 못하자 국왕이 비밀리에 감찰관리를 파견하는 암행어사 제도가 시행되기 시작하였다.

---

1) 『增補文獻備考』 卷 227, 職官考 14, 御史條. "本朝御使 以堂下侍從官 特命遣之 號暗行御史 廉察官吏得失 生民疾苦 凡黜陟糾理 無不聽管"

이와 같이 비밀리에 신분을 숨기고 파견되어 관리를 감찰하기 시작한 암행어사 제도는 漢나라 和帝 때부터라고 하며,[2] 조선에서는 중종 4년(1509)부터 파견하기 시작하였다.[3] 이 암행어사는 국왕의 특명에 의해 지방의 수령과 土豪·鄕吏들의 부정과 비리를 廉察하고, 민심의 동향을 파악하여 중앙에 보고함으로써 정부의 새로운 대처를 가능하게 하는 등 일정한 역할을 수행하여 왔던 것이 사실이다. 그러나 일부 암행어사들이 현지의 관리와 결탁하여 뇌물을 거두어들이거나, 혹은 재물과 향응을 제공받고 현지 관리를 찬양하는 글을 지어 보고하는가 하면, 어사를 사칭하고 고을을 돌아다니면서 재물을 약탈하는 범죄를 양산하기도 하였다. 결국 암행어사제도는 정부의 지방통제라는 역할에 어느 정도 기여한 것은 사실이나 일정한 한계점도 동시에 가지고 있었던 것도 간과해서는 안될 것이다.

조선 후기 암행어사에 관한 연구는 많이 이루어져 왔다. 이들 연구는 대부분 제도사적 관점에서 이루어졌거나[4] 암행어사의 기능을 연구한 것들이다.[5] 그러나 암행어사제도의 실시로 인해 파생되

---

2) 『星湖僿說』 卷 8, 人事門 暗行御史條. "御史之暗行廉察 始於漢和之世 和帝卽位 分遣侍者 皆微服單行"
3) 『中宗實錄』 卷 10, 中宗 4年 11月 丁卯條.
4) 張潤植, 1948, 『李朝 暗行御史制度의 硏究』, 高麗書籍會社 : 田鳳德, 1968, 「暗行御史制度 硏究」 『韓國法制史硏究』, 서울大 出版部 : 柳子厚, 1971, 「暗行御史考」 上·下, 韓國學硏究叢書 1 : 楊萬雨, 1981, 「朝鮮朝 御使小考」 『全州敎育大學論文集』 17 : 白相起, 1990, 『朝鮮朝 監査制度 硏究』, 嶺南大 出版部.
5) 金明淑, 1987, 「朝鮮後期 暗行御使制度의 一硏究 - 高宗 5年(1868)의 書啓·別單을 中心으로 -」 『歷史學報』 115, 歷史學會 : 鶴園裕, 1990, 「19世紀初 暗行御史가 본 地方社會」 『民族史의 展開와 그 文化(李佑成停年退任論叢)』 : 李義權, 1994, 「朝鮮後期 暗行御史制를 통한 中央政府의 地方統制政策」 『全北史學』 17.

는 실제적인 문제점, 즉 각종 범죄에 관하여는 전혀 논의되고 있지 않다. 이에 필자는 조선 후기 암행어사제도의 운영과정에서 나타난 실제적인 각종 범죄의 양상과 실태를 살펴보고, 이러한 사건들이 조선 후기에 어떠한 변화를 가져왔는가를 살피고자 한다.

또한 암행어사와 관련된 각종 사건 가운데서 18세기에 많이 나타나고 있는 假稱御史事件에 주목하였다. 특히 숙종 38년(1712) 평안도 용천부에서 어사를 사칭하면서 재물을 획득하고자 했던 李天栽假稱御史事件을 분석하였다. 이 사건은 다른 어사사칭 사건들과는 달리 의금부의 죄인 공초 기록이 남아 있어 사건의 진상을 소상하게 파악할 수 있다. 그리하여 이 논문을 통해 조선 후기 암행어사제도 운영과정에서 나타나는 현실적인 문제점과 암행어사에 대한 民·官의 인식과 그 변화 과정, 나아가 암행어사제도가 뿌리내리기 시작한 시기가 언제인가를 범죄상의 변화를 통해 접근하고자 한다.

Ⅱ. 암행어사의 정착과 어사 사칭 사건

암행어사는 왕의 특명을 받아 신분이 노출되지 않은 상태로 임무수행을 하는 관계로 그 임명은 왕의 고유권한이다. 따라서 法制的인 규정은 정해져 있지 않다. 다만 일반 史料를 통해서 볼 때 대체적으로 암행어사의 자격과 선발에 관하여 살펴볼 수 있다.

암행어사의 자격은 『增補文獻備考』에 堂下侍從官으로 규정하고 있으며,6) 『燃藜室記述』에도 堂下侍從臣으로 기록하고 있다.7)

당하시종관은 정3품 당하관 이하의 관원 중에서 왕의 측근을 의미
한다. 그러나 侍從臣에 대한 법제적인 규정은 마련되어 있지 않아
정확한 범주를 알 수는 없으나『燕山君日記』에 司諫院과 司憲府
의 관리들을 侍從之臣이라 기록하고 있는 것으로 보아8) 臺諫들을
지칭하는 것으로 보인다. 臺諫들 이외의 侍從臣으로는 승정원, 홍
문관, 예문관의 注書·玉堂·檢閱 등이 포함된다. 그러나 반드시
암행어사가 당하관의 관원을 대상으로 하고 있지는 않았던 것으로
보인다. 이는『燃藜室記述』에 '만약 堂上官을 파견하면 使라 부른
다'는 기록이 있는 것으로 미루어,9) 파견자가 당상관일 경우에는
'御使' 당하관일 경우에는 '御史'로 표기하였음을 보여주고 있다.

그리고 이들 시종신 가운데 과거급제자들을 주 대상으로하여 암
행어사에 임명하고 있다. 과거에 새로이 급제한 사람들은 수령들
과의 개인적 친분관계가 비교적 적을 뿐만 아니라 대부분이 강직
한 성격을 가지고 있어 암행어사의 직분을 수행하기에는 적격자
들이었던 것이다.10) 물론 암행어사를 임명하는 임명권자는 당연히
국왕이었다. 그러나 암행어사의 선발은 국왕이 직접 하는 경우와
의정부에서 3정승이 합의하여 적합한 자를 선발하는 경우가 있다.
비교적 전자는 암행어사가 처음 파견되기 시작했던 중종대에 자주

---

6)『增補文獻備考』卷 227, 職官考 14, 御史條. "本朝御使 以堂下侍從官
　　特命遣之 號暗行御史"
7)『燃藜室記述』別集 卷 8, 官職典故 御史條. "御史以堂下侍從臣 特遣
　　號暗行御史"
8)『燕山君日記』卷 5, 燕山君 元年 5月 庚戌條. "今者諫院憲府 名爲侍
　　從之臣"
9)『燃藜室記述』別集 卷 8, 官職典故 御史條. "御史若命送堂上官 則稱使"
10) 반드시 과거급제자가 그 대상은 아니었으며, 음서로 인해 관직에 나간
　　사람들 가운데서도 암행어사에 임명되는 사례가 있었다. 그러나 빈도
　　수에 있어서 전자가 압도적으로 많다.

보이며, 후자는 중종 이후 대부분의 암행어사 선발 방법이었다. 의
정부에서 적합자를 선발할 경우 이들 가운데에서 최종 임명하는
권한은 물론 국왕에게 있었다. 이와 같은 자격자들을 중심으로 선
발되어 임명된 암행어사들은 비교적 지방관리들의 감찰기능을 잘
수행하여 조선 후기 국가경영 체제를 유지하는 하나의 수단으로
자리매김 하였다.

그러나 암행어사가 出道하였다고 해서 지방 수령들이 모두 복종
하였던 것은 아니었다. 즉 다음의 <표 Ⅱ-1>에서 보듯이 암행어
사의 권한행사에 대한 수령의 저항현상들이 나타났는가 하면 암행
어사를 사칭하는 사건, 암행어사 자신들의 부정비리 사건 등도 종
종 나타나고 있었던 것이다.

1. 암행어사의 출도와 수령의 저항

지방의 수령들이 암행어사의 출도를 방해함으로서 그의 권한에
정면으로 저항한 유형을 살펴보면 다음과 같다. 중종 20년(1525) 정
월 황해도에 파견되었던 어사 趙宗敬이 올린 보고서에 의하면

> 臣이 강령현에 갔더니 수령이 성문을 닫고 들이지 않으므로 신이
> 성문을 차서 부수게하여 들어가서 불법한 문서를 찾아내어 함봉하
> 여 올려 보냅니다.[11]

라고 하여 암행어사 出道시 康翎의 현감 辛鵬年이 문을 열어 주지
않은 사례가 있었다. 이로 인해 강령의 수령은 拿推되어 형을 받았

---

11)『中宗實錄』卷 52, 中宗 20年 1月 壬午條.

다. 중종 24년 11월에는 강원도 암행어사인 直提學 權輗가 平海郡
에서 출도하였으나, 군수 崔秀珍이 역시 문을 닫고 이에 거부하여
문제가 발생하기도 하였다.12) 또한 중종 31년(1536) 5월 충청도에
파견된 암행어사 金益壽는 庇仁縣에 도착하여 자신이 암행어사의
신분임을 밝혔음에도 불구하고 비인현감 박유가 성문을 열어주지
않아 이틀 동안이나 굶었다. 이에 다시 공주 감영으로 갔으나 이곳
에서도 牧使와 判官이 나와 보지도 않았다는 내용의 보고를 올리
고 있다.13) 이에 공주목사 朴祐와 판관 愼邦輔, 그리고 비인현감
朴榴 등이 나포되어 추고 당하였다.

〈표 II-1〉 암행어사와 관련된 사건과 범죄 양상

번호	년 도	관련자(신분 또는 직책)	사건의 주요내용
1	중종 20 (1525)	辛鵬年(현감)	어사 출도시 성문을 폐쇄하여 저항함
2	중종 24 (1529)	崔秀珍(군수)	〃
3	중종 31 (1536)	朴榴(비인현감)	〃
4	중종 31 (1536)	朴祐(공주목사) 愼邦輔(판관)	어사가 도착하였으나 나와 보지 않음
5	중종 34 (1539)	宋麟(사천현감)	어사가 사천현감에게 門前薄待 당함
6	중종 34 (1539)	張季文 (강릉부사) 李續祖(판관)	어사에게 압수당한 문서를 하인을 시켜 바꿔치기 하고 하인을 도망시킴
7	선조 18 (1585)	金國寶	어사를 사칭하여 고을에서 행패를 부린 사건
8	광해군 4 (1612)	李三龍	어사를 사칭한 사건

12) 『中宗實錄』卷 66, 中宗 24年 11月 庚子條.
13) 『中宗實錄』卷 81, 中宗 31年 5月 甲子條.

번호	년 도	관련자(신분 또는 직책)	사건의 주요내용
9	숙종 13 (1687)	金儁相(京畿道 暗行御史)	암행어사로 파견되어 식량과 뇌물을 받고 수령을 찬양하는 보고를 올렸다가 파직된 사건
10	숙종 38 (1712)	李天栽(良人)	평안도에서 어사를 사칭하여 식사를 대접 받고, 印章을 탈취한 사건
11	영조 31 (1755)	金斗行	고을에서 어사를 사칭한 사건
12	영조 39 (1763)		어사 洪亮漢이 出道 직전 急死한 사건
13	영조 46 (1770)	張翼標(吏人)	울산부에서 어사를 사칭하여 난동을 부리다가 체포된 사건
14	정조 17 (1793)	金鋼, 金尙龍, 鄭重鉉	관서와 삼남지방의 고을에서 암행어사를 사칭한 사건
15	순조 6 (1806)	李元八(關西暗 行御史)	암행어사로 현지에서 뇌물을 받은 사건
16	순조 12 (1812)	兪漢淳(良人)	암행어사를 사칭한 사건. 평안도농민 항쟁 시 서울에서 掛書하여 민심혼란을 주도함
17	순조 22 (1822)		암행어사 임준상이 구토 후 급사한 사건
18	헌종 8 (1842)	崔東燨	암행어사 사칭, 마패위조 사건
19	고종 5 (1868)	朴光福	암행어사 사칭, 효수형
20	고종 21 (1884)		암행어사를 사칭하여 수령을 파직함
21	고종 23 (1886)		암행어사 趙秉老 사망 사건

* 위의 사건들은『조선왕조실록』·『포도청등록』·『우포청등록』등에 기록된 것을 추출하였다.

중종 34년에도 암행어사 李夢亮이 泗川縣에서 현감 宋麟으로부터 문전박대 당하는 수모를 겪기도 하였다.[14] 이러한 수령들의 행위는 왕의 명령을 받고 통치자를 대신하여 임무를 수행하고 있는 자에 대한 정면 도전 행위로밖에 볼 수 없다. 그리하여 중종도 '어사가 고을에 갔는데 그 수령이 문을 닫고 들이지 않았으니 이 일은 事體에 관계된다'[15]고 하면서 우려를 표명함은 물론 해당 수령들을 모두 추국하도록 하였다.

이와 같이 암행어사 출도에 대한 지방관들의 저항현상은 중종 때에 집중되어 나타나고 있다. 이는 비밀리에 신분을 숨기고 지방에 파견되어 관리를 감찰하는 암행어사가 중종 4년부터 실시됨으로 인해 종래의 관리감찰 방법과 상이함에서 오는 결과의 한 현상으로 생각된다. 즉 종래에는 지방에 어사를 파견할 경우 미리 어사의 신상과 파견사실을 알려 감찰준비를 하도록 하였으므로 수령이 거부하는 사례가 발생할 수 없었다. 그러나 중종 이후부터는 어사가 불시에 들이닥쳐 자신의 부정비리를 감찰하고자 하였기 때문에 수령들은 성문을 열어 주지 않고 그 사이에 감찰에 대비하였던 것이 아닌가 생각된다. 중종 이후 지방의 수령관이 암행어사 출도시 정면으로 성문을 열어주지 않으면서 저항했던 사례가 없는 점도 이를 입증해 주는 것이다. 결국 이 같은 현상은 암행어사 제도 실시 초기의 행정의 난맥상에서 나타나는 하나의 범죄 양상이었던 것이다.

수령의 출도 방해 이외에 암행어사가 공무를 수행하는 도중에 서류를 바꿔치기 하거나 어사를 직접 살해하는 경우도 있었다. 즉 중종 34년 10월 강원도에 파견된 어사 宋麒壽는 강릉에 도착하여 감찰을 벌이던 중 압수한 문서 세 건을 책상 위에 놓아두었다가 누

---

14)『中宗實錄』卷 92, 中宗 34年 10月 壬午條.
15)『中宗實錄』卷 52, 中宗 20年 1月 壬午條.

군가에 의해 다른 문서로 바꿔치기 당하였고, 바뀌어진 문서까지도 도둑을 맞아 비리를 적발하는데 실패하는 사례가 발생하였다.[16] 이 사건에 대한 사헌부의 보고에 의하면 강릉부사 張季文과 판관 李纘祖는 불법문서가 어사에게 발각되어 압수 당하자 자신들이 죄를 입을 것이 두려워 서로 모의하여 하인들을 시켜 봉서를 탈취하게 하였으며, 이 사실을 안 어사가 하인들을 추문하려 하였으나 모두 달아나도록 하였다고 진술하고 있다.[17] 이로 인해 해당 수령은 물론 어사 송기수도 문서관리를 소홀히 했다는 명목으로 함께 推考당하였다. 당시의 史臣은 '이때 기강이 해이해져서 올바르지 못한 일을 보고도 괴이하게 여기지 않았다. 어사 송기수는 … 그 역시 습속에 물들어 있었기 때문이다'[18]라고 하여 어사로 파견된 송기수의 자질에 관해 비판적인 의견을 제시하고 있다.

또한 1763년(영조 39) 전라도에 파견된 암행어사 洪亮漢이 泰仁縣에 이르러 아전들의 逋欠을 감찰하고 난 후 出道·按治하려던 중 점심식사 도중에 急死하는 사례가 발생하였고,[19] 1822년(순조 22)에는 암행어사 임준상이 강계부에서 급작스런 구토와 설사로 죽는 사례가 발생하기도 하였다.[20] 이후 1886년(고종 23) 5월 嶺南右道 암행어사 趙秉老가 사망한 사건도 있었다.[21] 이러한 어사의 죽음이 반드시 수령들의 살해로 인한 것이라고 단정하기는 힘들지만, 대부분의 어사가 문과에 급제한자 가운데 당하관으로 젊고 패기 있으며 강직한 인물들로 임명되었던 점과[22] 신분의 비밀유지가

---

16)『中宗實錄』卷 92, 中宗 34年 10月 己卯條.
17)『中宗實錄』卷 92, 中宗 34年 10月 庚辰條.
18) 上同.
19)『英祖實錄』卷 101, 英祖 39年 4月 丙申條.
20)『純祖實錄』卷 25, 純祖 22年 6月 戊辰條.
21)『備邊司謄錄』卷 267, 高宗 23年 5月 17日.
22) 전봉덕, 앞의 논문, 102쪽.

중요했던 암행어사가 실제로는 임명된 후 신분이 알려지는 경우도 많았던 점[23] 등을 감안할 때 살해의 가능성을 완전히 배제할 수는 없을 것이다.

2. 암행어사 사칭 사건의 유형

위의 <표 Ⅱ-1>에서 보듯이 조선시대에 암행어사를 사칭한 사건은 약 10건에 이른다.[24] 다음 장에서 서술할 李天栽事件을 제외하고는 선조 18년(1585) 4월 金國寶 등이 어사를 사칭하면서 고을에서 행패를 부리고 도적들을 탈출시키려 했던 사건이 있고,[25] 광해군 4년(1612) 11월에는 李三龍이 어사를 사칭하였다.[26] 영조 46년(1770)에는 吏人 張翼標가 울산부에서 어사를 사칭하여 난동을 부리다가 체포되었다.[27] 당시의 기록에는

> 장익표를 도배하라고 명하였다. 장익표는 영남의 가난한 백성으로 이웃 마을에서 걸식을 하다가 울산에 이르러서 어사를 사칭하고 객사에 들어가 위협 공갈하였다. 부사가 진짜가 아님을 알고서 옥에 가두고 보고하였다.[28]

---

23) 『肅宗實錄』卷 11, 肅宗 7年 4月 癸巳條 : 『正祖實錄』卷 15, 正祖 7年 6月 戊辰條. 등의 사료에서 숙종과 정조가 암행어사의 신분이 사전에 탄로나는 점의 폐단을 지적하고 있다.
24) 이 수치는 『朝鮮王朝實錄』에 기록된 총 수치로서 중앙에 보고되지 않은 사건이 있을 수 있으므로 최소한 이 수치보다는 많을 것으로 생각된다.
25) 『宣祖實錄』卷 19, 宣祖 18年 7月 戊午條.
26) 『光海君日記』卷 60, 光海君 4年 11月 甲戌條.
27) 『承政院日記』, 英祖 46年 3月 14日.
28) 『英祖實錄』卷 119, 英祖 48年 12月 庚午條.

라고 되어있다. 결국 장익표는 먹고 살기가 힘들어 어사를 사칭하
여 경제적 이익을 도모하다가 체포되었던 것이다. 그는 울산부의
객사에 들어가 어사를 사칭하는 대담성을 보여주기도 하였다.

또한 영조 31년(1755)에는 나주에서 괘서 사건이 발생하여 관련
자들을 문초하는 과정에서 金斗行이라는 자가 마을에서 御史를
사칭하고 다닌 사실이 밝혀져 죽임을 당하였다.[29] 또한 정조 17년
(1739)에도 關西와 三南 지방에서 가짜 암행어사가 출몰하고 있다
는 보고를 받은 정조가 죄인의 신속한 체포를 독려하고 있다.[30] 이
듬해 살인사건을 조사하는 과정에서 이 사건에 연루된 金鋼·金
尙龍·鄭重鉉 등이 어사를 사칭하면서 마을 사람들을 꾀고 위협
한 사실이 발각되었으나 이들은 鞫問 도중 모두가 죽었다.[31] 이들
두 사건은 주모자가 직접 관에 들어가 어사를 사칭하여 수령으로
부터 환대를 받고자 한 것이 아니고 마을 民들과의 접촉 과정에서
어사를 사칭하고 다니면서 민을 협박하고 위협한 것이 주목된다.
결국 이들은 암행어사가 국왕의 권위를 대신한다는 점을 인식하고
이를 이용하여 民을 상대로 한 약탈행위에 어사의 권위를 사칭했
던 것이다.

---

29) 『英祖實錄』 卷 83, 英祖 31年 3月 己丑條.
    李相培, 1992,「英祖朝 尹志掛書事件과 政局의 動向」『韓國史硏究』
    76.
30) 『正祖實錄』 卷 38, 正祖 17年 7月 丁巳條.
31) 이 죄인들이 가칭어사 사건의 진범이 아닐 수도 있다. 즉 가짜어사가
    출몰하고 있다는 보고를 받은 정조가 죄인의 체포를 촉구하는 한편 숨
    기고 있다가 다른 일로 발각될 경우 해당 감사와 수령을 重刑에 처한
    다는 전교를 내리고 있는 점과 사건의 중대성에 비추어 용의자의 심문
    에 주의를 기울여야 함에도 불구하고 관련자 3명이 한결같이 심문 도
    중에 일찍 죽은 점 등이 이러한 의구심을 갖게 하기에 충분하다(『正祖
    實錄』 卷 41, 正祖 18年 9月 壬辰條.

순조 12년(1812)에도 괘서 사건의 주모자로 체포된 죄인이 어사를 사칭하고 다닌 사실이 뒤늦게 밝혀지기도 했다. 당시에 체포된 兪漢淳은 永柔사람으로서 서울과 시골을 자주 왕래하면서 뚜렷한 정착지를 정하지 않고 여러 지역을 떠돌아다니면서 암행어사를 사칭하는 등 무뢰배짓을 하다가 체포되어 白翎鎭에 充軍되었던 자이다. 그는 평안도 농민항쟁군의 주역가운데 한 사람인 金士龍의 지시를 받고 서울의 動靜과 官軍의 소식을 정탐하여 보고함은 물론 효과적인 반란군의 진압을 방해하고 나아가 서울지역의 민심혼란을 유도하기 위해 한성부의 南門 기둥과 舊壯營大門에 괘서를 한 자이다.[32] 이 사건은 암행어사를 사칭하면서 돌아다닌 자가 민란의 핵심세력으로 연결되고 있음을 보여주는 사례이기도 하다.

헌종 8년(1842)에는 崔東燡이란 자가 馬牌와 印을 나무로 위조하여 암행어사를 사칭한 사건이 발생하였다. 서울은 다른 지역과 달리 돈만 주면 모든 것을 다 만들 수 있다는 그들의 말에서 알 수 있듯이 손쉽게 마패와 인장을 위조할 수 있었던 사회현상을 보여주고 있다.[33] 그 이후 고종 때는 황해도에서 朴光福이 암행어사를 사칭하다가 체포되어 효수당한 사건이 있었다.[34] 또한 고종 21년(1884)에는 함경도에서는 가짜 암행어사가 나타나 수령의 죄를 따져 파면시키는 사건이 발생하였다. 당시 咸鏡假都事 鄭基雨는 "암행어사의 移文에 文川郡守 吳道泳이 불법을 저지른 일이 많으므로 우선 파출한다고 하였습니다"라는 장계를 조정에 올렸다. 이 보고를 들은 고종은 "함경도에 암행어사를 보내지도 않았는데 어떤 자가 함부로 암행어사를 사칭하여 수령을 논죄하기까지 하는가"라

---

32) 李相培, 1999, 『朝鮮後期 政治와 掛書』, 國學資料院.
33) 『右捕盜廳謄錄』 第2冊, 壬寅 3月 29日, 罪人崔東燡條.
34) 『高宗實錄』 卷 5, 高宗 5年 閏4月 癸丑條.

고 통탄하면서 가짜 암행어사의 공문 형식이 틀렸는데도 살피지 않고 장계를 올린 가도사 정기우를 죄주었다.[35]

한편 암행어사들이 비밀리에 파견되는 것을 계기로 두 사람의 암행어사가 서로를 가짜로 오인하고 체포하려는 사건이 발생하는가 하면[36] 그들 스스로가 부정부패를 저지르는 경우도 나타나고 있다. 암행어사들의 부정부패에 대하여 선조는 다음과 같이 말하고 있다.

> 근래에 어사들이 사람을 가리지 않고 모름지기 암행을 칭하면서 官家를 출입하고, 어울려 술을 마시면서 하인들을 시켜 여기저기서 뇌물을 거두어들이고 있다. 이와 같은데 비록 어사를 파견한다 해도 무슨 이익이 있겠는가.[37]

라고 하면서 암행어사를 파견하여 수령들을 감찰하고자 하는 목적이 그들의 부정부패로 실질적인 효과를 기대할 수 없다는 점을 밝히고 있다. 숙종 13년(1687) 10월에는 경기도에 파견되었던 암행어사 金儁相이 식량과 노자를 받는 등 재물을 거두어들이고 복명 書啓에는 지방의 수령을 찬양하다가 사헌부의 탄핵을 받아 파직되었고,[38] 영조 17년(1741)에는 암행어사가 營吏를 데리고 邑底에 출입히거나[39] 미친 짓을 하다가 비판받는 사례도 있었다.[40] 순조 6년(1806)에도 關西暗行御史 李元八이 뇌물을 받았다는 臺臣들의 탄핵에 의거하여 사실을 조사한 결과 근거가 나타나 형을 당하기도

---

35) 『承政院日記』高宗 21年 7月 9日條.
36) 『正祖實錄』卷 37, 正祖 17年 5月 戊午條.
37) 『宣祖實錄』卷 140, 宣祖 34年 8月 癸巳條.
38) 『肅宗實錄』卷 18, 肅宗 13年 10月 乙亥條.
39) 『英祖實錄』卷 53, 英祖 17年 1月 甲申條.
40) 『純祖實錄』卷 7, 純祖 5年 10月 辛丑條.

하였다.41) 심지어 量田할 때 토지의 結數를 마음대로 높이고 낮추어 장부를 작성하는가 하면42) 암행어사의 보고가 정밀하지 못하다는 이유를 들어 제도 자체의 폐지론까지 대두하는 지경에 이르렀다.

이상에서와 같이 암행어사와 관련된 각종 범죄사건으로는 크게 4가지 형태로 구분할 수 있다.

첫째는 암행어사 출도에 대한 지방관들의 조직적인 저항형태이다. 이러한 사건들로서는 암행어사 출도시 성문을 폐쇄하는가 하면 압수당한 문서를 바꿔치기 또는 탈취하는 등의 사건들이 이에 해당한다. 이러한 유형은 주로 암행어사제도를 본격적으로 시행하기 시작했던 중종대에 집중되어 있는 양상이다.

둘째는 암행어사를 사칭한 사건이다. 이 사건들은 암행어사를 사칭하여 재물을 약탈하거나 사회를 혼란하게 만들 목적에서 나타난 사건으로서 假稱御史의 대상은 民과 官으로 분리되어 나타나고 있다. 즉 주로 고을을 떠돌아다니면서 암행어사라는 소문을 내고 부유한 계층으로부터 재물을 획득하고자 하는 부류와 좀더 대담하게 관청으로 들어가 자신이 암행어사임을 밝히고 이를 무서워하는 관리들로부터 재물을 약탈하는 부류로 나눌 수 있다. 그러나 이들의 공통된 사항은 모두가 통치자를 대신한다는 위상을 가지고 있는 암행어사의 권위를 이용하여 일으킨 사건들이라는 점이다. 나아가 조선 후기 암행어사제도가 완전히 감찰기능으로서 제위치를 차지하면서 지방관리들에게 무서운 존재로 각인된 이후에 일어난 사건의 유형들이기도 하다.

셋째는 암행어사로 파견된 자들이 지방관으로부터 각종 향응과

---

41) 『純祖實錄』 卷 9, 純祖 6年 11月 癸亥條.
42) 『宣祖實錄』 卷 146, 宣祖 40年 2月 丁酉條.

뇌물을 받고 지방관의 비리를 눈감아 주는 사건들이다. 부정부패를 저지른 지방의 관리들이 자신의 비리가 발각될 것을 두려워하여, 또는 지방관의 對民行政 실태를 국왕에게 보고할 때 좋은 점만을 보고할 수 있도록 하기 위한 목적에서 파견된 암행어사에게 금품과 각종 향응을 제공한 것이다.

넷째는 암행어사 急死事件이다. 이 사건은 정확한 진상이 밝혀지지 않아 단정적으로 결론을 내릴 수는 없다. 다만 지방관의 암행어사 살해 가능성을 완전히 배제할 수는 없다는 점이다.

이와 같은 사실들은 조선 후기 지방감찰이라는 특수임무를 띠고 파견되었던 암행어사 제도의 실질적인 운영과정에서 나타난 폐단의 한 유형들이라는 점에서 주목되는 사건들이다.

Ⅲ. 1712년 李天栽 假稱御史事件

1. 사건의 개요

이 사건은 이천재(40세)가 평안도 龍川府에서 암행어사를 사칭하여 각종 향응을 제공받고, 나아가 官馬와 驛馬를 제공받아 印符를 탈취하는 등 소란을 피우고 의주부에서 다시 어사를 사칭하다가 체포된 사건이다. 이천재는 현지의 신문과정에서 '擧大事'를 위해 이 같은 일을 계획하였다는 진술을 하여 중앙에 보고되었다. 조정에서는 이 '擧大事'가 亂과 관련되는 것이라 하여 이에 대한 정확한 眞僞를 파악하기 위해 의금부에 鞫廳을 실시하였다.

숙종 38년(1712) 7월에 평안감사 李濟가 조정에 보고를 하고 이에 근거하여 죄인을 압송, 의금부에서 심문한 결과를 8월 13일 숙종에게 보고하였다. 당시 평안감사 李濟의 보고 내용은 다음과 같다.

> 熙川에 유배되어 있던 죄인 李天栽가 都事 朴徵賓과 사사로이 통하는 길을 도모해 얻어, 龍川府에 와서 사람들을 물리치고 府使 李徵瑞에게 은밀히 말하기를 '나는 곧 새로 과거에 급제한 李獻英으로 注書를 除拜받아 입시하였는데 성상께서 특별히 廉問하도록 명하셨기 때문에 이렇게 암행하게 되었다'고 하므로 이징서는 과연 그 말을 믿고 어사로 대접하여 官馬와 驛馬를 빌려 주기까지 하였습니다. 이천재가 거기에서 彌串鎭에 이르러 첨사의 印을 빼앗았고, 또 楊下鎭으로 가서 印符를 빼앗았습니다. 의주부로 들어가서도 소란을 일으키자 府尹 權業이 괴이하게 여겨 잡아 가두고 엄하게 심문해 보았더니 과연 거짓 어사였습니다.[43]

이 내용대로 한다면 이천재는 자신을 과거에 급제한 李獻英이라 속이고 都事 朴徵賓과의 개인적 친분관계를 빌미로 府使 李徵瑞(31세)에게 접근하였다. 이징서는 그가 암행어사라는 말만을 믿고 아무런 의심없이 극진하게 접대함은 물론 官馬와 驛馬를 내주기까지 하였다. 이천재는 용천부사로부터 극진한 대접을 받은 이후 제공받은 말을 이용하여 彌串鎭과 楊下鎭으로 가 印을 빼앗는 등의 행패를 부리고 나서 의주부에까지 가서 어사를 사칭하다가 의주부윤 權業에게 발각되어 체포된 것이다.

그런데 용천부사 이징서는 어떻게 해서 이천재의 말만 믿고 그를 어사로 인정하였는가 하는 문제가 제기된다. 또한 암행어사라면 당연히 馬牌를 소지하고 있어야 하며, 그에 의거하여 역마를 제공해야 하는데도 이를 확인하지 않고 말을 지급하였다는 점이 의

---

43) 『肅宗實錄』 卷 52, 肅宗 38年 8月 甲子條 ; 『承政院日記』 肅宗 38年 7月 15·20·29日, 8월 1·7~12일.

심스럽다.

　이러한 사안에 대하여 의금부에 압송된 용천부사 이징서는 자신
이 이천재에게 속은 과정을 다음과 같이 진술하고 있다.

　　6월 23일 下吏가 와서 서울의 이진사라 칭하는 양반이 都事와 함
　께 와서 鄕廳에서 기다리고 있다고 하거늘 내가 그를 불러서 거주지
　와 성명을 물은 즉 南小洞에 사는 李獻英이라 하였습니다. 내가 장
　마지고 더운 날씨에 무었하러 遠行을 하는가를 물으니 '이 面의 副
　使가 곧 나와 師弟之間으로 멀리 왔다가 돌아가는 길에 만나지 않을
　수 없어 5월 25일 注書를 임명받아 다음날 경연 중에서 이러한 情理
　로서 진달하니 다행이 榻前에서 휴가를 내려 주시었는데 다른 사람
　은 나의 행선지를 알지 못합니다. 평양에 이르러 都事를 만나니 그
　가 말하기를 네가 비록 注書이나 이미 先文이 없으니 필히 沿路에
　막힘을 당할 염려가 있어 사사로이 李注書라고 써서 넣어 주면서 읍
　을 지날 때에는 수척하게하여 글을 모르는 것 같이 하면서도 진사로
　서 행적을 위엄있게 하는 것이 좋을 것이다고 하면서 도사가 이것을
　지급하여 주었다'고 하였습니다.
　　그의 행동거지와 말을 들으니 자못 수상하였으나 내가 이헌영과
　안면이 없어 달리 시험할 방도가 없었기에 李師尙이 被謫될 때의 일
　과 그에 연좌된 집의 사람들에 관하여 물으니 대답이 구구절절히 符
　合하였습니다. 다른 사람을 아비라하고 스스로 아들이라 칭하는 것
　은 실로 도리에 어긋나는 일일뿐만 아니라 도사와 사사로이 통하는
　까닭에 과연 접대하였고, 또한 청한바대로 옷을 깨끗이 빨아 지급하
　였다. 다음날 그가 머무는 곳에 가서 아야기할 때 그가 먼저 奉命한
　바를 말하지 않고 산속을 돌아나니니 정치기 좋고 간탄스러웠다고
　함으로 내가 그 행동이 의심스러워 奉命의 연유를 물은즉 그가 말하
　기를 '나는 암행어사로 금번 조정의 변은 나라를 세운지 오래된 인
　물들에 의한 것인 즉 수령과 변방의 장군들이 서로 잘알고 통하지
　않음이 없으며 이 모두가 參下官의 逆에서 나온 것이다. 나의 아우
　獻章 또한 南中으로 사사로이 관문을 출입할 수 있는 것을 가지고
　간 것은 명령을 수행하는데 타인으로부터 행적에 의심을 받지 않고
　자 함이다.[44]

44) 『推案及鞫案』 第13卷, 124冊 「罪人李天栽推案」 8월 8일 罪人李徵瑞

결국 이징서는 이천재가 이름을 이헌영으로 가칭하고 과거에 급
제하여 암행어사로 파견되었다는 말에 신분확인을 할 수 없어 간
접적으로 이헌영의 아버지인 李師尙에 관련된 일을 물어 진위여부
를 확인하고자 했던 것이다. 당초부터 이헌영으로 사칭한 이천재
는 이헌영의 집안에 관한 사실들을 잘 알고 있었기 때문에 정확하
게 답변을 제공하였고, 이를 근거로 이징서는 일단 의심을 풀게 되
었던 것이다. 또한 奉命의 내용이 변방을 시찰하는 것이라고 하며
이헌영의 아우 李獻章까지를 거론하자 마패를 확인하지 않고 신분
을 믿었다고 진술하고 있다.

이러한 이징서의 진술과는 달리 이천재는 자신이 어사를 사칭하
게 된 경위는 사실상 이징서의 꾐에 빠져 그의 사주에 의한 것이라
고 무고하고 있다.

> 용천에 가니 이징서가 유혹하기를 '만일 어사라고 거짓으로 칭하
> 고 일대의 고을을 순찰하여 지나가면서 은전과 관곡을 요구해 얻고,
> 또 삼남에서 수십만의 은결을 조사해서 얻어 큰 일을 거행할 때의
> 需用으로 삼되, 내가 바야흐로 다섯고을의 군사를 거느리고 거시하
> 여 나는 병조판서가 되고 자네는 훈련대장이 된다면 어찌 좋지 않겠
> 는가' 하였으므로 과연 어사라고 가칭하며 양하진의 인부를 탈취했
> 는데 일이 긴요하지 않은데 관계되므로 다시 내 주었습니다.[45]

위의 공초 내용에 의거하면 이천재가 암행어사를 사칭한 것은
이징서의 사주를 받아서 한 것이고 실질적인 사건의 주모자는 이
징서라는 결론이 된다. 그러나 이천재의 이 같은 진술은 두 사람을
먼저 대질신문하고, 다음으로 이징서에게 처음 이천재를 안내한

年三十一白等 133~136쪽.
45) 『肅宗實錄』卷 52, 肅宗 38年 8月 甲子條 : 『推案及鞫案』第13卷, 124
   冊「罪人李天栽推案」8월 13일 罪人李天栽更推白等 176쪽.

용천부의 下吏 李鳳岳(23세)을 불러 신문한 후 이들 세 사람을 모두 대질신문하자 거짓으로 드러났다. 이천재는 결국 자신의 최종 진술에서 이징서를 誣告하였다고 털어놓고 있다.

내가 이헌영을 사칭한 일은 다시 할 말이 없고, ‘擧大事’ 세 글자는 국청에서 매번 엄히 신문하였기 때문에 능히 杖을 참지 못하고 근거없이 지적한 것입니다. 이징서를 끌어들인 것도 의주에서 처음 국문을 받을 때에 매를 이기지 못해 ‘擧大事’ 세글자를 망령되게 納招하였습니다. 李徵瑞와 의논한 일이라고 말한 것은 어사를 칭하여 酬酌할 때를 말하는 것이며, 어사를 사칭하라는 것은 함께 실로 논의한 바가 없습니다. 어사로써 풍속을 규찰한다는 일이 징서의 입에서 나왔다는 것과 어사를 칭호한 근본이 용천부에서 나왔던 까닭은 嚴問之下에 지시한 바가 없는데도 징서가 지시했다고 고한 것입니다. 금군이 장차 5읍의 군사를 거느리고 서울로 가서 징서는 병판이 되고 나는 훈련대장이 된다는 등의 말도 모두 誣罔한 것이며, 西路에 은전과 곡물을 얻어 수합한 즉 국가에 공을 세우는 것과 같으며, 삼남지방의 隱結은 가칭어사가 조사할 문제가 아니나 무릇 은결을 만약 조사하여 얻을 수 있다면 또한 국가에 공을 세우는 것이니 징서와 더불어 수작하였을 때 이같이 말하였을 뿐이다. 擧事할 때 사용한다는 말은 매를 이기지 못하고 誣罔하게 납초한 말이며 아울러 誣告한 것이 확실하다.[46]

이와 같은 이천재의 최후진술로 인하여 사건은 그의 단독범행으로 마무리되었다. 결국 그는 亂言犯上情理切害의 율을 적용 받아 참형에 처해졌고, 이징서는 비록 그에게 속아서 한 일이기는 하지만 지방관으로서 가짜어사에게 향응을 제공함은 물론 官馬와 驛馬 등을 내어준 죄로 유배형을 받았다.[47]

46)『推案及鞫案』第13卷, 124冊「罪人李天栽推案」8월 13일 罪人李天栽 結案 178~179쪽.
47) 위의 책, 180~181쪽 ;『肅宗實錄』卷 52, 肅宗 38年 8月 甲子條.

2. 사건의 성격과 의미

이 사건의 역사적 성격을 파악하기 위해서는 먼저 사건의 핵심 인물인 이천재의 신분적 성향과 어사를 사칭한 근본적인 목적, 그가 사칭한 이헌영이라는 인물의 실존여부, 암행어사 파견에 대한 지방 民·官들의 반응 등을 살펴볼 필요가 있다. 이천재의 신분이나 성향을 알 수 있는 직접적인 자료는 다음의 結案을 통해 알 수 있다.

> 나의 근본은 아버지는 將仕郎 文郁으로 생존해 계시며, 할아버지는 忠義衛 誠敏으로 돌아가셨다. 어머니는 金씨로 돌아가셨고, 외할아버지는 兼司僕 鍊으로 돌아가셨다. 부모는 忠淸道 靑山태생으로 부모와 함께 성장하였다.[48]

위에서 보듯이 이천재는 충청도 청산에 살던 자로서 아버지 李文郁은 문산계의 종9품인 將仕郎으로 당시까지 생존해 있던 인물이며, 할아버지와 외할아버지는 모두가 忠義衛와 兼司僕에 소속되어 있던 무인이었다. 이러한 가족의 구성으로 볼 때 비록 그의 집안이 뚜렷한 가문을 가지고 있으면서 세도가 있는 정부 고위계층의 양반은 아니라 하더라도 당시 조정의 정치적 동향 정도는 충분히 인지하고 있을 뿐만 아니라 기본적인 학식도 갖추고 있었을 것으로 보인다. 당시 40세가 되도록 벼슬을 하지 못한 이천재는 자신

---

48) 『推案及鞫案』第13卷, 124冊「罪人李天栽推案」8월 13일 罪人李天栽 結案 178쪽. "矣身根脚段 父將仕郎文郁生存 父矣父忠義衛誠敏故 母金氏故 母矣父兼司僕鍊故 父母以胎生於忠淸道靑山地 父母長養居生於靑山地爲白如乎"

이 알고 있는 정치적 동향을 이용하여 비교적 정보의 교류가 늦은 평안도로 가서 어사를 사칭하였던 것이다.

그러한 그가 암행어사를 사칭하면서 다닌 근본적인 목적은 어디에 있었는가. 이는 그가 진술하였듯이 진정 난을 도모하기 위한 자금을 마련하기 위해서 취한 행동은 아니었던 것으로 생각된다. 그것은 그의 최종 진술에서 난을 도모하기 위한 자금을 마련하고자 했다는 것 자체를 杖이 무서워 허위로 진술하였다고 말하고 고,49) 그와 공모한 자가 나타나지 않는 것으로 보아 충분히 알 수 있다.

그러나 보다 구체적인 진술이 없어 상세한 것은 알 수 없으나 기록되어 있는 진술을 토대로 추론해 본다면 경제적 요인에 근본 목적이 있지 않았나 생각된다. 그는 이징서를 끌어들이기는 했으나 기본적으로 암행어사를 사칭하면 銀錢과 官穀을 모을 수 있다는 생각을 가지고 있었기 때문에50) 여러 고을을 순찰하면서 이러한 목적을 달성하고자 했던 것으로 보인다. 진정 그가 군사적인 목적이 있었다면 자신 이외에 수많은 공모자가 있어야 가능한 일이며, 정치적인 목적이 있었다면 적어도 그 자신이 정치세력의 한 축에 소속되어 있으면서 암행어사 사칭의 동기부여가 있어야 하기 때문이다. 그 외에 사회적으로 혼란을 불러일으키기 위한 조치였다면 정부나 사회에 대한 불만의 요소가 신문 과정에서 표출되었어야 가능하다. 그러나 이와 같은 요소를 찾을 수가 없어 결국에는 경제적 요인이 결정적인 동기가 아니었나 생각된다.

이천재는 소정의 목적을 달성하기 위해 조정의 상황을 상세히

---

49) 위의 책, 180쪽. "至於擧事時需用云者 不能忍杖果爲誣罔納招是白如乎"
50) 『推案及鞫案』第13卷, 124冊「罪人李天栽推案」8월 13일 罪人李天栽更推白等 176쪽. "罪人李天栽更推白等 矣身承服招內 矣身則假稱御史 鳩得銀錢及官穀"

파악하고 있었다. 즉 그가 사칭했던 李獻英은 실제 인물이고, 용천
부사 李徵瑞가 李師尙에 얽힌 사안을 물었을 때 정확하게 답한 점
으로 미루어 가히 알 수 있다.

이천재가 사칭한 李獻英은 숙종 38년 2월 25일 庭試에서 乙科에
4등으로 합격한 인물이며, 같은 시험에서 동생 李獻章도 丙科에
급제하였다.51) 이들은 少論 李師尙의 아들로서 둘이 동시에 과거
시험에 합격하였고, 이 사실을 정확하게 알고 있었던 이천재가 이
들 중에 형인 이헌영이라 칭하고 동생도 함께 암행어사를 사칭하
는데 이용하였던 것이다. 이들이 과거에 합격한 것이 2월 25일이
고, 이천재가 평안도 용천부에서 암행어사를 사칭하고 의주에서
체포되어 평안감사 李濟가 보고한 것이 7월이므로 적어도 5~7월
사이에 평안도에 가서 어사를 사칭하고 다닌 것이다.

그러면 당시 이헌영은 실제로 무엇을 하고 있었는가. 그는 과거
시험에 합격하고 난 이후 注書로 임명되었으나 부정합격자로 지목
되어 6월 25일 형조판서 黃欽의 탄핵을 받아52) 체포되어 의금부로
압송되었다. 이들은 과거시험장에서 이헌영이 미처 자신의 답안지
를 채우지 못하자 동생 이헌장이 대신 써주고 나서 다시 자신의 답
안지를 작성하여 제출함으로써 동일한 필체로 작성하였다는 것이
문제되었다. 그들은 공초에서 사실을 인정하였으며, 다만 부정을
저지르기 위해 미리 답지를 지어가지고 과장에 들어간 것은 아니
라고 항변하고 있다.53)

당시의 조정은 노론과 소론 사이에 첨예한 갈등의 대립이 지속
되고 있어 이들의 과거시험 부정은 영조대까지 지속적인 문제점을

---

51)『國朝文科榜目』卷 13, 肅宗朝 壬辰庭試榜.
52)『肅宗實錄』卷 51, 肅宗 38年 6月 丁丑條.
53)『肅宗實錄』卷 51, 肅宗 38年 7月 丙戌條.

표출시키고 있다. 급기야는 사헌부에서 장령 鄭必東이 이들의 합
격을 취소시키자는 상소를 올렸고,[54] 승지 李世最는 이헌영 형제
와 당시의 시험관이었던 李墩과의 사이에 '鸞'자를 암호로하여 이
들을 합격시켰다고 주장하면서 당론의 폐단이라고 주장하고 있
다.[55] 이후 이들의 합격을 취소하라는 상소가 계속되자[56] 숙종은
覆試를 시행하여 시험을 치르도록 하였다.[57] 그러나 이들이 시험
에 응시하지 않아 결국 科榜에서 삭제되었다.[58] 경종대에 이르러
서는 소론이 정권을 장악하자 다시 復科되었다가,[59] 영조가 즉위
한 이후 노론의 주장에 따라 다시 과거에서 삭제되는 과정을 거쳤
다.[60] 이러한 과정은 숙종대 이후 노론과 소론의 정치적 대결 속에
서 빚어진 결과이다. 이사상은 소론의 급진계열로서 대사간에 올
랐던 인물이며, 경종대의 신임옥사 때 노론 4대신의 치죄를 앞장서
주장한 인물이기 때문에[61] 이헌영 형제의 과거 합격 여부가 권력
의 향배에 따라 부침했던 것이다.

결국 이천재는 이헌영이 과거시험 부정사건에 연루되어 의금부
에서 곤욕을 치르는 사이에 평안도에 나타나 이헌영 행세를 하면
서 암행어사를 사칭하였던 것이다. 그리고 용천부에서는 이헌영
형제가 과거에 합격하였다는 것은 알고 있었으나 부사 이징서가

---

54) 『肅宗實錄』 卷 52, 肅宗 38年 11月 癸卯條.
55) 『肅宗實錄』 卷 52, 肅宗 38年 12月 辛亥條.
56) 『肅宗實錄』 卷 53, 肅宗 39年 3月 乙巳條 : 『肅宗實錄』 卷 54 肅宗 39
　　年 5月 甲子條 : 『肅宗實錄』 卷 56, 肅宗 41年 12月 壬申條 : 『肅宗實
　　錄』 卷 58 肅宗 42年 7月 辛巳條 : 『肅宗實錄』 卷 58, 肅宗 42年 10月
　　甲寅條.
57) 『肅宗實錄』 卷 58, 肅宗 42年 11月 丙戌條.
58) 『肅宗實錄』 卷 62, 肅宗 44年 8月 己由條.
59) 『景宗實錄』 卷 11, 景宗 3年 1月 己由條.
60) 『英祖實錄』 卷 4, 英祖 1年 3月 甲子條.
61) 李相培, 1999, 『朝鮮後期 政治와 掛書』, 국학자료원, 99〜102쪽 참조.

이헌영과 안면이 없어 얼굴을 모르고 있었기 때문에 확인할 길이 없었고, 나아가 이헌영 형제가 실제로 의금부에 체포되어 국문을 받고 있는 사실은 전혀 몰랐던 것이다. 따라서 부사 이징서로서는 이헌영의 아버지인 李師尙과 연관된 일들을 몇 가지 물어 보았고, 이에 대하여 이천재가 정확하게 대답하자 더 이상 의심하지 않았던 것이다. 그 이후에도 이천재가 숙종의 명을 받아 평안도에까지 온 이유를 말하지 않는 것을 의아하게 생각하였으나 실제적으로 마패를 확인하는 등의 조치를 취하지는 않았던 것이다.

이와 같이 용천부사 이징서는 이천재가 주장하는 말만을 근거로 하여 실질적인 신분 확인을 하지 않은 상태로 그를 암행어사로 믿고 각종 향응과 말을 빌려주어 보냈던 것이고, 이천재는 이에 용기를 얻어 의주까지 가서 다시 한차례 암행어사를 사칭하다가 의주 부윤에게 발각되어 압송된 것이다.

이 사건에서 알 수 있는 것은 일부 지방 행정관리들이 중앙의 정치흐름을 정확하게 인식하고있지 못했다는 점이다. 그 결과 왕의 특명을 받고 비밀리에 파견된 암행어사라는 말에 속아서 행정적 확인 절차를 거치지 않은 채 믿어 버렸던 것이다. 이는 곧 조선시대 중앙과 지방관청 사이에 신속한 정보의 왕래가 없었기 때문에 발생한 지방 행정제도의 단점으로 지적될 수 있는 것이다. 다음으로는 암행어사제도를 운용하는 과정에서 그 임무의 성격상 비밀리에 파견되는 것이 원칙이었기 때문에 이와 같은 가칭어사 사건이 발발할 수 있는 소지를 충분히 안고 있었다고 할 것이다.

조선 후기 암행어사가 파견될 경우 지방사회에서 어떠한 반응을 보이고 있는지는 『星湖僿說』에 잘 나타나 있다.

혹 암행어사가 돈다는 소문을 들으면 큰 고을 작은 고을 할 것 없이 모두 두려워서 벌벌 떨고, 시골의 豪富한 무리들도 모두 숨기에 여가가 없으니 비록 貪贓하고 교활한 관리라도 마침내는 벗어난다. 그러나 한 시대를 진작시키는 것은 御史만한 것이 없다.62)

이러한 향촌사회 民·官의 암행어사에 대한 인식 속에서 용천 부사 이징서가 암행어사를 사칭한 이천재에게 정확한 신분확인을 하지 못한 채 속은 연유를 가히 인지할 수 있다. 암행어사 파견에 따른 지방사회의 동요는 그의 권한이 막강하였기 때문이기도 하지만 국왕의 특명에 의한 것이었기 때문에 상징성이 보다 강하였다. 따라서 조선 초기 지방의 행정을 감찰하기 위해 어사를 파견할 경우에는 반드시 먼저 해당 행정관서에 어사파견 사실을 통보하여 미리 준비를 취하게 함으로서 이와 같은 가칭어사 사건이 일어나지 않았으나, 조선 중기 암행을 목적으로 어사를 파견하기 시작한 이후에는 가칭어사 사건이 종종 나타나고 있다. 결국 어사를 사칭하는 자들은 어사라는 것의 상징성과, 사회적 반응을 교묘히 이용하여 지방관리들을 속이고자 하였던 것이다. 이는 곧 암행어사제도의 부정적인 한 단면을 보여주고 있는 것이다.

나아가 조선 후기의 암행어사와 관련된 범죄 양상이 처음에는 어사에 대한 행정적 저항형태로서 나타나던 것이 중종 이후로는 완전히 암행어사의 권위에 눌려 감히 저항하려는 자세는 없어지고, 그 권위를 이용한 새로운 범죄상으로서 가칭어사 사건이 나타났던 것이다. 이러한 사실은 조선시대 암행어사제도가 16세기 말 이후 그 권위를 확보하면서 감찰제도의 한 면을 확고하게 자리매김하고 있었음을 보여준다 할 것이다.

---

62) 『星湖僿說』 卷 8, 人事門 暗行御史條. "或聞暗行之聲 則大郡小邑莫不震恐惕息. 委巷武斷亦悉斂避之不暇 雖曰贓猾終亦自脫 然其一時振刷莫御史若也"

Ⅳ. 맺음말

이상으로 조선시대 암행어사의 파견에 따른 각종 사건과 암행어사제도와 관련되어 나타난 사건들을 가칭어사 사건을 중심으로 살펴보았다. 간략하게 요약하는 것으로 결론을 대신한다.

조선시대 암행어사와 관련된 각종 범죄사건으로는 크게 4가지 형태로 구분할 수 있다. 첫째는 암행어사 출도시 성문을 폐쇄하여 거부하거나 압수된 문서를 바꿔치기 하는 등 지방관들의 조직적인 저항형태로서 나타난 사건이며, 둘째는 암행어사를 사칭하여 고을과 관아에서 재물을 약탈해가는 사건이다. 셋째는 암행어사로 파견된 자들이 지방관으로부터 각종 향응과 뇌물을 받고 지방관의 비리를 눈감아 주는 사건이며, 넷째는 암행어사 急死事件이다.

假稱御史事件의 경우 대상은 民과 官으로 분리되어 나타나고 있다. 즉 주로 고을을 떠돌아 다니면서 암행어사라는 소문을 내고 부유한 계층으로부터 재물을 획득하고자 하는 부류와 좀더 대담하게 관청으로 들어가 자신이 암행어사임을 밝히고, 어사로서의 상징성을 바탕으로 자신의 비리가 드러날 것을 두려워하는 관리들에게서 재물을 약탈하는 부류로 나눌 수 있다. 그러나 이들의 공통된 사항은 모두가 통치자를 대신한다는 위상을 가지고 있는 암행어사의 권위를 이용하여 일으킨 사건들이라는 점이다. 나아가 조선 후기 암행어사제도가 완전히 감찰기능으로서 제위치를 차지하면서 지방관리들에게 무서운 존재로 각인된 이후에 일어난 사건의 유형들이기도 하다.

숙종 38년(1712)의 李天栽假稱御史事件은 충청도 靑山에 살고

있던 이천재가 그 해 2월의 25일 庭試에서 소론 李師尙의 아들인 李獻英·李獻章 형제의 과거급제 사실을 알고 평안도 龍川府로 가서 府使 李徵瑞를 만나 스스로를 이헌영이라 사칭하고 과거에 급제하여 注書를 임명 받은 후 암행어사에 임명되어 변방을 살피기 위해 왔다고 속였다. 이에 부사 이징서는 암행어사라는 말에 마패를 확인하지 않고 단지 이헌영의 아버지인 이사상에 관한 질문으로 그의 신분을 확인하고자 하였다. 이에 정확하게 답변하자 그대로 믿어 각종 향응을 제공함은 물론 官馬와 驛馬를 내어 주어 이천재로 하여금 彌串鎭과 楊下鎭에서 약탈을 하고 의주부에 이르도록 하였다. 그러나 의주부에서 府尹 權業에게 신분이 발각되어 체포, 압송되었다. 의금부에서 죄인을 신문한 결과 단독범행으로 밝혀져 이천재는 斬刑을 당하고 이징서는 유배되었다.

이 사건은 조선 후기 암행어사제도가 감찰기능을 가진 제도로서 정착되어 가는 과정에서 발생한 사건으로서 모두 7건 정도의 가칭어사 사건이 나타나는 가운데 비교적 사료가 일부 남아 있어 이를 분석하였다. 이천재는 자신의 아버지가 종9품인 문산계 將仕郎으로 비록 정치세력을 가지고 있는 집안은 아니지만 당시의 정치동향을 정확하게 파악하고 있던 인물로서 이를 이용하여 변방지역으로 가 이사를 사칭하였던 것이다. 그가 어사를 사칭한 근본적인 목적은 銀錢과 穀食을 모으고자 하였고, 이를 이용하여 새로운 세력을 형성하고자 했던 것은 아니었다. 결국 경제적 목적에서 어사를 사칭하였던 것이고, 의외로 용천부사 이징서가 속아넘어가자 의주부에까지 가서 암행어사를 사칭하였던 것이다.

결국 조선시대 암행어사와 관련되어 발생한 각종 사건과 가칭어사 사건의 분석을 토대로 볼 때 암행어사제도가 지방관들에게 강력한 감찰기능을 수행하는 제도로 정착되기 시작한 것은 16세기 말경으로 생각된다. 즉 사건의 유형들 가운데 지방관들이 암행어사에게 저항하는 유형은 암행어사를 파견하기 시작한 16세기 중반의 중종대에 집중되어 있는 양상을 보이고 있고, 16세기 말 이후로 올수록 암행어사에 대한 저항보다는 암행어사의 권위를 이용한 假稱御史事件이 많이 나타나고 있다. 이는 16세기 말 이후부터 암행어사제도가 지방관을 감찰하는 제도로서 뿌리내리기 시작했음을 보여주고 있는 것이라 할 수 있다. 따라서 조선 전기의 일반어사제도와는 달리 비밀리에 파견되는 암행어사의 기능이 더욱 강화되어 갔으며, 이러한 기능과 권위를 이용하여 나타난 범죄양상이 가칭어사 사건으로 나타났던 것이다.

제2장

歌詞事件을 통해 본 民의
意識變化

Ⅰ. 머리말

훈신을 얻어 마음이 일치하니 나라를 편안하게 하였도다
임금과 신하가 함께 늙으니 오늘에 모이게 되었노나
莒에 있었을 때를 잊지 않으니 장차 반석처럼 튼튼하리라[1]

위의 내용은 영조가 1728년의 戊申亂 때 공을 세운 吳光運과 洪
景輔의 손자와 아들들을 소견한 자리에서 옛날을 회고하며 직접
지은 歌詞이다. 이와 같이 위로는 국왕에서부터 아래로는 서민들

---

1) 『英祖實錄』卷 81, 英祖 30年 6月 庚戌條. "遂親製歌詞曰 得勳契合兮
寧邦國 君臣俱老兮會此日 毋忘在莒兮將磐石"

과 노비에 이르기까지 모든 계층이 읊조리곤 하던 노래의 한 갈래
인 가사는 사설 길이가 일정하지 않으며 고정된 가락이 존재하는
것도 아니다. 그런데 그 가사의 내용에는 서민들의 애환과 서정적
인 묘사도 있지만 그들이 살아가는 현 시대의 잘못된 점을 질책하
거나 개인의 비리를 비판하는 내용도 종종 나타나 사회문제화 되
기도 하였다. 따라서 그 내용이나 형식 등도 매우 다양하게 나타나
고 있다.

　본 논문에서는 가사의 다양한 형태와 내용 가운데 국문학적 요
소를 연구하고자 하는 것이 아니다. 역사적 관점에서 가사의 형식
을 이용하여 정치나 사회적 문제에 대하여 자신들의 비판적 의식
을 표출함으로써 사회적 문제화 된 것을 중점적으로 살펴봄으로써
조선시대 가사가 가지고 있었던 역사적 가치의 한 단면을 알아보
고자 한다. 그러나 조선시대 서민들 사이에서 읊조려지던 가사의
내용이나 형식이 모두 남아있지 않기 때문에 그 역사성을 정확하
게 파악한다는 것은 매우 힘든 작업이다. 뿐만 아니라 정치사회적
으로 문제화된 가사의 내용이나 전파형태 및 가사의 역사성 등을
밝힌 논고도 전혀 없는 실정이다.[2]

　이에 본 논고에서는 조선시대 가사를 이용하여 정부나 사회를
비판한 사건들을 살펴보고자 한다. 특히 순조 4년(1804) 정부를 비
방하는 내용의 가사를 유포하여 민심을 혼란하게 하고, 나아가 반
란을 도모하다가 체포된 李達宇歌詞事件을 분석하고자 한다. 이를
통하여 가사의 전파과정 및 그 효과와 가사의 내용, 그리고 이 가
사를 지은 사람의 의식수준과 비판의식 등을 살펴보는 것이 본 논
문의 연구목적이다. 이를 위한 기초사료로서 이달우를 비롯한 사

---

2) 歌詞에 관한 연구가 국문학 분야에서는 활발하게 이루어져 있으나 역
　사학 쪽에서는 관련 논문이 없는 실정이다.

건에 연관된 사람들을 의금부에서 재판한『推案及鞫案』의 공초기
록을 근간으로 분석하였다.

Ⅱ. 조선시대 가사를 이용한
정치사회 비판

　조선시대의 歌詞는 국왕이나 왕실 가족의 탄생일,[3] 역대 祖宗의
업적을 축하하는 자리, 국왕의 성덕을 칭송하는 자리[4] 등 국가의
경축스러운 날 공식적으로 불리워지기도 했다. 그러나 가사를 통
해 사회의 어두운 면을 노래한 것도 있었으며,[5] 남녀의 사랑이야
기나 불교에 관한 내용을 담은 가사도 존재했었다. 이들 가운데 남
녀의 사랑이야기는 음란한 내용을 담고 있다고 하여 국가에서 폐
지를 다행하기도 하였고, 불교에 관한 가사는 유교를 통치이념으
로 하는 조선사회의 유학자들로부터 배척받기도 하였다.[6]
　조선시대의 가사 가운데 정부나 사회를 비판하는 내용으로 가장

---

3)『世祖實錄』卷 34, 世祖 10年 9月 甲戌條.
4)『世宗實錄』卷 6, 世宗 1年 12月 丙申條.
5)『世宗實錄』卷 45, 世宗 11年 7月 壬戌條. 이 때의 가사는 조선에서 명
　나라 조정에 進獻할 唱歌女 8인, 執饌女 11인, 火者 6인을 궁으로 불러
　세종이 직접 음식을 하사하는 자리에서 읊어진 노래이다. 당시 명나라
　에 가기를 꺼리는 이들이 국왕 앞에서 가사를 지어 불렀는데 그 내용
　이 이번에 가면 다시 오지 못한다는 뜻으로 몹시 처량하고 원망스러웠
　으므로, 임금이 슬프게 여기었다고 기록하고 있다.
6)『中宗實錄』卷 29, 中宗 12年 8月 癸酉條.

빠른 기록은 인조 3년 거리에 떠돌던 가사이다. 그 가사의 내용은
다음과 같다.

> 아, 너희 훈신들아
> 스스로 뽐내지 말라
> 그의 집에 살면서
> 그의 전토를 점유하고
> 그의 말을 타며
> 그의 일을 행한다면
> 너희들과 그 사람이
> 다를 게 뭐가 있나[7]

이 가사는 인조반정으로 정권을 장악한 정부의 관료들을 비판하
는 내용임을 한 눈에 파악할 수 있다. 광해군 때의 부정한 관리들
을 몰아내고, 그들이 소유하던 재산을 반정공신들이 차지하면서
종래의 관료들과 똑같은 행세를 하는 것을 비판한 것이다. 이러한
노래가 民들 사이에 널리 확산되고 있었다는 것은 당시의 백성들
이 인조반정 이후 기대했던 개혁정책에 대해 만족하지 못했음을
표현하고 있는 것이다.

이후 가사를 이용하여 정치사회적으로 여론을 조성함으로써 자
신의 목적을 달성하고자 했던 사건가운데 주목할 만한 것은 경종
2년(1722) 壬寅獄事의 계기가 된 睦虎龍告變事件이 있다. 이 사건
은 당시 老論과 少論 사이에서의 정권쟁탈전 과정에서 발생한 것
이다. 즉 당시 南人인 목호룡은 노론의 金龍澤·李天紀·沈相
吉·金省行·李器之·李喜之 등이 경종을 제거하고 왕위를 찬탈
하고자 계획하고 있다고 고변하였다. 그 구체적인 방법으로서 이
른바 三急手를 계획하고 있었다고 주장하였다. 삼급수라함은 大急

---

7) 『仁祖實錄』 卷 9, 仁祖 3年 6月 乙未條.

手·小急手·平地手를 의미하는 것으로 대급수는 사람이 몰래 칼을 품고 궁궐에 침입하여 경종을 시해하려는 것이고, 소급수는 독약을 이용하여 궁녀로 하여금 왕을 독살시키는 것이며, 평지수는 숙종의 전위를 위조하여 경종을 폐출시킨다는 것을 의미한다.8)

이 가운데 평지수는 諺文으로된 가사를 지어 이를 궁중에 배포하여 여론을 조성한다는 계획도 포함되어 있었다. 즉 당시 목호룡은 고변서에 다음과 같이 적고 있다.

　　　이른바 평지수는 폐출을 모의하는 것으로서 이희지가 언문으로 가사를 지어 궁중에 유입시키려 하였는데 모두 성궁을 무고하고 헐뜯는 말이었습니다.9)

이 기록을 통하여 당시에 가사는 궁중의 아녀자들이 잘 보고 외울 수 있도록 형식이 언문으로 작성되어 있음을 알 수 있으며, 나아가 그 내용은 경종을 헐뜯는 것으로 여론을 경종에게 불리하게 만들고자 하였음을 보여주고 있다. 또한 李喜之와 목호룡의 대질신문 과정에서 목호룡은

　　　언문으로 된 가사를 지어 대궐에 유입시켜 요동시킬 계획으로 삼고자 하는데 등서를 끝내지 못하였다. … 남인을 욕하고 헐뜯는 말이 아님이 없었으며, 은연중에 聖上을 요동시기기를 꾀힌 말이 있었다. 내가 그 가사를 백망에게 전해 주었다.10)

라고 하여 가사를 지은 자가 이희지 임을 밝혔고, 나아가 가사의 유포방법으로서 그 내용을 등서하여 배포하는 방법을 채택하였음

---

8) 李相培, 1999,『朝鮮後期 政治와 掛書』, 國學資料院, 100쪽.
9)『景宗實錄』卷 6, 景宗 2年 3月 壬子條.
10)『景宗實錄』卷 7, 景宗 2年 4月 辛未條.

을 진술하였다.

이상에서와 같이 목호룡의 고변사건에 나타나고 있는 가사는 정치적 목적으로 그 내용이 정부의 대신들과 국왕을 헐뜯는 것이며, 언문으로 작성하여 한자를 모르는 사람들에게 신속하게 전파되도록 하였고, 사람과 사람을 통한 전파보다는 가사를 등서하여 여러 곳에 동시다발적으로 배포하는 방법을 구사하고 있음을 알 수 있다.

한편 영조 15년(1739) 전라도 淸安에 사는 盧光錫이 나라를 원망하는 내용의 가사를 지어 고을에 전파하였다가 체포되는 사건이 발생하였다. 당시 호서 안핵사 南泰良은 죄인을 체포하여 서울로 압송하고, 영조가 親鞫을 단행하여 사형에 처해졌다. 영조가 안핵사 남태량을 만나는 자리에서 고을의 인심과 풍속을 물으니 남태량은 '淸安은 인심이 고약하여 조금이라도 불만이 있으면 가사로 헐뜯는 것이 그 본래의 버릇입니다'라고 보고하고 있다.[11] 이는 당시 民들이 정부에 대한 불만이 있을 경우 종종 가사를 지어 읊조리면서 조정을 비판하고 있었음을 단적으로 표현하고 있는 것이다.

이 사건은 청안에 살고 있는 楊始搏이 같은 고을의 楊就道를 不道한 사람이라고 고발함에 따라 양취도가 체포되어 형벌을 받았다. 그 후 양취도를 추종하는 무리들이 양시박에게 보복을 가하고자 그를 비방하는 내용의 가사를 지어 유포하고 나아가 살해하여 암매장하였다.[12] 그러나 이 살인사건이 발각되어 관련자 전원이 체포되었고, 그 가운데 가사를 지어 유포한 노광석도 체포되었다. 노광석이 서울로 압송된 후 영조는 비변사의 당상관들을 불러 모아놓고 가사의 내용을 승지에게 읽게 명하였다. 당시에 참석한 관

---

11)『英祖實錄』卷 50, 英祖 15年 10月 辛巳條.
12)『英祖實錄』卷 50, 英祖 15年 8月 乙酉條.

리들은 '가사 가운데 一楊靑靑 등의 말이 있는데 양시박을 비웃는
듯하지만 모두 나라를 원망하는 부도한 말이다'고 주장하면서 訊
問할 것을 제의하였다.13) 이에 영조가 金商門에 나아가 盧光錫·
張翼虎 등 7명을 친국하였다. 이 친국의 자리에서 영조가 노광석
을 신문한 내용을 통해 대략 그 가사의 내용을 유추할 수 있다.

> 역적을 감싸는 것도 역적이다. 양취도의 극악은 무신년에도 없었
> 던 것인데 왕법이 이미 밝혀진 뒤에 네가 하찮은 시골의 개미나 이
> 같은 무리로서 역적을 감쌀 뿐만 아니라 여러 가사에 올려 시골의
> 농부나 목동이 모두 다 외우게 하니 네 마음은 양취도가 고한 것보
> 다 더 심하다. 양시박이 붕당에 무슨 관계가 있는가? 그런데도 偏論
> 의 시비를 가리지 않는다 한 것은 대체 무슨 뜻인가? 下施라 한것은
> 무슨 마음인가? 당론이 아울러 일어나서 다툼을 서로 준비한다 한
> 것은 아 또한 음참하다. 그 밖에 서로 섞여 혼탁하다고 임금을 헐뜯
> 은 것이 또한 그 斷案인데 마지막에 非法으로 억울하게 죽었다고 말
> 한 것은 더욱이 매우 놀랍다.14)

위의 기록을 통해서 가사의 내용에 관해 정리하면 첫째로 영조
대 지속되어 오던 노론과 소론간의 政爭을 비판하고 있으며, 둘째
로는 죄인의 형벌이 올바르지 못하게 행사되고 있다는 점을 언급
하고 있고, 셋째로는 궁극적으로 영조의 정치력에 대한 비판을 담
고 있음을 알 수 있다. 이로 인해 살인사건으로부터 출발한 이 사
건은 오히려 가사에 관한 문제가 더욱 부각되어 가사를 지어 유포
한 노광석만이 그 자리에서 참형에 처해지고 나머지 사람들은 다
시 의금부로 압송되고 친국은 끝이 났다.15) 결국 친국의 의도가 살
인사건에 대한 본질을 파악하기 위한 것 보다는 가사 사건에서 언

---

13)『英祖實錄』卷 50, 英祖 15年 9月 辛亥條.
14)『英祖實錄』卷 50, 英祖 15年 9月 乙卯條.
15) 上同.

급하고 있는 내용에 대한 사실확인과 처벌에 그 목적이 있었음을
보여주고 있는 것이다. 나아가 가사의 내용이 전파된 것이 시골의
농부나 목동이 다 외우고 있다는 것으로 보아 그 전파속도도 빠르
게 이루어지고 있었음을 보여주고 있는 것이다.

그 후 이와 유사한 가사 사건은 영조 20년(1744)에 발생한다. 당
시 대사헌 朴弼均의 상소 내용을 보면 다음과 같다.

> 들건대 어떤 사람이 하나의 가사를 지어 南門에 내 걸었는데 조
> 정의 政令에 관한 득실을 방자하게 비방했으므로 문을 지키는 자가
> 이를 가지고 가서 병조판서에게 고하였더니 병판이 은밀하게 체포
> 하게 했다고 합니다. 근래 세상에 변고가 잇따라 발생하여 訛言이
> 생기기 쉬우니 의당 좌우 포도청으로 하여금 널리 기찰하여 체포하
> 게 함으로서 기어이 잡게 하소서.16)

위의 사건은 조정의 정책을 비난하는 내용의 가사를 적어서 사
람들이 왕래하는 길목인 남문에 걸어놓아 여론의 전파를 기도한
것이다. 이는 일명 익명서로서 괘서의 형태를 띄고 있으나, 그 형
식이 가사로 이루어져 있다는 것이 다른 점이라 하겠다. 위의 상소
에 대하여 영조는 굳이 널리 알릴 필요가 없으니 그대로 두라고 언
급하여 이후의 사건전개 과정은 알 길이 없다.

다음으로 정조 7년(1783)에 白川郡에서 농민들 사이에 유행하던
가사 사건이 있었다. 이 가사 사건에 관하여 정조는 다음과 같이
입장을 밝히고 있다.

> 가장 밉쌀스러운 것은 農謠를 만드는 일이다. 생각하건대 그가 처
> 음 계교를 꾸밀 때 미리 사람들을 현혹시킬 방안을 생각하고 가사를
> 지어 암암리에 마을 여자들에게 가르쳤던 것이다. 한 사람이 부르면

---

16)『英祖實錄』卷 59, 英祖 20年 3月 癸未條.

열 사람이 화답하는데 밭에서 부르거나 길에서 부르게 함으로써 감
영과 고을에서 염탐하는 사람과 길가는 사람으로 하여금 듣고 측은
하게 여겨 실지로 있는 일처럼 여기게 하였다. 이 한가지 일이 그가
조재항이 처를 죽인 단안으로 삼은 것이다. 그러나 시골의 노래는
원래 자연히 흘러나오는 것이다. 山花野曲이 어찌 즐거운 것 같기도
하고 슬픈 것 같기도 하여 가끔 알 것 같으면서도 이해하기 어려운
점이 있다.[17]

위의 기록을 통해서 歌詞를 지어 배포한 것이 農謠의 형태를 띠
고 있었으며, 들에서 일하는 농민들에게 널리 전파되어 이를 근거
로 수령이 趙載恒을 살인죄로 체포하였던 것을 알 수 있다. 이 후
사건의 내용이 조정에 보고되어 형조에서 다시 국문을 벌인 결과
가사의 내용이 위조된 것이 밝혀지게 되었다.

결국 이 사건의 개요는 백천군에 살고 있던 趙載恒이 그의 아내
가 죽자 매장하였는데 조재항과 먼 인척관계이면서 평소 관계가
안 좋았던 李可遠이 조재항이 발로 차서 아내를 죽였다는 의미의
가사를 지어 유포함으로써 그를 무고하여 곤경에 빠뜨리고자 하
였던 것이다. 이 사건의 결과 가사만을 믿고 자세히 조사하지 않
은 관찰사 趙尚鎭을 파직하고, 조재항은 방면하였으며, 가사를 지
어 유포한 이가원은 엄한 형벌을 가한 후 죽을 때까지 변방으로
유배 보내어 살게 하였다. 이 사건은 개인적인 원한관계를 갚기
위해서 가사를 지어 유포시킴으로서 상대방을 곤경에 빠뜨리게
한 사례이다.

이어 순조 26년에는 豊德에 관한 일로 가사가 지어져 유통된 사
건이 있었다. 순조 24년(1824) 조정에서는 松都와 豊德의 행정구역
을 합하여 하나로 하고, 나아가 풍덕에 세워져 있던 향교를 폐쇄하
고 위판을 묻어 버렸다. 이에 풍덕 고을의 在之士族이었던 申綱

17) 『正祖實錄』 卷 15, 正祖 7年 6月 癸亥條.

등이 이에 강력하게 항의하고 마을 사람들을 선동하여 향교를 다
시 세우고자 하다가 체포되어 充軍되었다.18) 이후 순조 26년(1826)
3월에 金致奎와 李昌坤 등이 청주에서 괘서 사건을 일으키는 과정
에서 풍덕의 일이 다시 한 번 거론되었고,19) 같은 해 11월 韓慶岳
등이 또 다시 풍덕의 일과 관련되어 체포되었다. 이 때 한경악이
포도청에서 '풍덕에 관한 일로써 3편의 가사가 있는데 기록하지
않은 집이 없고, 외우지 않는 사람이 없으니 이는 분노에서 발로한
것이다'라고 진술하였다.20) 이 때의 가사는 그 내용이 정부의 정책
에 대한 비판적 관점에서 제작된 것임을 알 수 있으며, 나아가 풍
덕지방을 중심으로 인근고을에 널리 전파되어 있었음도 확인할 수
있다.

이상에서와 같이 조선시대에 나타난 가사 사건 가운데 정치사회
적으로 문제화된 것들을 중심으로 사건의 개요를 살펴보았다. 여
기에서 가사 사건의 전파가 신속하게 이루어지고 있다는 점, 형식
과 내용에 구애받지 않고 자유롭게 읊조릴 수 있었다는 점, 한문과
언문이 두루 사용되고 있었다는 점, 가사의 이용계층이 넓게 분포
되어 있었다는 점, 가사를 이용해 정치적 비판은 물론 사회여론을
조성하고자 했다는 점 등을 확인할 수 있었다. 다음으로 순조 4년
에 발생한 이달우 가사 사건의 분석을 통하여 더욱 자세한 사항을
살펴보기로 한다.

---

18)『純祖實錄』卷 28, 純祖 26年 11月 丁酉條.
19) 李相培, 1995,「純祖朝 掛書事件의 推移와 性格에 관한 硏究－1826년 淸州牧掛書事件을 中心으로－」『史學硏究』49, 103쪽～143쪽 참조.
20)『純祖實錄』卷 28, 純祖 26年 11月 丁酉條.

Ⅲ. 1804년 李達宇 歌詞事件에 대한 분석

1. 사건의 개요

이 歌詞事件은 순조 4년(1804) 9월 황해도 安岳郡에 살고 있는 李達宇라는 자가 歌詞를 지어 민심을 현혹하고 국가의 정책을 비판하였으며, 나아가 황해도 長淵에 살고 있는 張義綱이라는 자와 더불어 반란을 모의하였다는 고발에 따라 사건이 표면화되었다. 이 사건을 고발한 자는 황해도 長淵 薪花坊에 살고 있는 崔光彦으로서 평소에 장의강과 안면이 있던 자이다. 9월 5일 포도청에서 의금부로 잡아와 국문을 시작하여 9월 10일까지 6일간 推鞫이 이루어졌다.[21] 『純祖實錄』에 기록되어 있는 사건의 전말은 다음과 같다.

> 안악에 사는 이달우를 국문하였는데 이달우는 장연에 살고있는 장의강 등과 어지러이 역적을 도모하다가 포도청에 체포되었습니다. 대신들이 국청을 설치하여 엄하게 사실을 확인할 것을 청하니 그대로 따랐다. 이달우는 '네글자의 부도한 말'로 가사를 지었고, 이어 阿保機의 일을 끌어다가 조정을 비방하고 인심을 선동·미혹케 하였다. 또한 장의강의 무리와 더불어 徒黨을 불러 모아 날짜를 지적해 거사하되 사대문을 닫고 감히 말할 수 없는 곳을 지키며 온 조정의 여러 신하들에게 印을 봉해 바치게 하고는 죽일 만한 자는 죽이고

---

21) 『推案及鞫案』 卷 26, 255冊 「罪人達宇義綱等推案」 9月 5日 罪人李達宇白等條 599쪽. 이 사건에 참석한 委官은 좌의정 徐邁修, 우의정 李敬一, 판의금부사 黃昇源, 지의금부사 李集斗, 동지의금부사 兪漢謨, 동지의금부사 趙德潤, 승정원동부승지 李好敏, 사헌부지평 洪大浩, 사간원 정언 朴英載이다.

쫓아낼 만한 자는 쫓아 내기로 했다'고 실토했습니다. 장의강은 '불
령한 무리들을 불러 모아 도망자들이 많이 모이는 곳을 만들고 이에
이달우와 최광언의 무리와 더불어 치밀하게 같이 모의하되 심지어
는 古白翎과 울릉도에서 병기를 만들고 군량을 쌓아 둔다는 말과 상
소를 빌미로 兩西에서 사람을 모집하여 等谷川 가에서 모이기로 약
속하고, 大司馬와 大將軍에 적합한 사람은 아무날에 마땅히 오기로
했다'고 실토하였습니다. 모두 대역죄로 결안하여 본도에 내려 보내
正刑하게 하였다.22)

위의 기록에서 보이는 바와 같이 이달우는 歌詞에서 阿保機의
일을 인용하면서 조정을 비난하고 있고, 무리를 모아 난을 일으킬
것을 모의하였다는 죄목이다. 그리고 장의강은 상소를 올린다는
빌미로 무리를 모아 백령도와 울릉도에서 병기와 군량을 비축하고
等谷川에 모여 난을 도모하였다는 죄목이다. 이를 보다 더 구체적
으로 당시의 재판기록인 『推案及鞫案』을 통해 살펴보면 다음과
같다.

제일 먼저 이달우가 가사를 지은 이유와 그 내용 나아가 목적이
어디에 있었는가를 살펴보는 것이 중요하다. 그가 가사를 지은 이
유로

　　가사는 내가 기미년(1799년)에 지은 것으로 가사의 뜻은 나의 마
　음을 나타낸 것이다. 이 가사가 만약 유전되어 위로 朝家에까지 들
　어가게 되면 나를 체포하려고 할 것이니 이는 국가의 方略에 이롭게
　되는 까닭에 자자하게 이를 전달하고자 하는 계책이었다. 가사의 내
　용에는 위태로운 말이 반복되어 많이 나타나고 있어 조정에서 이를
　들은 연후에는 반드시 나를 체포할 것이고 나는 이때에 方略을 올리
　고자 하였다.23)

---

22) 『純祖實錄』卷 6, 純祖 4年 9月 辛卯條.
23) 『推案及鞫案』卷 26, 255冊「罪人李達宇義綱等推案」9月 5日 罪人李達
　　宇白等條 602쪽. "供曰 歌詞是矣身己未年所作 而作歌之意 則矣身之

즉 자신이 생각하고 있는 국가의 운영 방책 의사를 정상적인 방법으로 전달하기 어려워 일부러 가사를 지어 유포시켰다고 주장하고 있다. 이와 같이 할 경우 가사의 내용이 정부를 비판하는 것이기 때문에 반드시 자신을 체포하게 될 것이고, 그렇게 되면 자신이 평소에 마음속에 가지고 있던 국가 운영의 방략을 조정에 올릴 수 있게 될 것이기 때문에 가사를 지었다는 것이다. 이에 대하여 推鞫委官들이 할 말이 있으면 上訴를 해야 마땅한데 왜 가사를 지어 유포시켰는가를 추궁하자 여러 차례 상소를 하고자 서울에 왔으나 자신이 미천한 草野의 사람이기 때문에 뜻을 이루지 못했다고 답하고 있다.24) 나아가 이달우가 처음부터 올리고자 했던 방략은 무엇인가를 추궁하니 다음과 같이 진술하였다.

　　방략은 내가 근래에 생각하기에 민생은 고달프고 찌들었으며, 인심은 맑지 못하고 부유한 자는 겸병의 이로움을 취하고, 빈한한 자는 나아가 먹을 것이 없고 혹은 빚을 지고 걸인이 되어 심지어는 도적이 되는 지경에 이르렀다. 이 모든 것은 이금이 制産之治를 잃은 것에서 연유되는 것이다. 나의 뜻인즉 주나라에서 행한 井田之法은 成京之治를 이루었으며, 당나라에서 행한 均田之制는 貞觀之化를 이루었으니 지금 만약 이러한 제도를 모방하여 매 戶당 田 70負를 주고 하사받은 토지 앞에 집을 짓고 그 토지를 관리하면 4~5명의 가속은 족히 식량이 너너할 것이니 이것이 이른바 나의 방략이다. 위로 상달할 방법이 없어 부득이 이 가사를 짓게 되었다.25)

<hr/>

心以爲 此歌詞若流傳 而上聞於朝家 則矣身有捕 益國家之方略 故欲爲藉此轉達之計 而後此矣 … 供曰 歌詞中多有危言駭論 故朝家聞此之後 必捉致矣身 矣身欲因此時 而仰達方略矣"

24)『推案及鞫案』卷 26, 255冊「罪人達宇義綱等推案」9月 5日 罪人李達宇白等條 603~604쪽.

25)『推案及鞫案』卷 26, 255冊「罪人達宇義綱等推案」9月 5日 罪人李達宇白等條 602~603쪽. "供曰方略則矣身以爲 近來民生凋瘁 人心不淑 富者取兼幷之利 貧者無所就食 或債貸行乞 甚至於爲盜賊之境 此盖由

결국 이달우는 가사를 지은 목적이 당시 토지제도의 운영방략에 관한 개선사항을 국가에 진달하고자 하는 마음에서 이루어진 것이라고 주장하고 있다. 그 구체적인 방법으로 중국 周나라 때의 井田法과 唐나라 때의 均田法을 예로 들어 설명하면서 매 戶당 4～5명이 먹고 살 수 있는 토지 70負를 지급하여 호구지책을 면하게 할 것을 주장하고 있다.

이와 같이 모든 국민들에게 한 집 당 토지를 균등하게 배분한다는 것은 이른바 토지제도의 전면적인 개혁을 의미하는 것으로서 당시로서는 위정자들에게 공허한 메아리로 들릴 수밖에 없었다. 당시 일개 양인으로서 이와 같은 주장을 할 수 있었던 것은 주목할 만한 일이다. 이는 18세기 후반 이후 조선이 中世的 民本政治의 토양 위에서 近代的 民權意識이 싹트고 있었다는 연구결과26)와 함께 民의 저항의식과 비판의식이 점차 확대·성장하여 갔다는 연구결과를27) 구체적으로 입증해 주는 하나의 자료이기도 하다.

그러나 이달우의 주장대로 자신이 품고있던 국가 운영의 방책을 진달하기 위한 목적에서 가사를 제작하였다는 것은 그 목적에 대한 설명이 다소 불충분하다. 왜냐하면 가사의 내용에는 그가 가지고 있던 소위 方略이 포함되어 있지 않았기 때문이다. 결국 그가 추구하고자 했던 또 다른 목적이 존재하였던 것이다. 이것은 가사의 내용 가운데 위태로운 말이 있었다고 했는데 이에 대하여 그는 '국가가 인재를 거둬들이는 방법(道)을 생각하지 않아 소인배들이

於上失 制産之致 矣身之意 則以爲周行井田之法 致成京之治 唐行均田之制 成貞觀之化 今若略倣此制 每戶給田七十負 田頭作家 以治其田 則四五口之家 足以裕食 此矣身所謂方略 而無路上達 不得已爲此歌詞矣"
26) 韓相權, 1996, 『朝鮮後期 社會와 訴冤制度』, 一潮閣.
27) 李相培, 1999, 『朝鮮後期 政治와 掛書』, 國學資料院.

총애를 받고 오로지 酒色宴樂之事만이 보인다는 등을 말한 것이
모두 위태로운 말이다'[28]라고 진술하고 있고, 나아가 만주에서 遼
나라를 건국한 야율아보기의 일을 가사에 포함시킨 것은 다음과
같은 생각에서 이루어진 일이라고 말하고 있다.

> 가사 가운데 아보기의 일은 대개 아보기가 형제가 많은데 그때 역
> 적을 도모하는 신하의 무리들이 아보기의 아우를 많이 끌어 들여 반
> 역을 하였으나 아보기는 단지 그 신하만을 죽이고 그 아우는 죽이지
> 않았는데 이로써 가사 중에 아보기의 일을 말한 것이다.[29]

위의 내용을 보면 야율아보기가 자신의 동생과 신하들이 난을
일으킨 것에 대하여 동생들에게는 관대한 처분을 내리고 신하들은
모두 죽인 사실을 주장하기 위해 가사의 내용에 야율아보기의 일
을 수록했음을 밝히고 있다.

한편 야율아보기는 907년 遼를 건국한 사람이다. 그가 왕위에 오
른 이후 911년 동생인 剌葛·寅底石·安端 등이 왕위를 탈취하고
자 대신들과 반란을 일으키는 사건이 발생하였다. 이 때 야율아보
기는 반란을 제압한 후 동생들을 데리고 산으로 올라가 제사를 지
내며 하늘과 땅을 대상으로 용서를 빌고 다시는 반역을 도모하지
않을 것을 맹세하도록 한 후 그들의 죄를 용서하여 주었다. 나아가
동생들을 다시 관직에 등용하여 정상적인 활동을 하도록 도와 주

---

28)『推案及鞫案』卷 26, 255冊「罪人達宇義綱等推案」9月 5日 罪人李達
宇白等條 603쪽. "而且以爲國歌不思收攬人才之道 小人以因寵之計 專
以酒色宴樂之事 勸之云云者 此皆危言矣"

29)『推案及鞫案』卷 26, 255冊「罪人達宇義綱等推案」9月 5日 罪人李達
宇白等條 602~603쪽. "歌詞中言阿保機之事 盖以阿保機 多有兄弟 而
其時逆臣輩 多引保機之弟而爲逆 則保機只誅其臣 不誅其弟 以此歌詞
中言 阿保機事矣"

었다. 그러나 그 이듬해 동생들은 다시금 관료들을 이끌고 반란을 도모하였고, 야율아보기에게 다시 체포되어 많은 인명이 살상되었으나 이 때에도 동생들은 모두 곤장을 쳐서 방면하는 아량을 보였다. 야율아보기는 집권 초반기 이와 같은 동생들의 저항을 받아가면서 정권을 장악하여 갔으며, 즉위한지 10년이 지나면서 신속한 발전을 도모할 수 있었다.[30]

　이달우는 이와 같은 역사적 사실을 확연하게 인식하고 있었으며, 이를 가사에 삽입함으로써 조선의 왕실을 비판하고자 했음을 알 수 있다. 그러나 純祖와 耶律阿保機의 연결고리를 발견하기는 힘들다. 왜냐하면 이 사건이 발생한 순조 초반기에는 왕실의 인물이 관련된 반란사건이 없었으며, 순조도 명색만이 국왕이었지 사실상 수렴청정이 이루어지고 있었기 때문에 야율아보기의 일과 연계되는 사안을 발견할 수가 없기 때문이다. 결국 이달우가 주장한 야율아보기의 일은 1392년 조선 건국 이후 왕실 형제들간에 살육이 일어나 동생을 죽이는 이른바 왕자의 난을 빗대어 비판한 것으로 생각된다. 즉 요나라는 건국 초기에 많은 동생들의 반발이 있었음에도 불구하고 그들을 유화적으로 다루었는데, 그에 반하여 조선은 건국 이후 피비린내 나는 형제간의 살육이 일어난 사실을 상호 비교하여 비판하고자 하였던 것이다. 비록 지나간 과거의 일이라 할지라도 왕실에 관계된 일이었기 때문에 이 사건 하나만으로도 이달우는 사형에 처해지기에 충분한 조건을 갖추고 있었다. 결국 이달우가 가사의 내용에 야율아보기의 일을 삽입한 것은 왕실의 권위를 비판하기 위한 목적을 가지고 있었음을 명백하게 알 수 있다. 따라서 이달우가 가지고 있었던 가사제작의 근본적인 목적

---

30) 야율아보기 집권 초반기의 정세변화와 집권과정 및 반란진압에 관하여는 李錫厚, 1991,『耶律阿保機傳』, 吉林敎育出版社, 51~56쪽 참조

은 첫째로 조선왕실에 대한 비판이고, 둘째로는 국가 정책과 굶주리는 백성들에 대한 정부의 무대책에 대한 비판이며, 나아가 민심 여론의 조성에 있었음을 알 수 있다. 이른바 그가 내세운 方略을 진달하기 위함이었다고 주장한 것은 표면적인 목적에 지나지 않는 것임을 알 수 있다.

다음으로 그는 지어진 가사를 어떻게 유포시켰는가이다. 먼저 장의강은 가사를 가지고 자신의 처가집이 있고 한 때 거처하였던 평양으로 가서 사람들을 모아 유포시켰다. 그리고 이달우는 長淵의 西面에서 학동들을 모아 훈장 노릇을 하고 있는 郭憲儀에게 찾아가 학동들을 모아놓고 가사를 읊조리도록 하여 대중에 널리 전파시켰다. 그곳에서 수학하는 학동들은 모두 가사를 듣고 좋은 것이라고 등서하여 갔다.[31] 아울러 崔光彦으로 하여금 황해도의 또 다른 지역에 널리 유포하여 사람들을 모으도록 하였다. 이와 같이 직접 또는 제삼자를 통하여 노래를 전파함으로써 자연스럽게 사람들의 입과 입을 통해 전달되도록 하였던 것이다.

한편 가사를 지어 유포하는 것과 동시에 무리를 모아 난을 도모하였다는 죄목이 첨가되면서 大逆不道罪人이 되었는데 그들이 도모하였다는 것의 실상은 과연 무엇인가. 이것은 崔光彦이 이달우와 장의강을 고변하게 되는 경위와 그 이유에 관하여 진술하는 과정에 잘 나타나 있다.

장의강이 나에게 말하기를 '내가 생각하건대 古白翎과 鬱陵島에 들어간 연후에 일을 성사시키는 것이 어떻한가' 하기에 무었때문

---

31) 『推案及鞫案』卷 26, 255冊「罪人達宇義綱等推案」9月 5日 罪人郭憲儀白等條 615쪽. "供日 歌詞則矣身果見之 而李哥再次來見後 以其歌詞爲先誦傳於學徒 故矣身果取見其歌詞矣 … 學童輩旣聞稱以歌詞者 必以爲好 似是謄置 …"

에 그리해야 하느냐고 물으니 의강이 말하기를 '병기를 만들고 軍糧
일천여석을 모은 연후에 가히 일을 도모할 수 있으며, 이러한 궁핍
한 섬이 아니면 가히 할 수 없기 때문에 들어가고자 하는 것이다'라
고 하였다. 또한 '大司馬·大將軍은 우리들 중에 합당한 자가 없어
초5일 경에 적임자가 올 것'이라고 하였다. 서홍에 사는 李哥(李達
宇)가 '내 생각에는 이렇게 할 것이 아니라 궁궐의 담을 끼고 안으로
들어가 사대문을 폐하고 공갈하면 반드시 印을 바칠 것이다'고 하니
장의강이 '궐안의 일은 이같이 하지만 兵權이 모두 궐밖에 있으니
그것을 어떻게 막겠는가, 모두 고백령으로 들어가 군량과 군병을 모
은 연후에 일을 성사시키는 것만 같지 못하다'고 하였다. 이어 나에
게 어느 정도의 사람을 모았는가를 물어 내가(최광원) 기록된 인원
47명을 보여주니 의강이 말하기를 8월 추석 이후에 이곳으로(等谷川
을 의미함) 모두 데리고 와서 함께 섬으로 들어가자고 하였으므로
이 말을 들은 연후에 서울로 와서 발고한 것이다.[32]

위의 내용을 통해서 볼 때 최광언은 처음부터 모의과정에 참여
하여 모든 것을 알고 있었으며, 직접 변란에 필요한 인적자원을 모
집하는 역할을 담당하고 있었다. 그리고 이들이 계획했던 것은 그
들이 거주하고 있는 황해도 長淵에서 가까운 곳에 위치한 백령도
를 군사 양성의 거점으로 삼고자 했던 것으로 보인다. 비록 기록에
는 울릉도가 같이 보이지만 이것은 실제적으로 울릉도를 거점으로
하고자 하는 생각이었다기 보다는 官의 손길이 미치지 않는 곳을

32) 『推案及鞫案』卷 26, 255冊「罪人達宇義綱等推案」9月 6日 罪人崔光
彦白等條 635～636쪽. "義綱謂矣身曰 吾更思之 入古白翎或鬱陵島然
後 可以成事矣. 矣身曰何故也. 義綱曰 打造兵器 收聚軍糧千餘石 然後
可以圖事 非此等窮僻之島中 不可爲故 欲入去矣. 又曰大司馬大將軍
則吾等皆不可爲 而可合此任者 似於初五日間來矣 瑞興李哥曰 吾意則
此事不必如此爲之 越入宮墙挾持不敢言之 閉四門 而恐喝 則必納印矣.
義綱曰 闕中事 或可如此爲之 而兵權皆在闕外 其何以抵敵乎 都不如
入古白翎收聚軍糧及軍兵然後事可成矣. 仍見矣身曰 募得幾人乎 矣身
出示所錄四十七人 則義綱曰 八月秋夕後 盡爲率來 則與之同入島中矣.
矣身聞此言後 卽爲上京發告矣"

의미하는 상징적인 표현이었을 것으로 보인다. 왜냐하면 실질적으로 황해도 서해안에 인접해 있는 그들의 지역적 현실 속에서는 관의 노출을 사전에 차단하고 많은 인원이 움직여야 함을 감안할 때 울릉도 보다는 가까운 백령도가 보다 더 신빙성이 있었을 것으로 생각된다. 더욱이 백령도는 최광언의 妻家가 있었던 곳으로 지역적 기반을 마련하기 쉬운 점도 작용하였을 것이기 때문이다.[33] 나아가 백령도에 갔을 때는 주막을 경영하면서 술을 팔아 사람들을 모은다는 구체적인 계획도 수립하고 있었다.[34] 그러나 실제적으로 그들은 반란을 일으킬 만한 역량이 부족하였다. 이것은 그들 스스로 이른바 大將軍에 적합한 사람이 없음을 시인하고 있는 대목을 통해서 알 수 있다.[35] 또한 나중에 온다는 대장군이 황해도 載寧에 살고 있는 朴繼宅이라고 진술하고 있으나 그에 관한 구체적인 진술이 없고,[36] 나아가 진정으로 그가 대장군의 역할을 맡기로 했다면 체포되어 의금부에서 신문을 당해야 마땅한데도 이러한 조치가 취해지고 있지 않다. 이것은 박계택이라는 자가 허공의 가상인물일 가능성이 높다. 결국 이들에게는 반란을 도모할 중심세력의 역량이 부족했음을 보여주고 있는 것이다.

이 사건은 밀고에 의해 사전에 발각됨으로써 병사를 일으켜 국

---

33)『推案及鞫案』卷 26, 255冊「罪人達宇義綱等推案」9月 6日 罪人崔光彦白等條 633쪽. "… 白翎鎭吾有妻族 可以依接 …"

34)『推案及鞫案』卷 26, 255冊「罪人達宇義綱等推案」9月 5日 罪人李宗國白等條 623쪽. "崔哥於張哥曰 白翎多居人 與吾同爲移居白翎 以賣酒爲業 因以募聚多人爲好云"

35)『推案及鞫案』卷 26, 255冊「罪人達宇義綱等推案」9月 6日 罪人崔光彦白等條 633쪽. "又曰大司馬大將軍 則吾等皆不可爲 而可合此任者 似於初五日間來矣"

36)『推案及鞫案』卷 26, 255冊「罪人達宇義綱等推案」9月 6日 罪人張義綱白等條 641쪽. "大司馬大將軍誰也 供曰 朴繼宅爲名人 而姓名則但知 字音不知其的爲某字矣 繼宅居載寧"

가에 반기를 드는 등 행동을 구체화하지는 못하였지만 歌詞를 이
용한 민심 여론의 수렴과 정부에 대한 비판, 관의 행정력이 크게
못 미치는 지역인 섬을 이용한 반란모의 등 19세기 민의 의식수준
의 한 단면을 보여주는 사건이다.

이 사건의 결과 이달우와 장의강은 의금부 도사가 황해도 감영
으로 압송하여 감사의 책임하에 사람들을 모아놓고 사형을 집행한
뒤 길가에 목을 걸어 놓는 극형에 처하였다.[37] 발고자 최광언은 풀
려난뒤 황해도 감사로 하여금 상을 주도록 조치하였고, 나머지 죄
인들은 포도청으로 압송되어 다시 한차례 심문을 받았다. 그후 李
宗國은 전라도 부안으로, 郭憲儀는 경상도 언양현으로 각각 유배
당하였으며, 朴孝源은 섬으로 유배되었다. 李漢源은 가담정도가
적어 황해도로 내려보내 감사로 하여금 다시 한차례 징계를 주고
풀어 주도록 조치하였다.[38]

2. 관련 인물의 분석

표면적으로 이 사건에 관련되어 의금부에서 推鞫을 당한 사람은
아래의 <표 Ⅱ-2>에서 보듯이 모두 7명이다.

---

37)『純祖實錄』卷 6, 純祖 4年 9月 辛卯條.
　　『推案及鞫案』卷 26, 255冊「罪人達宇義綱等推案」9月 10日條, 669쪽.
　　"下敎 罪人達宇義綱段 發道府都事 押付于黃海監營 令道臣 大會民人
　　依律處斷 懸首藁街是白遣"
38)『推案及鞫案』卷 26, 255冊「罪人達宇義綱等推案」9月 10日條, 674~
　　675쪽.

〈표 Ⅱ-2〉 사건에 관련된 인물의 분류

성 명	나이	신분 및 직역	거주지	혐 의 내 용
李達宇	31	良人	安岳	歌詞 제작, 반란모의
張義綱	36	先達	長淵	반란모의 및 가사배포
崔光彦	40	官奴에서 물러난 자	〃	반란모의 동참, 밀고자
郭憲儀	35	鄕班, 訓長	〃	가사배포 및 소지자
李漢源	35	兩班	〃	곽헌의 집에서 가사를 보고 외움
李宗國	25	良人	信川	장의강과 친밀, 반란모의에 동참
朴孝源	58	訓練習讀官	漢城	長淵 출신자로 이달우에게 상소를 금지시킴

가사 사건에 관련된 주모자들은 모두 30대로 비교적 젊은 층에 속하며, 신분층도 양반에서부터 노비에 이르기까지 다양한 계층의 분포를 보이고 있다. 먼저 이 사건에서 핵심적 역할을 하고, 가사를 지어 배포한 혐의로 체포된 李達宇는 자신의 출신에 대하여 다음과 같이 진술하였다.

나의 아버지는 行松이고 할아버지는 仁大이며 어머니는 金召史로 모두 생존해 계신다. 외할아버지 鼎表는 돌아가셨다. 黃海道 安岳郡 屹洪面 4里에서 부모와 함께 살았다.[39]

위의 진술에서 보듯이 그는 황해도 안악에서 출생하여 계속 그곳에서 살고 있던 토박이로서 부모가 모두 살아 있었으며, 신분은 양인이었다. 그는 四書三經 중에서 周易에 깊은 관심을 가지고 공부하고 있었던 자라는 사실이 여러 사람의 진술을 통해 제시되고

---

39) 『推案及鞫案』 卷 26, 255冊 「罪人達宇義綱等推案」 9月 10日條, 669쪽. 罪人李達宇結案白等條 653쪽. "矣身根脚段 父行松 父矣父仁大 母金召史 並只生存 母矣父鼎表故白良乎 父母以胎生於黃海道安岳郡屹洪面四里 隨父母長養仍爲入籍居生爲白乎"

있으며, 나아가 이 사건을 官에 발고한 최광언은 스스로 그를 선생
이라 부르면서 절까지 하기도 하였다.[40] 또한 이 사건에 연루된 李
宗國은 이달우에게서 通鑑을 배웠다고 진술하고 있는 것으로 보아
역사에도 많은 식견을 가지고 있었던 것으로 보인다.[41] 그리고 그
의 집이 고용노비를 거느리고 있었다는 진술에서 경제적으로 궁핍
한 생활은 하지 않았던 것으로 보인다. 그러나 곽헌의와 함께 공부
하면서 친밀하게 왕래한 이한원이 곽헌의의 집에서 이달우를 만나
고, 자기 동네로 돌아와 이웃에 살고 있는 許鍠의 집 고용노비 朴
漢에게서 들은 이야기를 진술한 바에 의하면 그의 생활배경을 짐
작할 수 있다.

> 허견의 고용노비 박한이라는 자가 말하기를 '이른바 서흥의 이서
> 방은 서흥사람이 아니니 만약 그와 더불어 친하게 지내면 반드시 크
> 게 패할 것입니다. 이 사람은 본래 安岳의 倉洞에 사는 常漢으로서
> 그 부모를 어기고 誤入하는 자이며 개와 소를 때려 잡는 등 하지 않
> 는 바가 없고 읽는 것은 과연 周易이다.' 대개 고용노비 박한은 일찍
> 이 李哥의 고용노비와 함께 2년간 살았으므로 익히 ㄱ 행한비를 알
> 고 있었으므로 ㅣ도 심히 놀랐다.[42]

위의 진술에서 보듯이 이달우는 안악의 토착인으로서 周易을 읽
을 정도로 박식한 지식인이었을 뿐만 아니라 먹고사는데 지장이

---

40) 『推案及鞫案』 卷 26, 255冊 「罪人達宇義綱等推案」 9月 6日 罪人李達
    宇白等條 632쪽. "吾(註: 崔光彦)於汝稱以先生 而拜之盡"
41) 『推案及鞫案』 卷 26, 255冊 「罪人達宇義綱等推案」 9月 6日 罪人李宗
    國白等條 622쪽. "矣身與之相見 學通鑑於李哥"
42) 『推案及鞫案』 卷 26, 255冊 「罪人達宇義綱等推案」 9月 5日 罪人李漢
    源白等條 618쪽. "洞內居人許鍠雇奴朴漢 朴漢言內以爲 所謂瑞興李書
    房 非瑞興人 若與此人相親 則必致大敗 此人本以安岳倉洞之常漢 背其
    父母爲誤入者 而屠狗椎牛無所不爲 所讀者果是周易云云 盖雇奴朴漢
    曾爲此李哥之雇奴 同居二年 故習知其所爲是如 故矣身亦心甚疑畏矣"

없는 수준의 경제적 여유도 가지고 있었던 자였다. 그러나 평소 그
의 행동은 백정과 같이 일탈된 일상생활을 하고 있었던 것으로 보
인다. 그의 통감을 읽을 정도의 역사의식과 주역을 읽을 정도의 학
문 수준에서 정부에 대한 비판의식을 갖출 충분한 소양이 있었음
을 알 수 있고, 이러한 의식의 표출이 정당한 경로가 아닌 가사를
이용한 여론조성의 방향으로 나갔던 것이다. 더 나아가 장의강과
같이 무과에 급제한 先達과 어울리면서 그의 비판적 성향은 더욱
강화되었던 것으로 생각된다.

다음으로 이 사건의 또 다른 핵심 인물인 장의강은 어떠한 인물
인가. 그는 최종 진술에서 다음과 같이 밝히고 있다.

> 나의 아버지 漢景은 돌아가셨으며, 할아버지 九席도 돌아가셨다.
> 어머니 金召史는 생존해 계시고 외할아버지 昌有는 돌아가셨다. 부
> 모와 黃海道 黃州牧 靑龍坊 浦北里에서 태어나 부모와 함께 살았다.
> 平安道 平壤府 隆德部 舊洞에서 살다가 임술년(1802년) 봄에 黃海道
> 載寧郡으로 옮겼으며, 금년 4월에 또 長淵 南面의 浮洞으로 옮겨서
> 거주하고 있다. 나는 본래 먼 지방 출신으로 벼슬을 구하여 생계를
> 잇고자 서울을 왕래한 것이 여러 해 되었으며 집의 가계는 고갈되
> 어 이사를 전전하다가 장연의 궁벽한 땅에 정착하게 되었다. 불령한
> 무리들을 죄를 짓고 도망하여 은거하고 있는 곳으로 불러모아 항상
> 不軌之心을 가지고 있었으며, 마음속으로 亂을 생각하고 있었다.[43]

---

43) 『推案及鞫案』 卷 26, 255冊 「罪人達宇義綱等推案」 9月 8日 罪人義綱
結案白等條 654쪽. "矣身根脚段 父漢景故 父矣父九席故 母金召史生
存 母矣父昌有故白良乎 父母以胎生於黃海道黃州牧靑龍坊浦北里隨
父母長養入籍 居生於平安道平壤府隆德部舊洞矣 壬戌春移居黃海道
載寧郡是白如可 今年四月 又爲移居於長淵南面浮洞是白乎㫆 … 矣身
本以遐土出身 爲求壬之計 往來京中已多年 所家計蕩敗 轉輾移徙 往
着於長淵窮僻之地 而嘯聚不逞之徒作爲逋逃之藪 常懷不軌之心 暗生
思亂之計"

위의 기록에서 보듯이 그는 영조 45년(1769) 황해도 황주에서 태
어나 호적에 오른 뒤 평안도 평양으로 이주하여 청년기를 보내다
가 순조 2년(1802)에 홀어머니를 모시고 황해도 재령으로 돌아왔으
며, 2년 후 다시 장연으로 옮겨 거주하는 등 근거지를 자주 옮겨
다녔다. 그가 자주 근거지를 옮긴 이유는 위의 진술에서도 밝히고
있듯이 경제적 어려움 때문이었다. 그가 황해도 재령에서 장연으
로 옮긴 이유도 장연의 等谷 부근에 경작할 만한 訓練院의 屯田土
가 있다는 말을 듣고 나서이다.[44] 그리고 그의 신분은 양인인데 李
宗國이가 先達로 부른 점과[45] 자신 스스로 '出身한 이후에 家計가
어려웠다'는 진술로 미루어 무과 과거시험에 합격하였던 인물로
생각된다.[46] 이러한 조건의 그가 여러 사람을 모아 난을 도모하였
다는 것은 자신이 말한 대로 出身한 이후에 뚜렷한 직업이 없이 발
탁되지 못한 것에서 그 원인을 찾을 수 있다. 즉 출신 이후 그는 여
러 차례 서울에 올라와 벼슬을 구하고자 했으나 가산만 탕진하였
을 뿐 뜻을 이루지 못하자 이에 불만을 가지고 있었던 것으로 생각
된다.[47] 그리고 이 같은 여건에서 가사를 지어 접근한 이달우와 쉽
게 농화될 수 있었던 것이다.

최광언은 長淵 薪花坊에 살고 있는 토착인물로서 官奴였던 자

---

44) 『推案及鞫案』卷 26, 255冊「罪人達宇義綱等推案」9月 5日 罪人義綱
白等條 611쪽. "言長淵作沓之利 故矣身隨往見之 則果多作沓之地 而
昨今年內耕作之處 故因爲還歸 而矣身又聞 長淵等谷 有訓鍊屯土可作
沓之處 故矣身今年四月因往等谷"
45) 『推案及鞫案』卷 26, 255冊「罪人達宇義綱等推案」9月 5日 罪人李宗
國白等條 622쪽. "一日張先達謂矣身曰 吾有擊錚之事 …"
46) 『推案及鞫案』卷 26, 255冊「罪人達宇義綱等推案」9月 5日 罪人張義
綱白等條 612쪽. "矣身答以出身後 家計轉敗至於入處山谷中"
47) 『推案及鞫案』卷 26, 255冊「罪人達宇義綱等推案」9月 5日 罪人張義
綱白等條 612쪽. "矣身亦曰 吾自出身以後 有竭忠報國志 而不得生意"

이다.48) 아마도 순조 1년(1801) 정부에서 단행한 公奴婢 폐지에 따라 관노의 신분에서 해방된 인물이 아닌가 생각된다. 그의 직업은 뚜렷하게 밝혀져 있지 않아 자세한 것을 알 수는 없으나 하는일 없이 무위도식하면서 지낸 것으로 보인다. 그는 이 사건에 직접적으로 가담하여 장의강으로 하여금 근거지를 백령도로 옮겨 난을 도모하도록 계획을 세우게 만든 장본인이다. 그러나 계획이 무르익어가자 전반적인 내용을 서울로 올라와 포도청에 고발하여 사건을 표면화시켰다. 의금부의 공초에서 왜 사건에 적극적으로 가담하여 모의하고는 따로이 고변하였는지를 묻자 그는 포도청에서 근무하는 자신의 외사촌이 장의강이라는 자가 심히 수상하다고 하였고, 동네사람들도 그가 수상하다고 하여 처음부터 수상한 자취를 캐내어 발고하고자 하는 마음에서 의도적으로 친밀하게 지냈다고 밝히고 있다.49) 그는 이 사건을 고변함으로써 신고자에게 주어지는 혜택을 누리고자 했던 것으로 생각된다.

한편 관련 인물가운데 58세로 가장 나이가 많은 박효원은 황해도 장연의 토착인물로서 이달우와는 약 30여 년의 나이 차이가 나는 관계이다. 그는 장연에서 砲手로 들어가 활약하다가 정조 4년(1780)에 서울로 올라가 訓練都監의 습독관으로 활약하였고, 실력이 인정되어 조정에서 무과시험을 치룰 때 과거 시험장에 差備官으로 나가기도 했던 인물이다.50) 이달우가 가사를 짓기 이전에 자

---

48) 『推案及鞫案』卷 26, 255冊「罪人達宇義綱等推案」9月 8日 罪人崔光彦更推白等條 659쪽. "矣身以官奴退物 無端交結 …"

49) 『推案及鞫案』卷 26, 255冊「罪人達宇義綱等推案」9月 6日 罪人崔光彦白等條 633쪽. "矣身外四寸以跟捕將校 言於矣身曰 長淵等谷有張義綱者來接 而行止殊常云 其後又隣居盲人 亦言張義綱之爲殊常 高矣身專爲往尋義綱之居 與義綱始相識"

50) 『推案及鞫案』卷 26, 255冊「罪人達宇義綱等推案」9月 5日 罪人朴孝源白等條 609쪽. "供曰 矣身以長連陞戶砲手 庚子年分上京 而其後因

신이 품은 뜻을 상소하기 위해 서울에 올라왔을 때 박효원의 집에
머물렀다. 그때 상소의 뜻을 비치자 그가 상소를 올려도 뜻을 이루
지 못한다고 말려서 포기하고 가사를 짓게 되었다고 진술함으로써
이 사건에 연루되었다. 이에 대하여 박효원은 처음에는 자신이 차
비관으로 있은 지가 오래되어 무과시험을 보러 오는 사람들이 종
종 자신의 집에 들리는 일이 많아 누가 누군지 잘 모르며, 이달우
도 이와 같은 경우라고 항변하면서 자신의 무고를 주장하였다.[51]
그러다가 여러 차례 심문이 계속되자 안악에 사는 李宗煥이라는
자가 친척과 함께 서울에 올라와 과거시험을 보기 위해 자신의 집
에서 머무른 적이 있으며, 그가 황해도 감사와 관리들의 비리를 비
판하는 내용의 上言을 올리려고 하여 꾸짖어 쫓아 보낸 적이 있는
데 당시의 이종환이라는 자가 곧 이달우로서 이름을 몰래 숨기고
왔었다고 진술하고 있다.[52] 결국 그는 이달우를 집안에 머무르게
하였고, 이달우가 上言하고자 하는 것을 못하도록 말린 것이 확실
하게 드러나 형을 받게 되었다.

이들 인물 이외에 장연에 사는 鄕班으로서 그 지역에서 서당을
운영하면서 훈장으로 있었던 郭憲儀는 장의강과 이웃하며 살고 있
었고, 그의 소개로 이달우를 만났다. 이후 이달우가 다시 서당에
들러 학생들이 있는 자리에서 자신이 지은 가사를 암송하였고, 이
를 대수롭지 않게 생각하고 베껴두었다가 사건에 연루된 인물이
다.[53] 이 당시 서당에 있던 학생들도 가사를 듣고 좋은 것이라고

爲訓練習讀官 而武科科場 每以差備官待令"
51) 『推案及鞫案』卷 26, 255冊 「罪人達宇義綱等推案」 9月 5日 罪人朴孝
　　源白等條 609～610쪽.
52) 『推案及鞫案』卷 26, 255冊 「罪人達宇義綱等推案」 9月 8日 罪人朴孝
　　源更推白等條, 656～658쪽.
53) 『推案及鞫案』卷 26, 255冊 「罪人達宇義綱等推案」 9月 5日 罪人郭憲

제2장 歌詞事件을 통해 본 民의 意識變化 167

생각하고 모두 베껴서 가지고 있으면서 읊조리고 있었기 때문에
그 죄목이 더욱 컸던 것이다. 그는 자신의 노비를 거느리고 있었고,
10살 때 아버지를 여의고 3년상을 치룬 인물로서 장연고을에서는
단아한 선비로 인식되고 있던 사람이다.

李漢源은 선비의 아들로서 지식인계층이었다. 그는 곽헌의를 진
정한 선비로 인식하고 서로 왕래하면서 시를 짓기도 하였으며, 그
러던 중에 곽헌의가 가지고 있던 가사를 읊조린 혐의로 체포되어
형을 받았다.[54] 그 과정에서 이달우와 장의강을 만나기는 하였으
나 절친하게 교류하지는 않았다. 그리고 李宗國은 가장 나이가 어
린자로서 장연의 옆 고을인 信川에 살고있었다. 그는 장의강을 일
부러 찾아갔다가 이달우를 만나 그에게서 통감을 배우기도 했으
며,[55] 장의강 등이 等谷川에 모여 모의하는 과정을 함께 들었으나
자신은 우매하여 무슨 소리인지를 몰랐다고 진술하고 있다. 또한
장의강의 집에 오래 머무르면서 심부름을 하는 등 잡일을 처리하
고 있었으며, 글을 읽을 줄 모르는 자였다. 그의 신분은 奴는 아니
었으나 특별히 종사하는 직역도 없었다.[56]

이와 같이 李達宇歌詞事件의 주모자 이달우는 비록 신분은 양
인이었으나 『周易』과 『通鑑』 등을 읽어 역사의식과 비판의식을
가지고 있었던 지식인으로서 가사를 제작하였고, 또 다른 주모자
인 장의강은 武를 겸비한 先達로서 두 사람이 의견일치를 이룸으

儀白等條, 614~616쪽.
54) 『推案及鞫案』 卷 26, 255冊 「罪人達宇義綱等推案」 9月 5日 罪人李漢
   源白等條, 616~621쪽.
55) 『推案及鞫案』 卷 26, 255冊 「罪人達宇義綱等推案」 9月 5日 罪人李宗
   國白等條, 621~623쪽.
56) 『推案及鞫案』 卷 26, 255冊 「罪人達宇義綱等推案」 9月 5日 罪人李宗
   國白等條, 621~623쪽.

로써 文武가 조화를 이루게 되었다. 이에 더하여 같은 고을에 살고
있는 鄕班들과의 유대관계도 돈독하게 함으로써 가사를 서당의 학
생들을 통해 유포시키기도 하였다. 이 사건은 19세기 초 당시 신분
이 낮은 지식인들의 행동양식의 한 단면을 보여주고 있다.

Ⅳ. 맺음말

　이상으로 조선시대 정치사회적으로 문제화된 歌詞事件의 양상
을 살펴보았고, 이 가운데 순조 4년(1804)에 발생한 李達宇歌詞事
件의 분석을 통하여 가사의 전파과정 및 그 효과와 가사의 내용,
그리고 이 가사를 지은 사람의 의식수준과 비판의식 등을 살펴보
았다.
　조선시대의 가사 사건으로서는 인조 3년에 반정 이후 공신세력
들의 반개혁적 성향을 비판하는 내용의 사건, 경종 2년(1722) 언문
으로 가사를 지어 경종을 비난함으로써 폐출시키는 계기를 삼고자
했던 사건, 영조 15년(1739) 노론과 소론의 정쟁을 비난하고 죄인의
형벌이 올바르지 못하며 영조의 정치력에 문제가 있다는 의미의
가사를 지어 유포한 사건, 영조 20년(1744) 익명의 가사를 지어 서
울의 南門에 걸어 놓았던 사건, 정조 7년(1783) 白川郡에서 農謠의
형태로 농민들 사이에 유행하였던 사건, 순조 4년(1804) 조선왕조
의 건국부터 비판한 이달우 가사 사건, 순조 26년(1826) 豊德 지방
의 향교를 폐쇄한 것을 비난하는 내용의 가사 사건 등이 있다. 이
가운데 순조 4년의 가사 사건을 분석하고 나머지 사건들은 그 개

요를 살펴보았다.

순조 4년(1804) 9월에 발생한 가사 사건은 황해도 安岳郡에 살고 있는 李達宇라는 자가 조선건국 초기 왕자의 난 등으로 혼란을 겪었던 역사적 사실을 거란의 야율아보기를 빗대어 비판하고, 민심을 현혹하고 국가의 정책을 비판한 사건이다. 나아가 황해도 長淵에 살고 있는 張義綱이라는 자와 더불어 백령도에서 군사와 군량을 모아 반란을 모의한 사건이다. 주모자 이달우와 장의강은 황해감영에서 효시당하고 나머지 대부분은 유배형을 당하였다.

주모자 이달우는 '근래에 생각하기에 민생은 고달프고 찌들었으며, 인심은 맑지 못하고 부유한 자는 겸병의 이로움을 취하고, 빈한한 자는 나아가 먹을 것이 없고 혹은 빚을 지고 걸인이 되어 심지어는 도적이 되는 지경에 이르렀다.'라고 비판하면서 표면적으로 가사제작의 이유가 굶주리는 백성들을 구제하고자 하는 목적에서 이루어졌음을 강조하고 있다. 그러나 보다 근본적인 목적은 첫째로 조선왕실에 대한 비판이고, 둘째로는 국가 정책과 굶주리는 백성들에 대한 정부의 무대책에 대한 비판이며, 나아가 민심여론의 조성에 있었다.

가사의 유포는 직접 또는 제삼자를 통하여 전파함으로써 자연스럽게 사람들의 입과 입을 통해 전달되도록 하였다. 먼저 장의강이 가사를 가지고 자신의 처가집이 있고 한 때 거처하였던 평양으로 가서 사람들을 모집하였으며, 이달우는 長淵의 西面에서 학동들을 모아 훈장 노릇을 하고 있는 郭憲儀에게 찾아가 학동들을 모아놓고 가사를 읊고, 그곳에서 수학하는 학동들은 모두 가사를 듣고 좋은 것이라고 등서하여 갔다. 아울러 崔光彦은 황해도의 또 다른 지역에 널리 유포하여 사람들을 모으는 역할을 담당하는 등 직접 또는 제삼자를 통하여 일대일 전파를 시도하고 있다.

이 사건에 연관된 사람들은 대부분 황해도에 근거지를 가지고 있었던 사람들이며 30대의 젊은 세대들이 중심을 이루고 있다. 그들의 신분은 양반으로부터 노비에 이르기까지 다양한 분포를 이루고 있으며, 대부분이 글자를 해독하고 있었다. 특히 주모자 이달우는 황해도 안악에 살고있던 良人으로서 『周易』을 공부하였으며, 타인에게 『通鑑』을 읽고 가르칠 정도의 해박한 지식과 역사의식을 가지고 있었다. 뿐만 아니라 중국 周나라와 唐나라의 토지제도에 관하여 논하면서 조선의 토지제도도 전면 개편되어야 한다는 주장을 하는 등 해박한 지식을 소유하고 있었던 것이 확인되며, 먹고사는데 지장이 없는 수준의 경제적 여유도 소유하고 있던 자이다. 그러나 평소 그의 행동은 백정과 같이 일탈된 일상생활을 하고 있었던 것으로 보아 사회에 대한 불만이 팽배해 있었던 것으로 보인다. 결국 그는 자신의 의사표현에 대한 정당한 경로를 포기하고 가사를 이용한 여론조성을 꾀하였고, 더 나아가 장의강과 같이 무과에 급제하고도 뚜렷한 직역이 없이 先達이라 불리면서 떠돌아 다니던 사람과 어울리면서 그의 비판적 성향은 더욱 강화되었던 것으로 생각된다. 이 사건은 19세기 초 당시 신분이 낮은 지식인들의 행동양식의 한 단면을 보여주고 있다.

조선시대 가사 사건의 연구를 통해서 가사의 전파가 신속하게 이루어져 사회적 여론형성에 지대한 영향을 미치고 있으며, 형식과 내용 및 장소에 구애받지 않고 자유롭게 읊조릴 수 있었고, 한문과 언문이 두루 사용되고 있으며, 가사의 이용계층이 국왕에서부터 노비에 이르기까지 폭넓게 분포되어 있었다는 점, 가사를 이용해 정치적 비판은 물론 사회여론을 조성하고자 했다는 점 등을 확인할 수 있었다. 이는 이 시대의 掛書나 投書 및 壁書 등 익명서와 같은 기능을 담당하였다는 점에서 가사의 국문학적 의의 이외에 역사적으로 民이 비판의식을 표출할 수 있는 한 역할의 장을 담당하였다는 점에서 그 의미를 되새길 수 있다. 나아가 18세기 후반 이후 조선이 中世的 民本政治의 토양 위에서 近代的 民權意識이 싹트고 있었다는 연구결과[57]와 함께 民의 저항의식과 비판의식이 점차 확대·성장하여 갔다는 연구 결과를[58] 구체적으로 입증해 주는 하나의 자료이기도 하다.

---

57) 韓相權, 1996, 『朝鮮後期 社會와 訴冤制度』, 一潮閣.
58) 李相培, 1999, 『朝鮮後期 政治와 掛書』, 國學資料院.

제3부

조선 후기 자연재해의 발생과
그 대책

제1장

지진의 발생 추이와 관료의 인식

Ⅰ. 머리말

地震은 지각의 弱帶, 즉 주로 단층에서 지각 내에 작용하는 응력에 의하여 지각이 破碎되면서 주위에 국지적으로 모였던 탄성에너지가 순간적으로 파동에너지로 전환되어 지각 진동이 사방으로 전파되는 현상을 말한다. 그 피해는 진동의 크기에 따라 다르며, 진동의 규모가 클수록 피해규모도 크게 나타난다는 것은 이미 주지의 사실이다. 이 같은 지진은 현대에 와서도 세계 각 국의 주요한 관심사이자 경계의 대상이다. 20세기에 우리와 가까운 일본에서도 고베대지진이 발생하여 많은 인명과 재산피해를 가져왔고, 또한 최근에는 터키와 대만에서 대지진이 일어나 수 만 명이 목숨을 잃는 재앙이 발생하였다. 상대적으로 한반도에 살고있는 우리는 지진과는 무관하다고 인식하는 경향이 있다. 그러나 실제적으로 우리의 역사 속에서 지진이 발생했다는 기록은 수없이 많다. 이는 한반도가 지진으로부터 안전지대가 아님을 역사가 보여주고 있는 것이다. 한반도에서 가장 오래 전에 일어난 지진은 신라 儒理王 11년 (A.D. 34) 2월 '京都의 땅이 갈라져 물이 용솟음쳤다'라는 기록이다.[1] 이후 고려시대 때 약 152건의 지진이 발생하고 있으며, 조선시대는 약 1,500여 건의 지진이 발생하고 있다는 것이 이미 밝혀져 있다.[2]

조선시대 각종 자연재해에 관한 연구는 기후와 수해 및 천문분야를 중심으로 전공학자들에 의해 연구되어져 왔으나[3] 역사학자들에 의한 구체적인 연구는 극히 미비한 실정이다. 역사학의 분야에서 자연재해에 관심을 갖기 시작한 것은 1980년대에 들어서다. 그것도 1500년에서부터 1750년 간에 세계적으로 이른바 '小氷期 (The Little Ice Age)' 시대가 있었다는 연구[4]와 함께 한반도에도 '17세기 위기설'이 제기되면서[5] 이후 소빙기에 관한 연구가 이루어져 왔다.[6] 또한 시대별로 15세기부터 자연재해에 관한 부분적인 연구

---

1) 『增補文獻備考』卷 10, 象緯考 10 地里條. "新羅儒理王十一年二月京都地裂泉湧"
2) 李泰鎭, 1997,「고려～조선 중기 天災地變과 天觀의 변천」『韓國思想史方法論』小花.
3) 김연옥, 1985, 『한국의 기후와 문화』, 이화여대 출판부 : 曹喜九・羅逸星, 1979,「18世紀 韓國의 氣候變動 - 降雨量을 中心으로 - 」『東方學志』22 : 羅逸星, 1981,「朝鮮 英・正祖 두 時代의 天文記錄」(1)『東方學志』29 등 다수의 논문이 있다.
4) 허진영, 1980,「17세기 위기론에 대한 일고」『대구사학』15・16합집에서 유럽의 소빙기적 위기에 대하여 논하고 있다.
5) 나종일, 1982,「17世紀 危機論과 韓國史」『歷史學報』94・95합집.
6) 小氷期에 관한 학계에서의 인식은 이태진, 1996,「小氷期(1500 - 1750)의 天體現象的 원인 - 『朝鮮王朝實錄』의 관련 기록 분석 - 」『國史館

가 계속 이루어져 왔다.[7)]

　그러나 이와 같은 기존의 연구가 자연재해의 총체적인 현상을
밝히는 면에 집중되면서 재해의 각종 부분별 연구는 미처 손을 대
지 못하였다. 특히 地震을 비롯한 海溢, 赤潮現象, 蟲災, 雨雹 등에
관한 세부적인 연구는 전무하다. 본 논문은 이러한 문제점에 착안
하여 18세기 지진의 발생 현황을 정리함과 아울러 한반도의 지역
별, 월별 지진 분포 현황을 밝혀보고자 한다. 나아가 당시 지진이
발생하였을 경우 爲政者들과 국왕은 어떻게 인식하고 있었는가,
또한 그에 대한 대처방안으로서 어떠한 조치를 취하고 있는가를
아울러 규명해 보고자 한다.

Ⅱ. 지진의 발생 현황

　『朝鮮王朝實錄』의 기록에 의거하여 볼 때 1700년에서 1799년까
지 100년간 한반도에서의 지진 발생기록은 아래의 <표 Ⅲ-1>에
서 보듯이 모두 128회 이상 나타나고 있다. 그렇다고 해서 지진 발
생이 128회가 나타났다는 것은 아니다. 예를 들어 실록에 단순하게

　　論叢』 72의 논문을 계기로 보다 확산되었다.
7) 오종록, 1991, 「15세기 자연재해의 특성과 대책」『역사와 현실』 5 : 김
　　성우, 1997, 「17세기 위기와 숙종대의 사회상」『역사와 현실』 25 : 이호
　　철·박필근, 1997, 「19세기초 조선의 기후변동과 농업위기」『朝鮮時代
　　史學報』 2 : 李相培, 1999, 「18~19세기 自然災害와 그 對策에 관한 硏
　　究」『國史館論叢』 89 등의 연구가 있다. 이 가운데 이호철과 박필근의
　　연구는 농업을 전공한 관점에서 기후 변동을 고찰하였다.

'전라도 전주 등지와 충청도 영동과 황간에서 지진이 발생하였
다'8)라고 기록되어 있기 때문이다. 이는 같은 날 동시에 발생하였
다고 보기도 어려울 뿐만 아니라, 여러 장소에서 시간적 간격을 두
고 발생할 수도 있기 때문에 이것을 1회로 하여 지진 발생횟수를
확정지을 수는 없다는 것이다. 다만 이와 같은 기록이 왕조실록에
128회가 나타나고 있다는 것이므로 실제적인 지진 발생횟수는 이
보다 훨씬 더 많다는 것을 전제로 하여야 한다.9)

<표 III-1> 1800년대 지진 발생 현황

년도	월	발 생 지 역	비 고
1700	3	경상도 大邱 등 24개 고을	城堞崩壊
1701	2	전라도 全州, 충청도 永同·黃澗	
〃	3	경상도 玄風縣	
〃	5	전라도 金堤	
〃	7	경상도 大邱	
〃	9	경상도 金海 일원, 황해도 黃州, 충청도 報恩	벼락소리와 같고 인가가 진동함
〃	12	전라도 順天 등 세고을, 충청도 沃川	
1702	6	전라도 順天	
〃	7	경기, 충청, 강원, 전라, 경상 5도	같은 날 동시에 발생
〃	8	경상도 大邱, 전라도 全州·光山 등 10고을, 경기도 水原	
1703	4	충청도 忠州 등 9고을, 公州 등 8고을	
〃	6	전라도 全州	
〃	7	전라도 清陽·大興	
〃	11	평안도 肅川	
〃	12	경상도 大邱·慶州·青松·清道·眞寶·新寧·晉州 등 8개읍	한 달에 3차례에 걸쳐 발생함

8) 『肅宗實錄』卷 35, 肅宗 27年 2月 己巳條.
9) 실제로 18세기 지진의 발생 횟수를 이태진은 170회로 산출하였다.
   李泰鎮, 1997, 「고려~조선중기 天災地變과 天觀의 변천」 『韓國思想
   史方法論』 小花, 116쪽.

년도	월	발 생 지 역	비 고
1704	2	평안도 泰川	산이 무너지는 소리
〃	5	경상도 豊基·順興	
〃	8	강원도 江陵·襄陽, 충청도 庇仁·藍浦	
〃	9	황해도 海州	
〃	10	충청도 定山, 경상도 熊川·昌原	
〃	12	충청도 槐山	
1705	2	충청도 淸州 文義縣	
〃	7	충청도 公州	
〃	10	경상도 大邱	
〃	12	전라도 全州 등 4개읍	
1706	6	충청도 扶餘 韓山 등 10개고을	
〃	11	諸道에서 지진이 있었다고 보고함	
1707	2	지진이 있었다	
〃	5	〃	
〃	12	〃	
1708	7	〃	
1709	6	경상도 蔚珍	
〃	12	평안도 龍川 등 5개 고을, 昌城	
1710	1	경상도 東萊·榮川·豊基	
〃	5	충청도 文義·燕岐, 경상도 慶州	
〃	2	평안도 平壤	
〃	5	경상도 密陽·淸道	
〃	10	강원도 안협현, 황해도 黃州 등 7개 고을, 평안도 平壤 등 13개 고을, 경상도 安陰縣·豊基 등 10개 고을	
1711	3	乾方에서 東方까지, 전라도 龍潭 평안도 江西縣	2일 연속 발생
〃	4	평안도 강서현·咸從, 충청도 瑞山	
〃	5	지진이 있었다. 전라도 茂朱, 충청도 林川	
〃	6	전라도 鎭安	
〃	8	전라도 長城	
1712	1	평안도 順川	
〃	4	경기도 永平, 지진이 있었다.	
〃	6	평안도 三登縣	
〃	9	평안도 平壤, 경상도 星州	

년도	월	발 생 지 역	비 고
1713	1	경상도 漆谷	천둥소리와 같음
〃	2	지진이 있었다.	
〃	3	평안도 平壤	가옥이 흔들림
〃	6	경상도 大邱 등	
〃	9	평안도 鐵山 등	
〃	12	충청도 藍浦, 강원도 淮陽	
1714	1	전국 8도	
〃	2	지진이 있었다.	
〃	3	충청도 公州 등 9개 고을	
〃	9	평안도 昌城	
〃	11	경상도 大邱, 충청도 槐山	
1715	3	경기도 利川 등 6개 고을	
〃	4	충청도 報恩	
1716	1	전라도 長興·康津 등	북을 치는 소리 같음
〃	3	평안도 江東縣	
1716	4	경상도 開寧縣	
〃	10	평안도 价川, 경상도 熊川·金海·龍宮	
〃	12	경상도 青松·英陽·眞寶·大邱·慶州 등	
1717	4	평안도 碧潼	
1718	9	경상도 英陽·安東·青松·眞寶 등	
1719	2	충청도 大興 등 6개 고을	
1720	2	지진이 있었다.	
1721	3	坤方에서 艮方까지	
〃	11	충청도 連山·恩津·扶餘, 전라도 珍山	천둥소리와 같음
1722	4	전라도 일대	
〃	11	평안도 일대 12개 고을	
〃	12	충청도 懷仁, 경상도 金山 등 4개 고을	
1723	5	경상도 開寧	천둥소리와 같음
〃	12	황해도 瑞興縣	
1724	1	황해도 瑞興縣	
〃	6	지진이 있었다	
1725	10	전라도 全州 淳昌, 강화부	
〃	12	황해도 長淵縣	
1726	3	황해도 載寧·瑞興·黃州 평안도 7개 고을	
〃	7	전라도 일대	
〃	11	전라도 일대	

년도	월	발 생 지 역	비 고
1726	12	충청도 堤川縣·淸風, 경상도 豊基	
1727	5	함경도 咸興 등 7개 고을	家屋과 城堞 崩壞
1729	3	경상도 陜川郡	
1730	2	艮方에서 坤方까지	
〃	12	경상도 醴泉	
1731	1	경상도 英陽·尙州	
1732	2	강원도 杆城, 경상도 金山	
〃	5	황해도 海州	
〃	9	경상도 豊基·醴泉·龍宮·榮川	
1733	3	경상도 熊川·昌原·金海	
1733	11	公洪道 文義·靑山·報恩·燕岐	집이 흔들림
1734	3	평안도 奉川	
〃	4	강원도 杆城, 충청도 溫陽	가옥이 흔들림
〃	8	평안도 祥原	
1736	12	경상도 寧海·星山	
1738	2	경상도 星山·大邱·豊基 등 11개 읍	
〃	11	경상도 達城	
1740	7	지진이 있었다.	
1741	9	〃	
1742	1	〃	
1743	5	평안도 殷山 등 5개 읍	
〃	10	전라도 일대	
〃	12	경상도 榮川 등	
1744	2	경상도 蔚山·彦陽, 충청도 公州, 전라도 扶餘 禮山 등	
〃	3	지진이 있었다.	
〃	11	지진이 있었다.	
1745	4	지진이 있었다.	
〃	7	전라도 唐津 등	
〃	8	충청도 尼山·連山	가옥이 흔들림
〃	9	충청도 靑山	
1746	10	경상도 丹城	
1747	5	지진이 있었다.	
1749	3	지진이 있었다.	
〃	9	漢城府, 경상도 醴泉, 강원도 三陟	
1751	1	황해도 일대	
〃	12	전라도 일대	
1752	9	지진이 있었다.	

년도	월	발 생 지 역	비 고
1753	9	지진이 있었다.	
1755	9	전라도 부안	
〃	〃	지진이 있었다.	
1758	6	전라도 德山	사망자 발생
1760	1	지진이 있었다.	
1761	2	전라도 일대	
〃	7	경상도 比安・善山・星州・仁同・金山・開寧	
1762	12	경상도 星州	
1784	2	漢城府.	땅이 흔들림

<표 Ⅲ-1>의 지진 발생 현황표에서 보듯이 지진의 규모나 피해 상황이 오늘날과 같이 정확한 수치가 나오는 것은 아니다. 즉 18세기 이후 지진에 관한 기록은 대부분 발생 사실과 그 지역의 일부만을 기록하고 있어 정확한 피해 규모와 지진의 규모를 알 수가 없는 것이 현실이다.

지진의 규모에 관해서는 상세하지 않으나 가옥이나 땅의 진동 여부와 천둥・벼락・북 치는 소리 등에 비유하여 강약을 기록하고 있다. 그것도 모든 지진에 관하여 기록한 것이 아니기 때문에 강약을 기록한 것은 다른 것과 비교할 때 비교적 강한 진도를 띄었을 경우에 특별히 기록한 것으로 생각된다. 즉 지진이 발생하였을 경우 그 규모가 오늘날에는 지진계가 있어서 리히터 규모로 과학적인 수치가 나오고, 그에 따라 피해현황을 짐작할 수 있을 뿐만 아니라 대비책도 강구할 수 있으나 조선시대는 단순하게 '가옥이 흔들리고 천둥소리와 같았다.'10) '산이 무너지는 소리와 같았다.'11) '북을 울리는 소리와 같았다'12)는 정도로 지진의 규모를 기록하고

---

10) 『肅宗實錄』 卷 53, 肅宗 39年 3月 己卯條 : 『景宗實錄』 卷 5, 景宗 1年 11月 壬寅條 : 『英祖實錄』 卷 38, 英祖 10年 4月 甲子條.
11) 『肅宗實錄』 卷 39, 肅宗 30年 2月 辛卯條.

있다. 또한 이 시기의『조선왕조실록』에 지진의 참상을 상세하게 기록하고 있지 않은 것은 지진의 강도가 약하여 그 피해가 적었기 때문으로 생각한다. 간혹 지진의 피해상을 기록하고 있는 것은 '성 채가 무너졌다'13) 혹은 '죽은 사람이 있었다'14)는 정도이며, 영조 13년에는 수찬 李鼎輔가 경상도 지역을 돌아보고 와서 말하기를 '달성에 지진이 일어난 뒤부터 인심이 흉흉하여 진정할 수 없었다' 고 하면서 지진으로 인한 인심의 동요를 지적하기도 하였다.15)

그 외 비교적 자세히 지진의 피해를 설명하고 있는 사료로는 순 조 10년 함경감사 曺允大의 보고를 들 수 있다.

> 이 달 16일 未時에 明川·鏡城·會寧 등지에 地震이 일어나 집 이 흔들리고 城堞이 무너졌으며, 산기슭에 사태가 나서 사람과 가축 이 깔려 죽기도 하였습니다. 같은 날 富寧府에도 지진이 일어나 무 너진 집이 38호이고, 사람과 가축 역시 깔려 죽었습니다. 16일부터 29일에 이르기까지 지진이 없는 날이 없어 한 晝夜 안에 8~9차례나 5~6차례씩 있었는데, 이따금 땅이 꺼지고 샘이 閉塞되는 곳도 있었 다고 합니다.16)

이 때의 지진에 대한 피해규모가 비교적 다른 사료에 비하여 자 세하게 나타나고 있는 것은 규모나 강도면에서 다른 지진보다 심 했던 것으로 생각된다. 이는 위의 기록에서 하루에 5, 6차례 혹은 8, 9차례 계속적으로 발생하고있다는 사실에 규모가 큰 지진이 발

---

12)『肅宗實錄』卷 57, 肅宗 42年 1月 壬辰條.
13)『肅宗實錄』卷 34, 肅宗 26年 3月 甲辰條.
14)『英祖實錄』卷 89, 英祖 33年 6月 乙亥條.
15)『英祖實錄』卷 46, 英祖 13年 11月 丙辰條.
16)『純祖實錄』卷 13, 純祖 10年 1月 壬午條. 당시 조윤대는 이 보고에서 발생지역이 해변이라는 점과 여러날 동안 계속되었다는 점을 지적하면 서 지진이 아니고 海雷·海動일 가능성이 많다고 주장하고 있다.

생한 이후 지속적으로 여진이 나타나고 있음을 설명하고 있는 것
이다.

이 기록들을 근거로 지역별 지진 발생분포를 살펴보면 다음의
<표 Ⅲ-2>와 같다.

〈표 Ⅲ-2〉 지역별 지진 발생 현황

서울 · 경기	충청도	전라도	경상도	강원도	황해도	평안도	함경도	기타
6	29	27	43	9	11	22	2	24

* 기타는 '지진이 있었다' 등 뚜렷한 지역을 알 수 없는 상황이다.

<표 Ⅲ-2>에서 보듯이 한반도 전체 지역이 지진으로부터 안전
지대가 아니며, 특히 下三道인 충청도 · 경상도 · 전라도에서 지진
이 많이 발생하고 있음을 알 수 있다. 이 가운데에서도 경상도지역
에서의 지진 발생횟수가 전라도와 충청도의 그것에 비해 거의 두
배 가량 발생빈도가 높게 나타나고 있다.

또한 북쪽지방에서는 평안도가 비교적 많은 발생분포를 보이고
있으며, 황해도에서도 약간의 지진이 빌생하고 있음이 보인다. 그
리고 서울 · 경기와 강원도 및 함경도지역은 낮은 발생률을 보이고
있으며, 그 가운데서도 함경도가 가장 낮게 나타나고 있다.

다음으로 1년을 기준으로 월별 지진발생현황을 살펴보면 다음
의 <표 Ⅲ-3>과 같다.

〈표 Ⅲ-3〉 18세기 월별 지진 발생 현황

월	1	2	3	4	5	6	7	8	9	10	11	12	계
횟수	10	15	14	9	11	9	9	5	13	7	9	17	128

　월별 지진 발생 결과를 볼 때 11월에서부터 3월까지 추운 겨울
에 전체의 약 50% 정도인 65회가 발생하고 있으며, 비가 많이 내리
는 6월에서 8월 사이에는 23회로 전체의 18%로 비교적 다른 계절
에 비해 발생률이 낮게 나타나고 있음을 확인할 수 있다.

　그러면 이와 같은 지진의 재해에 대하여 당시의 위정자들은 어
떻게 인식을 하고 있었으며, 그에 대한 대책으로는 무엇을 제시하
고 있는가를 살펴보자.

Ⅲ. 인식과 그 대책

　전근대 사회 지진에 대한 조정 관료들의 생각은 성리학적 思惟
體制 속에서 벗어나지 못하고 있다. 즉 성리학에서 주장하는 '修己
治人'의 이념하에 지진발생에 대한 원인이 통치자에게서 비롯된다
고 생각하고 있다. 통치자의 '修己'가 잘 되었을 경우에는 하늘로
부터의 재앙이 초래되지 않으나 반대로 '修己'를 게을리 하거나 아
예 돌보지 않을 경우에는 하늘로부터의 재앙이 나타난나고 인식하
고 있다. 이러한 사실은 다음과 같은 기록들을 통해서 알 수 있다.

　숙종 31년 지진이 나타나자 예조참의 韓聖佑가 상소하여 '전하
께서는 길이 겸양하여 낮추는 덕을 지키고 공경하여 두려워하는
마음을 더욱 힘쓰시어 春宮을 온화한 말로 깨우쳐 그로 하여금 養
志에만 전념하도록 하십시오'라고 하여 숙종 자신의 몸가짐을 바
르게 할 것을 강조하고, 이렇게 할 경우 천재지변이 소멸되고 원래
의 상태로 돌아올 것이라고 주장하고 있다.[17] 또한 헌납 朴鳳齡은

'지난 밤 지진의 변괴는 지극히 예사로운 것이 아니었으니 전하께
서 하늘의 견책에 응하는 도리가 형식적이기만 하고 실질적인 것
이 아니며, 두려워하는 생각이 처음에만 있고 끝이 없기 때문에 그
런 것이 아니겠습니까'[18]라고 하여 국왕의 잘못된 '修己'의 자세를
질책하고 있음을 알 수 있다. 이 외에도 지진이 발생하면 그 책임
을 국왕에게 떠넘기면서 국왕의 修省을 요구하는가[19] 하면 修省의
方道로서 講筵을 자주 열어서 儒臣들을 접하도록 요구하기도 한
다.[20] 이와 같은 인식은 영조 때 신하들과 『節酌通編』을 강론하는
자리에서 당시의 侍讀官이었던 吳瑗의 말에 보다 분명하게 나타
나고 있다.

> 중국의 장주에서 지진이 일어났다. 朱子가 刑政이 어긋나고 陰陽
> 에 빠져들었다면 스스로의 허물을 책망하여 죄를 기다린 일을 들어
> 백성을 다스리는 군왕은 재해를 만났을 경우 자신을 닦고 반성하는
> 방도를 마련해야 한다고 논평하니 임금이 이를 옳게 여겼다.[21]

즉 영조 29년 중국에 사은사로 간 徐平君 李橒가 돌아와 중국에
서 지진이 발생하여 명나라 때 지은 太和殿이 무너지고 인가가 피
해를 입었으며 청나라의 황제는 지진을 피해 배 위에 장막을 치고
피신해 있다고 보고한바가 있다.[22] 시독관 오원이 이를 예로 들면
서 朱子의 말을 들어 재해는 곧 군왕이 형벌남용이나 음양에 빠져
정사를 돌보지 않아 죄를 얻는 것과 같은 선상에서 이해를 유도하

---

17) 『肅宗實錄』 卷 41, 肅宗 31年 2月 壬午條.
18) 『肅宗實錄』 卷 45, 肅宗 33年 12月 戊申條.
19) 『承政院日記』康熙 41年 7月 5日條.
20) 『景宗實錄』 卷 3, 景宗 1年 3月 丙戌條.
21) 『英祖實錄』 卷 35, 英祖 9年 7月 庚寅條.
22) 『英祖實錄』 卷 29, 英祖 7年 4月 癸巳條

고 있다. 재해는 곧 통치자가 자신을 닦고 반성하지 않는 것에서
비롯된다는 것을 주장하고 있음을 알 수 있다. 또한 이에 대하여
당시의 통치자들도 신하들과 같은 인식을 하고 있음도 보인다.

나아가 통치자의 개인적인 '修己'만이 아니라 '治人'에 대한 비
판도 나타나고 있다. 경종 때는 국왕이 刑法을 신속하게 처리하지
않기 때문에 지진과 같은 재해가 발생하는 것이라고 주장하여 자
연현상을 자신들에게 유리한 방향으로 해석하고 있다.[23] 즉 당시
는 정치권에서 노론과 소론 사이에 왕위계승을 둘러싸고 첨예한
대립이 일어났던 시기였기 때문에[24] 지진의 발생을 이유로 하루빨
리 상대방의 죄인에 대한 처결을 서둘러야 한다는 쪽으로 의견을
몰아 갔던 것이다. 숙종 33년에도 2월·5월·12월에 걸쳐 지속적
으로 지진이 발생하자 국왕이 하늘의 견책에 응하는 도리가 형식
적이고 실질적인 것이 아니기 때문에 지진의 재해가 계속 이어진
다고 비판하였다. 나아가 '전하께서 오늘날 당론의 폐해가 단지 조
정의 신하들에게만 관계되고 전하께로부터는 말미암지 않는다고
생각하십니까?'라고 하면서 숙종의 인사정책과 당론의 책임전가에
대해 반론을 제기하기도 하였다.[25] 영조 때에는 승정원에서 지진
과 우박 등의 災變에 대하여 '德을 닦아 재해를 없애는 것은 진실
로 이치가 있는 것'이라고 하면서

　　천지가 경고를 보이는 것이 이처럼 자주 있는 것은 무슨 까닭입니
　　까. 신 등에게도 사죄가 있기는 합니다만 전하께서도 뜻은 지니고
　　있으면서도 … 아직껏 한가지 政事도 대단하게 진작시켜 긴요하게
　　해 나감으로써 群情에 부답하고 천심을 기쁘게 한 것이 없기 때문에

---

23)『景宗實錄』卷 15, 景宗 4年 7月 壬寅條.
24) 李相培, 1999,『朝鮮後期 政治와 掛書』, 國學資料院.
25)『承政院日記』康熙 46年 12月 30日條.

인애하는 하늘이 자상하게 경고하여 전하로 하여금 더욱 면려하게 하기 위해서 그런 것이 아니겠습니까. … 오늘날의 재이를 자신을 훌륭하게 완성시키고 덕을 증진시키는 기틀로 삼으시어 끝없는 아름다움을 억만 년토록 전해 가게 한다면 이에서 上天이 경고한 뜻에 부합되어 천심을 기쁘게 하고 재이를 전환시켜 祥瑞로 만들 수 있을 것입니다.26)

라고 하여 지진과 같은 災變이 발생한 원인이 자신들에게 있는 것만이 아니라 국왕 영조의 부족한 덕과 失政에도 그 원인이 있음을 주장하고 있다. 이는 곧 하늘이 인간에게 경종을 울리기 위해 재해를 내리는 것이고, 이를 극복하기 위해서는 통치자가 백성들에게 덕을 베풀어 하늘을 감화시켜야 한다는 것이다. 이는 비단 지진이 일어났을 때만 나오는 이야기가 아니며 다른 재해가 발생하였을 때마다 제기되는 주장들이다.

결국 전근대사회 관료들의 지진에 대한 인식은 당시 사회를 지배하고 있던 성리학적 사유체제 속에서 벗어나지 못하고 지진의 발생원인을 자신들 스스로에서 찾고자 하였다. 즉 지진발생의 근본적인 원인을 규명하고, 그 대책을 강구하고자 한 것이 아니라 인간의 죄악으로 인해 이를 벌하고자 하늘로부터 불가항력적으로 발생하는 것이라고 인식하고 있었다. 특히 통치자의 자세와 직접적으로 연결된다고 인식하고 있었음을 알 수 있다. 이와 같은 인식은 지진에 대한 사후 대책의 강구도 원인제공을 최소화하는 방법, 즉 통치자의 철저한 자기관리와 덕에 의한 통치를 통해 하늘을 감화시킴으로서 재해를 최소화하거나 중지시키고자 하였다.

그러면 지진이 발생한 이후의 대책은 어떻게 강구되고 있는가. 영조 13년 삼남지방과 호남의 해안가를 두루 돌아보고 온 수찬 李

---

26) 『英祖實錄』 卷 67, 英祖 24年 3月 己丑條.

鼎輔는 달성에서 발생한 지진을 포함한 그 결과를 영조에게 보고
하였다. 이 자리에서 그는 재해로 인한 인심의 동요와 백성들의 궁
핍한 경제적 참상을 토로하면서 '전하께서는 두려워하시며 반성하
고 힘쓰심이 며칠 간의 減膳과 간략한 求言에 불과하시니 어떻게
재앙이 소멸해 그치게 하시겠습니까'라고 하여 형식적인 영조의
대책을 비판하였다.[27] 즉 지진 등과 같은 대자연의 재해가 발생하
자 영조는 스스로를 경계한다는 의미로서 식사할 때 국왕의 반찬
가지 수를 줄여서 상을 올리도록 하는 감선과, 자신의 행동거지는
물론 국가 정치운영의 문제점까지도 포함하여 신하들의 비판을 받
아들이고 의견을 듣는다는 의미의 求言 등을 실행하였음을 알 수
있다. 그러나 이와 같은 행위는 국왕으로서 백성들에게 자신의 의
지를 상징적으로 보여주는 역할 이외에는 근본적인 대책이 될 수
없다. 특히 영조의 경우는 자연재해가 발생할 때마다 감선과 구언
등을 행함으로써 자신이 聖君의 자질이 있음을 신하들에게 과시하
고자 하였고, 나아가 이를 통해 신하들로 하여금 군왕을 존경하도
록 유도하였음을 감안할 때[28] 재해에 대한 상징적 의미로서의 대
책에 불과한 것이다. 구언과 감선은 비단 영조만이 취한 행동은 아
니었다. 정조도 새벽에 지진이 일어나 잠을 설치고 난 후 다음날
구언을 하교하여 신하들의 의견을 청취하였다.[29] 이 자리에서도
신하들은 한결같이 국왕의 '修己治人'과 '恐懼修省'을 강조할 뿐
이었다.[30]

이후 순조 때에는 지진이 발생한 지역에 대한 身役과 雜役 및
환곡 등을 감면해 주고 해당 지역의 수령으로 하여금 잘 돌보고 진

27)『英祖實錄』卷 46, 英祖 13年 11月 丙辰條.
28) 李熙煥, 1995,『朝鮮後期 黨爭研究』國學資料院, 298~299쪽.
29)『正祖實錄』卷 17, 正祖 8年 2月 癸亥條.
30) 上同.

흉하도록 조치하고 있다.[31] 또한 네 고을 이상 지진이 있으면 解怪
祭를 지내도록 하였다. 이에 필요한 香·祝·幣는 중앙에서 내려
보냈으며, 좋은 날을 택하여 재해지역의 중간지점에 단을 설치하
여 놓고 제사를 지내도록 하였다.[32]

　이와 같이 18세기 지진에 대하여 정부에서 추진한 대책으로는
국왕 자신의 '修己治人'과 '恐懼修省' 및 減繕과 求言 등 유교적
덕목을 더욱 강조하고 이를 지키고자 노력함으로써 자연재해에 대
한 대책을 다하는 것으로 생각하였음을 알 수 있다. 이는 당시가
성리학적 가치관에 따른 사유체계와 행동질서가 자리잡고 있었던
시대라는 점을 감안할 때 당시로서는 자연재해에 대한 최선의 방
책이라고 생각했을 것이다.

Ⅳ. 맺음말

　이상에서 조선시대 18세기 100년 간을 대상으로 지진의 발생 현
황과 지역별·월별 발생 빈도수를 살펴보았고, 이에 따른 그 시대
사람들의 인식과 그 대책이 어떠하였는가를 고찰하였다. 이를 요
약하면 다음과 같다.

　1700년～1799년까지 100년 간『조선왕조실록』에 나타나고 있는
한반도에서의 지진 발생기록은 모두 128회이며, 적어도 실제적인
발생빈도는 그보다 훨씬 상회하고 있다. 지역적으로는 下三道인

---

31) 『純祖實錄』卷 13, 純祖 10年 1月 壬午條.
32) 『純祖實錄』卷 13, 純祖 10年 2月 丙戌條.

충청도 · 경상도 · 전라도에서 지진이 많이 발생하고 있으며, 그 가운데에서도 경상도지역의 지진 발생횟수가 전라도와 충청도의 그것에 비해 거의 두 배 가량 높게 나타나고 있다. 또한 북쪽지방에서는 평안도가 비교적 많은 발생분포를 보이며, 황해도에서도 약간의 지진이 발생하고 있다. 그리고 서울 · 경기와 강원도 및 함경도지역은 낮은 발생률을 보이고 있으며, 그 가운데서도 함경도가 가장 낮게 나타나고 있다. 이는 한반도 전체 지역이 지진으로부터 안전지대가 아님을 보여주고 있는 것이다. 그리고 지진은 1년 중에서 11월부터 3월까지 추운 겨울에 전체의 약 50% 정도인 65회가 발생하고 있고, 비가 많이 내리는 6월에서 8월 사이에는 23회가 나타나 전체의 18%로 비교적 다른 계절에 비해 발생률이 낮게 나타나고 있음을 확인할 수 있다.

  18세기 이후 지진에 관한 기록은 대부분 발생사실과 그 지역의 일부만을 기록하고 있어 정확한 피해규모와 지진의 규모를 알 수가 없는 것이 현실이다. 이와 같은 지진 발생에 대하여 전근대사회 관료들의 인식은 당시 사회를 지배하고 있던 성리학적 사유체제 속에서 벗어나지 못하고 지진의 발생원인을 자신들 스스로에서 찾고자 하였다. 즉 지진발생의 근본적인 원인을 규명하고, 그 대책을 강구하고자 한 것이 아니라 인간의 죄악으로 인해 이를 벌하고자 하늘로부터 불가항력적으로 발생하는 것이라고 인식하고 있었다. 특히 통치자의 자세와 직접적으로 연결된다고 인식하고 있었음을 알 수 있다. 그리하여 지진과 같은 재해가 발생할 경우 신하들은 이를 매개로 공공연하게 국왕의 정치력뿐만 아니라 국왕 개인의 '修己治人'에 대한 비판과 독설을 유감없이 발휘하였다. 나아가 국왕 스스로도 이러한 비판을 받아들이고 있다.

  이와 같은 인식은 지진에 대한 사후 대책의 강구에서도 반영되고 있다. 즉 원인제공을 최소화하는 방법, 곧 통치자의 철저한 자기관리와 덕에 의한 통치를 통해 하늘을 감화시킴으로서 재해를 최소화하거나 중지시키고자 하였다. 그리하여 국왕 자신의 '修己治人'과 '恐懼修省' 및 減繕과 求言 등 유교적 덕목을 더욱 강조하고 이를 지키고자 노력함으로써 자연재해에 대한 대책을 다하는 것으로 생각하였다. 이는 당시가 성리학적 가치관에 따른 사유체계와 행동질서가 자리잡고 있었던 시대라는 점을 감안할 때 당시로서는 자연재해에 대한 최선의 방책이라고 생각했을 것이다.

결국 18세기 자연재해인 지진에 대한 인식과 그 대책은 그 시대가 안고 있었던 성리학적 사유체계와 행동양식에 따른 인식과 해결방법의 모색이라는 대 명제를 벗어나고 있지 못하였음을 알 수 있다.

제2장

각종 自然災害의 발생과 그 對策

Ⅰ. 머리말

전근대 사회는 오늘날과 달리 자연재해로부터 무방비 상태에 놓여 있었다. 따라서 국가의 통치자는 治山治水를 가장 중요한 통치 덕목의 하나로 간주하였고, 심각한 자연재해의 발생은 곧 통치자의 덕이 부족하기 때문이라고 인식하기까지 하였다. 이 같은 인식이 性理學的 世界觀을 바탕으로 형성되어 있음은 주지의 사실이다.

조선시대의 자연재해 가운데 16세기부터 18세기 중반까지는 세계의 기상이변과 궤를 맞추어 조선에서도 소위 小氷期가 도래하였다는 시각에서의 연구 결과가 이미 나와 있다.[1] 이 외에 역사학 분

---

1) 나종일, 1982, 「17세기 위기론과 한국사」『歷史學報』94・95합집 : 金蓮玉, 1985, 「韓國의 小氷期 氣候 - 歷史氣學的 接近의 一試論 - 」『地

야에서의 자연재해에 관한 연구로는 대부분 자연재해의 피상적인
현상을 일부 나열함으로서 당시의 사회적 여건을 조명하는 정도의
연구가 되어왔던 것이 사실이다. 즉 자연재해의 본질에 대한 연구
라기 보다는 조선 후기의 민란이나 농업정책·진휼정책·사회동
향 등을 연구하는 가운데 연구주제의 배경을 밝히는 과정 속에서
자연재해의 일부를 논술하고 있는 상황이다. 그러나 과학사나 지
리학 및 농업경제분야에서 조선시대의 자연재해를 특히 기후의 변
화라는 차원에서 일부 다루고 있어 전근대 사회의 기후 실상을 접
근하는 하나의 단초를 제공하고 있다.[2]

  자연재해의 피해는 농민들을 근거지로부터 이탈시키는 원인의
하나로 작용하였고, 이탈된 농민들은 유리민이 되어 문전걸식하거
나 도적으로 자신의 생계수단을 삼기도 하였다. 正祖가 자연재해
발생 이후 '들판에 그득하던 황금물결이 어느새 赤地로 변해버려
길거리에 그득히 流離하는 사람들이 서로 바라보는 형상을 상상하
면서 밤중에도 잠을 못 이룬다'[3]고 하소연하는 대목은 자연재해의
실상과 이로 인해 피해를 당하는 대다수 농민들의 실태를 극명하
게 보여주고 있다.

  자연재해라 함은 여러 가지 양상을 지적할 수 있겠으나 본 논문
에서는 비교적 자주 발생하고 그 피해규모가 큰 水災와 旱災로부
터 蟲災·海溢·暴風·雨雹 등을 대상으로 하여 각 자연재해 발

    理學과 地理敎育』14 : 李泰鎭, 1997, 「고려~조선중기 天災地變과 天
    觀의 변천」『韓國思想史方法論』, 소화.
  2) 曺喜九·羅逸星, 1979, 「18世紀 韓國의 氣候變動 - 降雨量을 中心으
    로 - 」『東方學志』22 : 김연옥, 1985,『한국의 기후와 문화』, 이화여대
    출판부 : 이호철·박필근, 1997, 「19세기초 조선의 기후변동과 농업위
    기」『朝鮮時代史學報』2.
  3)『正祖實錄』卷 16, 正祖 7年 9月 辛卯條.

생의 실태와 그 피해 상황, 나아가 이에 대한 정부의 대응책을 다
루고자 한다. 그리고 시기적으로는 조선 후기 특히 18세기와 19세
기 약 200년 간으로 정하였다.

Ⅱ. 자연재해의 발생과 그 실상

전근대 사회의 자연재해 가운데 민에게 직접적이고 광범위한 피
해를 주었던 것은 水災와 旱災이며 나머지도 부분적인 피해를 가
져다 주었다. 특히 수재와 한재는 당시 농경본위의 사회에서 농가
소득에 직접적인 피해를 안겨주기 때문에 정부에서도 그 대책에
많은 관심과 주의를 기울여 왔다. 18~19세기 자연재해 발생의 기
본적인 현황을 통계수치로 보면 아래의 <표 Ⅲ-4>과 같다.

〈표 Ⅲ-4〉 18~19세기 자연 재해 발생 현황4)

구 분	수 재	한 재	충 재	해 일	지 진	폭 설	우 박	폭 풍	계
18세기	132	93	55	45	170	4	370	73	942
19세기	145	50	4	6	10	-	35	5	255
계	277	143	59	51	180	4	405	78	1,179

위의 자연재해 가운데 우박에 관한 기록이 405건으로 가장 많은

---

4) 李泰鎭, 앞의 논문, 116쪽의 도표 재인용. 인용 과정에서 大雨를 水災
   에 포함시켰으며, 大風雨와 風雨를 합하여 처리하였다. 그리고 19세기
   는 위 논문의 통계에 1862년까지 되어 있으므로 그 이후 1900년까지의
   기록을 고종실록을 근거로 하여 추가하였다.

발생 횟수를 보이고 있으나 그 피해규모를 고려할 때는 수재 발생 기록이 277건으로 가장 많은 빈도를 보이고 있다. 그리고 지진의 경우는 사람이 죽었다는 피해 기록도 있으나 그 규모 면에서 인간이 지진을 감지할 수 있는 단계의 것들이 대부분이다.[5] 따라서 수재 다음으로 그 자연재해의 피해 규모가 큰 것은 한재로서 모두 143건의 기록이 보이고 있다. 이들에 관한 기록을 근간으로 자연재해의 발생 형태와 그 피해 규모 등에 관하여 살펴보고자 한다.

1. 水災와 旱災

기후 요소 가운데 가장 변화가 심한 것은 1년에 내리는 강수량이다. 그런데 한반도는 아시아 몬순 지대에 공통되는 夏季集中型으로 여름철에 내리는 비의 많고 적음에 따라 그 해의 강수량이 결정되며 비교적 그 변화가 크다.[6] 전근대사회 전국에 내린 홍수 횟수를 『增補文獻備考』에 기록되어 있는 것을 기준으로 월별로 정리하면 다음의 <표 Ⅲ-5>와 같다.

〈표 Ⅲ-5〉 조선시대 월별 홍수 횟수[7]

월	1	2	3	4	5	6	7	8	9	10	11	12	기타	계
횟수	0	4	1	3	0	11	16	26	23	3	3	1	11	87

5) 지진에 관해서는 이 책 3부 1장에서 다루고 있으므로 본 논문에서는 중복을 피하기 위해 본래의 원고에서 삭제하였다.
6) 김연옥, 1994, 『한국의 기후와 문화』, 이화여대 출판부, 144쪽.
7) 『增補文獻備考』卷 8, 象緯考 9 雨異條. 이 표에서 기타는 월이 표시되지 않은 경우의 6회와 봄으로 기록된 것 1회, 여름으로 기록된 것 4회를 합한 횟수이다.

위의 표에서 보듯이 조선시대 때도 6월에서 9월에 집중호우가 내리고 있음을 알 수 있다. 물론 이 월은 음력으로 오늘날 장마가 대부분 양력 7월에서 9월에 집중되어 나타나고 있는 것과 큰 차이를 보이고 있지 않다.

이와 같은 여름철의 집중호우에 대하여 조선시대에는 사전에 수해를 예방할 수 있는 방법이 많지 않았다. 이는 비의 양과 그 내리는 시기 등을 미리 예측할 수 없었기 때문이다. 다만 天文學 官員들이 하늘의 조짐을 보고 그 해의 풍흉을 미리 점치거나[8] 또는 그 해의 상징적인 요소들 예를 들면 '겨울 입동 이후에 눈이 많이 오면 풍년들 조짐이다'는 등의 막연한 예측에 불과하였다.[9] 그러나 다행하게도 비록 강우량의 정도를 미리 예측할 수는 없었을지라도 세종 때에는 비의 양을 측정할 수 있는 측우기를 만들고, 수표석을 세워 전년도와 비교하여 강우량의 변화를 측정함으로써 홍수의 위험수위를 측량하기도 하는 등 수재로부터 민의 피해를 줄이기 위한 노력을 기울여 왔다. 그럼에도 불구하고 조선 후기 대다수의 民들은 수재로 인한 피해를 거의 매년 당하고 있었다. 수재로 인한 피해는 가옥 및 전답의 파괴와 침수·유실, 제방의 붕괴, 익사자의 발생 등 그 피해가 심각한 지경에 이르렀다. 18~19세기 수재로 인한 피해 실상을 정리히면 <표 Ⅲ-6>과 같다.

---

8) 영조 21년 영중추부사 민진원은 천문관 관원들이 이 해의 풍흉을 점친 결과 '심한 가문의 재앙이 있을 것이다'라는 것을 근거로 하여 그 대책으로 제언의 수축을 주장하고 있다(『英祖實錄』 卷 9, 英祖 2年 1月 乙巳條).
9) 『正祖實錄』 卷 48, 正祖 22年 1月 丙寅條.

〈표 III-6〉 수재로 인한 피해 현황

연도 · 묘호	지 역	피 해 현 황
1703 숙종 29년	서울	사옹원청사 전복, 1명 사망, 11명 부상
1709 숙종 35년	서울 · 경기	민가 표몰 18호
1710 숙종 36년	서울	민가 표몰 60호
1712 숙종 38년	평안도 안주	민가 표몰 400호
〃	价川과 寧邊	민가 유실 2,000호
〃	평안도 熙川郡	익사자 190명
1719 숙종 45년	황해도	민가 표몰 2,400여호, 익사자 217명
1729 영조 5년	관북지역	민가 표몰 1,000인
1739 영조 15년	황해도	민가 표몰 900여호
〃	北道	민가 표몰 1,000인
1741 영조 17년	관동지역	민가 표몰 1,000호
〃	호남지역	민가 유실 770여호
1742 영조 18년	영남지역	익사자 甚衆
1750 영조 26년	호남 同福縣	민가 표몰 130호
1752 영조 28년	경기	민가 표몰 210여호, 압사자 33명
1755 영조 31년	충청도	민가 유실 900여호
〃	전라도	곡물 피해 및 익사자 다수
1763 영조 39년	서울	민가 표몰 570호
1765 영조 41년	황해도	민가 유실 다수
1781 정조 5년	평안도	민가 표몰 300여호
〃	경상도	익사자 410여명
1789 정조 13년	평양	민가 표몰 500여호
1796 정조 20년	의주	민가 표몰 1,000여호, 익사자 200여명
1797 정조 21년	황해도	민가 표몰 300여호, 익사자 수십명
1804 순조 4년	서울	민가 표몰 100호, 익사자 7명
1810 순조 10년	서울	민가 표몰 740호
〃	의주	민가 붕괴 1,700여호, 익사자 170여명
〃	함경도	민가 표몰 700여호, 익사자 40여명
1815 순조 15년	경상도	민가 표몰 1,800여호, 익사자 570여명
1816 순조 16년	황해도	민가 표몰 500여호
1817 순조 17년	호남지역	민가 유실 2,453호, 익사자 84명
〃	영남지역	민가 유실 2,025호, 익사자 45명
〃	호서지역	민가 유실 1,609호, 익사자 48명
〃	관서지역	민가 유실 145호, 익사자 29호
〃	서울	민가 유실 778호
1819 순조 19년	공청도	민가 표몰 1,900여호 익사자 170여명

연도 · 묘호	지 역	피해현황
1820　순조 20년	평안도 价川	민가 표몰 200여호, 익사자 300여명
1821　순조 21년	서울	민가 표몰 1,079호, 익사자 16명
〃	해서 黃州	민가 표몰 818호, 익사자 52명
〃	관서 博川	민가 표몰 1,368호, 익사자 8명
〃	호서 淸州	민가 표몰 991호, 익사자 78명
〃	호남 全州	민가 표몰 672호, 익사자 14명
〃	관북 茂山	민가 표몰 177호, 익사자 13명
〃	공청도	민가 표몰 700여호, 익사자 70여명
1822　순조 22년	황해도	민가 표몰 1,100여호, 익사자 20여명
1823　순조 23년	경상도	민가 표몰 3,800여호, 익사자 60명
〃	전라도	민가 표몰 700여호, 익사자 10명
1824　순조 24년	전라도	민가 표몰 1,200여호, 익사자 20명
1828　순조 28년	충청 公州	민가 표몰 649호, 익사자 37명
〃	경상 밀양	민가 파괴 403호, 익사자 85명
1829　순조 29년	함경 北靑	민가 표퇴 443호, 익사자 51명
〃	함경 北靑	민가 표퇴 564호, 익사자 92명
〃	吉州	민가 표퇴 578호, 익사자 86명
〃	明川	민가 표퇴 506호, 익사자 74명
〃	경상도	민가 표몰 300여호, 익사자 80명
1832　순조 32년	서울	민가 표몰 3,166여호, 익사자 64명
〃	기타 8도	민가 표몰 7,671호, 압사 및 익사자 293명
1834　순조 34년	경상도	민가 표몰 1,500여호, 익사자 20명
1835　헌종　1년	충청도	민가 표몰 1,500여호, 익사자 120명
1839　헌종　5년	평안도	민가 표몰 1,560여호, 익사자 2명
〃	경상도	민가 표몰 3,100여호, 익사자 40명
1845　헌종 11년	평안도	민가 표퇴 40여호, 익사자 500명
1846　헌종 12년	서울 · 경기	민가 표몰 3,900호
〃	기타지방	민가 표몰 2,470호, 익사자 다수
1850　철종　1년	충청도	민가 표퇴 800여호
1851　철종　2년	평안도	민가 표몰 200여호, 익사자 30명
1851　철종　2년	황해도	민가 표몰 2,600여호, 익사자 40여명
1852　철종　3년	함경도	민가 표몰 770여호
1854　철종　5년	충청도	민가 표몰 1,000여호, 익사자 40명
1856　철종　7년	황해도	민가 표몰 8,280여호, 익사자 30명
〃	평안도	민가 표몰 1,000여호
1857　철종 8년	전라도	민가 표몰 1190여호, 익사자 50명
1860　철종11년	함경도	민가 표몰 1,500여호, 익사자 30명
1862　철종13년	평양	민가 표몰 2,200여호

연도 · 묘호		지 역	피해현황
1863	철종14년	황해도	민가 표몰 1,180여호, 익사자 10명
	〃	함경도	민가 표몰 590여호, 익사자 20명
1864	고종 1년	전라도	민가 표몰 430여호, 익사자 30명
1865	고종 2년	경기 광주	민가 표몰 550여호, 익사자 5명 *
	〃	경상도	민가 표몰 2,040여호, 익사자 257명
1866	고종 3년	평안도	민가 표몰 480여호, 익사자 30명
1868	고종 5년	평안도	민가 표몰 900여호, 익사자 100명
1874	고종11년	경상도	민가 표몰 1,755호, 익사자 10명
1879	고종16년	서울	민가 표몰 2,351호(全破·反破·漂流 등)
	〃	공주 등	논밭 26결 침수
1881	고종18년	평안도	민가 표결 640여호, 익사자 100명
	〃	경상도	민가 표몰 750여호, 익사자 24명
	〃	경주부	민가 붕괴 727호, 익사자 109명
1885	고종22년	서울	민가 표몰 710여호
	〃	경상도	민가 표몰 6,000여호, 익사자 90명
	〃	전라도	민가 표몰 1,700여호, 익사자 20명
	〃	평안도	민가 표몰 900여호, 익사자 17명
1886	고종23년	해주목	민가 표몰 415호
1888	고종25년	평안도	민가 표몰 2,300여호, 익사자 300명
1891	고종28년	경상도	민가 표몰 5,000여호, 익사자 170명
1892	고종29년	평안도	민가 표몰 400여호, 익사자 60명

*자료 : 『조선왕조실록』·『증보문헌비고』·『조선고대관측기록조사보고』
   이 피해규모는 민가와 인명피해를 위주로 작성하였으며, 그 수치
   를 정확하게 알 수 없는 것은 제외하였다.

위의 <표 Ⅲ-6>에서 보듯이 순조 15년부터 24년까지는 거의
매년 수재가 발생하여 많은 인명과 재산의 손실을 가져오고 있다.
특히 순조 15년에는 경상도에서만 익사자가 570여 명이 발생할 정
도로 그 피해가 극심하였다. 또한 2년 후에는 전국적인 수재로 약
7천여 호가 漂沒되고 200여명의 사망자를 내었고, 다시 4년 후에는
전국적으로 5,800여 호가 표몰하고 250여 명이 익사하는 참사가 발
생하였다. 이러한 수재는 필연적으로 그 해에 생산량의 감소를 가
져와 기근을 초래하였고, 이로 인한 사망자와 유리민도 많아 사회

적인 문제로 발전하기도 하였다.

위의 피해 상황은 주로 民家의 漂沒 및 流失의 규모와 익사자가 기록되어 있는 것을 중심으로 작성한 것이다. 따라서 민가의 표몰과 모든 물적 손실, 농토의 침수로 인한 피해 등을 모두 합하면 그 피해 규모는 상상을 초월하는 재해이다. 이러한 수재현상에 대해 副提學 金鎭圭, 校理 李觀命, 修撰 李坦 등은 그 실상을 다음과 같이 보고하고 있다.

> 6월 이후로 장마의 害가 일어나 都城의 街路에 물이 범람하고, 郊外의 가까운 곳에서는 배가 통행하였으며, 전답은 물에 잠겨 벼의 모가 쓸려 나갔는데, 가장 슬픈 것은 집이 부서지고 무너져 백성들이 물에 빠지고, 무덤이 무너져 시체와 棺이 뒤집어 엎어진 것이니, 이는 詩人이 이른바 '천하의 모든 냇물이 끓어오르네'라고 한 것 뿐만이 아닙니다.[10]

위의 史料는 수재로 인해 도성이 완전히 물에 잠겨 배를 이용하여 통행하고 있는 참상을 그대로 보여주고 있다. 나아가 그들은 홍수는 陰의 재앙이며 군주는 陽의 德을 지니고 있으니 양의 힘으로 음을 물리쳐야 한다고 말하고 있다. 그러기 위해서 군주는 人慾之私를 버리고 '必誠必實' '無虛無僞' 해야만 반드시 陰의 재앙을 물리칠 수 있다고 하여 자연재해를 군주의 不德에서 연유하는 것으로 해석하고 있다.

다음으로 한재는 수재와는 반대로 비가 내리지 않아 나타나는 재해현상이다. 현대사회에서는 전근대사회 만큼이나 旱災가 큰 자연재해로 자리매김하지는 않고 있다. 그것은 灌漑施設이 발달되어 있을 뿐만 아니라 땅 속에서 물을 퍼 올리기도 하고 심지어 인공강

---

10) 『承政院日記』 康熙 41年 7月 1日條 : 『肅宗實錄』 卷 37, 肅宗 28年 7月 庚戌條.

우를 만들어 비를 뿌릴 수 있는 단계에까지 기술이 발달하고 있기 때문이다. 그러나 전근대사회에서는 순수하게 강우량에 의존해야만 하고, 더욱이 灌漑施設이나 貯水 능력이 발달하지 못하여 날이 가물면 그 피해가 농사에 가장 큰 영향을 주었다.

쌀을 주요 식량으로 하고 있는 전근대 사회에서는 농업이 국민 생활의 기초가 되었다. 따라서 모를 내고 그것이 뿌리를 내리는 5~6월에 충분한 강수량이 없으면 모가 말라 생산량이 적게 되고 자연히 나라 전체의 경제에 큰 타격을 주었다. 그러기에 전근대의 통치자는 治水를 德目으로 간주하여 王道와 직결되는 문제로 인식하였던 것이다. 旱災의 발생시기는 대개 3~5월과 5~6월에 걸친 봄철과 초여름에 가장 많고 가을철도 많은 편이며 7~8월에도 가끔 나타난다.11) 이러한 한해 발생 시기는 봄철 가뭄은 보리 농사에, 초여름 가뭄은 모내기에, 여름 가뭄은 벼의 성장에 큰 영향을 줄 수밖에 없다.

한재는 농작물 수확에 영향을 미치기 때문에 수재와 같이 그 피해규모가 정확하게 수치로 나타날 수 있는 성격은 아니다. 따라서 그 피해규모를 도표화하여 표현하기는 힘들다. 다만 한재의 피해 실상은 다음과 같은 기록을 통해서 가히 알 수 있다.

> 입하 이래로 膏澤이 내리지 않아 낮에는 서늘한 바람이 불고, 밤에는 별이 반짝이며, 적은 비는 왔다가 금방 개이고 큰 비는 아직도 소식이 없다. 보리농사는 이미 흉년이 되었고 곡식의 싹은 장차 시들려고 하니 지금 때를 놓쳐 비가 내리지 않는다면 가을의 성숙을 어찌 바랄 수 있겠는가.12)

---

11) 김연옥, 1994, 『한국의 기후와 문화』, 이화여자대학교출판부, 161쪽.
12) 『承政院日記』康熙 51年 5月 11日條 : 『肅宗實錄』卷 51, 肅宗 38年 5月 丁亥條.

라는 숙종의 備忘記에서 한재로 인해 야기될 생산량의 감소를 우
려하고 있으니 그 해의 풍흉과 밀접한 관계가 있음을 알 수 있다.
또한 正祖가 求言의 의미에서 내리는 敎書에

> 올해에는 봄부터 가을까지 마침내 한 번도 비가 흡족하게 내리지
> 아니하여 조금 높은 데는 애당초 播種하지 못하였고, 이미 심은 것
> 들도 또한 따라서 말라버리게 되었다. 말할 것도 없이 흉년들 것이
> 결판났고 장차는 大無의 害가 되겠으니 애처로운 우리 민생들이 어
> 떻게 연명해 가겠는가.[13]

라고 하여 한재가 농작물 피해의 직접적 원인이 됨을 지적하면서
흉년으로 인한 기근의 초래를 걱정하고 있다. 그리고 봄 가뭄으로
인해 벼농사가 移秧을 할 수 없을 경우에는 즉시 代播를 하도록
권유하고 있다. 대파란 수재나 한재로 인하여 節序가 이미 지나서
들에는 심지 못한 모가 많고 밭에는 뿌릴 만한 종자가 없을 경우에
여러 가지 곡식 중에서 뒤에 심고도 먼저 익는 것을 가져다가 대신
파종하여 백성들의 식량을 넉넉하게 하는 것을 이르는 말이다.[14]
그리고 정부의 권유에 따라 대파한 농가에 대하여는 흉작을 감안
하여 세금을 견감하도록 조치하였다.[15]

또한 이 때의 대신들은 '한재로 인한 기근은 본래 하늘이 행하는
재앙이어서 면할 수 없는 것'이라는 소극적인 자세를 견지하면서
도[16] '한재를 만나면 국왕은 齋戒하여 몸소 제사를 올리며, 일찍이
띠를 풀거나 관을 벗지 아니하고 밤으로 낮을 삼아 至誠을 올려야

---

13) 『正祖實錄』 卷 16, 正祖 7年 7月 辛卯條.
14) 『承政院日記』 嘉慶 3年 6月 7日條 : 『日省錄』 正祖 22年 6月 5日條.
15) 『備邊司謄錄』 99冊 純祖 9年 6月 12日條 : 『承政院日記』 嘉慶 14年 6月
    11日條.
16) 『純祖實錄』 卷 12, 純祖 9年 12月 甲午條.

한다'[17])거나 '한재를 없애는 도리는 죄수를 소결하는 한 가지에 달려 있다'[18])는 등의 말로써 한재는 곧 필수불가결한 것인데 단지 국왕의 정성에 따라 이를 극복할 수 있다고 인식하고 있었다.

심지어 이와 같은 수재와 한재의 자연재해를 이용하여 정치적인 목적을 달성하려는 경우도 있었다. 즉 숙종 31년에는 신하들이 숙종의 재위 30년을 기념하기 위해 존호를 올리고 稱慶할 것을 권하자 당시 숙종은 자신의 심경을 詩로써 화답하면서 자연재해를 이유로 받아들이지 않고 있다.[19]) 또한 경종 2년 이른바 睦虎龍의 고변사건으로 壬寅獄事가 발생할 당시 少論들은 이 사건에 관련된 老論들을 제거하기 위해 모든 노력을 다하였다.[20]) 그 과정에서 獄訟이 다소 늦어지자 소론의 玉堂 李明誼와 承旨 黃爾章은 과거에 한재가 심했을 때도 역적을 엄히 다스리자 비가 내려 재해를 극복한 적이 있으니 지금 빨리 왕법으로 죄인의 誅戮을 결행하면 하늘이 비를 내릴 것이라고 하면서 노론의 치죄를 종용하고 있다.[21]) 그리고 노론이 정권을 장악한 영조 때는 노론의 장령 尹光天이 소론 朴纘新의 집이 너무 사치스러워 天災를 부를 수 있으니 집을 헐어

---

17) 『肅宗實錄』 卷 51, 肅宗 38年 5月 丙申條.
18) 『英祖實錄』 卷 58, 英祖 19年 5月 丙申條.
19) 『肅宗實錄』 卷 41, 肅宗 31年 2月 庚午條.
  "덕이 적은 몸으로 큰 기업을 이어 지금까지 29년인데(否德承丕基 于今卄九稔)"
  "해마다 농사는 흉년이라 백성은 죽도 먹지 못하는 구나(歲連瘴稼穡 民屢奪餬飪)"
  "나라의 정사는 위급하고 자연의 재해는 날마다 심해지니(國事維其棘 天災日又甚)"
  "칭경하잔 말 꺼내지도 말라 다만 밤낮으로 두려워하도다.(休提稱慶說 但自夙宵懔)"
20) 李相培, 1999, 『朝鮮後期 政治와 掛書』, 國學資料院, 100쪽.
21) 『景宗實錄』 卷 9, 景宗 2年 7月 甲申條.

서 철거할 것을 주장하였으며,[22] 순조 1년에는 헌납 宋文述이 국
가의 한재는 和氣를 도모해야 풀어질 수 있다고 하면서 思悼世子
의 죽음을 놓고 時波와 僻波의 정국대립 과정에서 유배를 간 金履
喬・金履載의 解配를 요청하기도 하였다.[23] 이와 같이 자연재해
의 피해를 빌미로 정치적 문제를 해결하려고 하였던 것은 재해의
원인이 임금의 不德에서 나오며, 임금의 부덕은 곧 罪人의 疏決・
恐懼修省・求言・人才登用 등의 성의를 표시함으로써 해소될 수
있다는 性理學的 思惟體系에 의거하는 것이다. 특히 조선 후기 한
재가 나타났을 경우에는 대신들이 국왕에게 죄인의 소결을 적극
주장하는 사례가 종종 나타나고 있다. 이는 조선 후기 정치사의 부
침과도 관련이 있다고 할 것이다.

2. 海溢・蟲災・暴風・雨雹

수재와 한재 이외에 민에게 영향을 미친 것으로는 지진・해일・
충재・폭설・벼락・폭풍 등이 있다. 18~19세기의 이들 재해의
사례와 피해규모 등을 항목별로 살펴보면 다음과 같다.

해일은 폭풍・지신・화산폭발 등이 원인이 되어 바다의 큰 물결
이 육지로 갑자기 넘쳐 들어오는 자연현상으로, 우리나라의 경우
는 주로 폭풍에 의해 발생하는 것이 대부분이다.『증보문헌비고』
에는 고려시대 선종 5년(1088)부터 해일이 발생한 것으로 기록되어
있다.[24] 1700년 이후 약 200년 간 해일의 발생 건수는 앞의 <표 Ⅲ

---

22)『英祖實錄』卷 60, 英祖 20年 10月 丁巳條.
23)『純祖實錄』卷 3, 純祖 1年 5月 乙酉條.
24)『增補文獻備考』象緯考 10 山水里條. "高麗宣宗五年五月 暴雨海溢"

-4>에서 보듯이 총 51건이 기록되어 있다. 그러나 해일에 관한 기록은 단지 'ㅇㅇㅇ에 해일이 있었다'는 식으로 기록되어 있어 그 피해실상을 정확하게 파악하기가 힘들다. 이들 가운데 피해규모와 대응책이 기록되어 있는 것을 중심으로 정리하면 아래의 <표 Ⅲ-7>과 같다.

〈표 Ⅲ-7〉 18~19세기 해일 피해 현황

년도	월일	발 생 지 역	피 해 현 황	비 고
1702	11.28	강원도	人家 漂沒	
1712	11. 2	평안도 咸從, 甑山	익사자 발생(인명 수는 미상)	
1717	10. 7	南陽	전답의 침수로 흉년	남한산성의 米穀을 南陽府에 捧納
1727	3.15	평안도 博川	연안의 민가 침수, 公私의 堰畓 파괴	
1741	7.19	강원도 平海 등 9고을	연안의 민가 침수, 舟楫이 파손(이 해에만 7회 연속 발생)	국왕의 失政을 비판하는 상소
1747	9.20	경기 통진·남양, 전라도 연안	연해지 3천결 침수로 흉년 초래	正供과 身米布를 차등 감액
1756	8. 3	김제·만경·임피	전답의 침수	
1781	11. 9	호남의 萬頃	민가 100여호 漂沒	地域民이 직접 보고
1790	7.10	교동·인천·김포·안산·풍덕 등	제방붕괴, 전답침수, 민가 74호 침수, 5명 사망, 소금가마 20개 유실 등	身役 租稅 소금세 탕감 및 징수 연기, 죄수 석방
1807	2.17	경기·호서·해서 등 40여개 邑鎭	민가 5,110호 유실, 23명 사망, 13,080石 침수, 배 72척 파손, 漁箭 60곳 파손 등	
1851	8.20	재령·은율·신계 등	가옥침수, 인명피해	恤典
1867	9.14	전라도 興陽 등 海邑 6고을	민가 1,086호 유실, 4명 사망	恤典

년도	월일	발생지역	피 해 현 황	비 고
1899	2.23	삼남지방	민가유실, 전답침수, 사망자 발생, 堤堰 붕괴	위유사 파견, 베와 군포 감면, 度支部의 돈 1만원 하사

위의 <표 Ⅲ-7>에서 보듯이 영조 3년(1727)·순조 7년(1807)·고종 36년(1899)의 해일만이 겨울에 나타난 것이고 대부분은 여름에 폭풍을 동반한 해일이 발생하고 있음을 알 수 있다. 그리고 일단 해일이 발생하면 해안에 있는 많은 민가와 전답이 속수무책으로 바닷물에 잠기게 되어 곡식은 전혀 수확할 길이 없게 된다. 이와 같은 해일의 피해실상은 다음의 정조 5년 萬頃의 幼學 李性復의 상소와 정조 14년 喬桐水使 南憲喆이 피해보고에 잘 나타나 있다.

　　만경은 호남의 작은 고을입니다. 남쪽·서쪽·북쪽의 삼면이 큰 바닷가에 접하여 있어 潮水가 밀어닥치는 것이 문득 홍수의 걱정과 같은데, 가끔 이는 해일은 그 물결 형세에 받치고 소금 기운에 침식되면 그대로 황폐한 데로 귀결되기 때문에, 지난날의 농토가 오늘날에 물고기와 게들이 노니는 소굴이 되고 옛날 백성들이 거주하던 곳이 반은 갈대밭이 되고 말았습니다. 彊土의 경계는 한정이 있는 데 반하여 해일에 받혀 무너져 버리는 것은 끝이 없기 때문에 田結의 손실이 이미 반이 넘었고 백성들의 호수도 따라서 감축된 것이 또한 전결과 같습니다. 이에 의기히어 미루어 본다면 지금 남아 있는 농토도 또한 장차 점차로 조수에 씻겨 개먹어 떨어져 나가는 데로 귀결되어 다시는 경작하여 씨를 부려 곡식을 생산할 땅이 없게 될 것입니다. 이미 전토가 없다면 백성들이 어디에 농사지어 먹으면서 살아갈 수 있겠으며, 또 거주하는 백성이 없으면 고을이 무엇에 의지하여 모양을 이룰 수 있겠습니까?[25]

　　6월 17일 子時부터 비가 오기 시작하고 동남풍이 강하게 불었습

---

25)『承政院日記』乾隆 46年 11月 30日條 :『日省錄』正祖 5年 11月 29日條.

니다. 마침 조수가 높은 때라 파도가 하늘에 닿을 정도였으며 바닷
가의 제방 중 곳곳이 무너지고 터졌습니다. 마을이며 들판에 짠물이
넘쳐 온갖 곡식이 김치를 담근 것처럼 절여졌고 민가 10호가 물에
잠겨 무너지고 깔렸습니다. 松家島는 모든 곡식이 완전히 물에 잠겨
이미 남은 희망이 없게 되었고 민가 61호가 침몰되었습니다. 그리고
남자아이 2명과 여자아이 3명이 익사하였습니다.26)

　이와 같이 해일에 한 번 전답이 잠기면 바닷물이기 때문에 밭에
심어 놓은 채소류들은 소금에 절이는 효과를 가져와 생산가치가
전혀 없을 뿐만 아니라 농토도 척박해져 자연히 백성들은 거주지
를 버리고 다른 곳에 정착하기 위해 떠나게 된다.
　또한 고종 36년(1899)에도 삼남지방에 해일이 발생하자 충청남
도관찰사 鄭周永은 그 보고에서

　　　韓山과 舒川에서 바닷물이 넘어 빠져 죽은 사람이 2명이고 해안
　　여러 마을의 우묵하게 낮은 곳들은 전부 빗자루로 쓸어 놓은 듯이
　　반반하고, 조금 높은 곳은 기둥과 들보만 남았습니다. 짠물을 먹은
　　밭과 논은 400여 섬지기이고 堰堤가 무너진 곳은 40여 군데입니
　　다.27)

라고 하여 전체 중 일부 지역에 한하여 피해 정도와 실상을 보고하
고 있다. 그러나 이 보고는 사건이 발생한 것이 음력 1898년 12월
2일이고 고종에게 보고된 것은 양력 1899년 3월 9일로 약 3달 이상
이 걸린 것이다. 이에 고종은 삼남지방에 해당 도의 관찰사를 慰諭
使로 임명하고 度支部의 돈 1만원을 하사하여 파괴된 집과 무너진
둑을 수축하도록 조치하는 한편 베와 군포의 세금을 피해 정도에
따라 감면해 주도록 하였다. 그리고 백성들의 재해를 너무 늦게 보

---

26)『正祖實錄』卷 30, 正祖 14年 7月 戊子條.
27)『高宗實錄』卷 39, 高宗 36年 3月 9日條(양력).

고한 관찰사에게는 한달 분의 녹봉에 대한 감봉조치를 취하였다.

　蟲災는 해충으로 인한 농작물의 피해로서 오늘날에는 각종 농약
이 있어 이를 방지하지만 전근대사회는 이를 방지할 수 있는 수단
이 없었다.28) 따라서 벼가 패인 이후에 충재가 발생하면 생산량이
급감할 뿐만 아니라 완전히 생산을 못하는 경우도 발생한다. 숙종
43년 右參贊 李健命은 淸北의 충재 피해에 대하여 다음과 같이 말
하고 있다

　　　가을 추수 때 蟲災가 비상하여 며칠 사이에 온 道內에 가득히 퍼
　　져 갔는데 무릇 명색이 곡식이라는 것은 남김없이 다 먹어 치웠으므
　　로 가을 무렵부터 백성들이 이미 식량 곤란을 받아 어떤 사람들은
　　콩깍지를 가루로 만들어 먹기도 하며, 결단코 새해 이전까지도 살아
　　갈 희망이 없는 실정입니다.29)

　위의 피해 사례는 곡식을 전혀 수확할 수 없는 지경에 이르렀음
을 보여주고 있다. 그리하여 조정에서는 海西의 詳定米 9,200石을
급히 보냄과 아울러 監賑御史를 파견하여 실상을 살펴보고 오도록
조치하고 있다. 또한 그 이듬해 판중추부사 李濡는 '충재로 인해
전혀 낫을 대지 못하는 경우를 全災로 하자'30)고 하여 재해에 대한
구분을 할 경우 충재에 대한 척도를 제시하기도 하였다. 이 외에도
충재의 피해는 계속되었다. 영조 1년에는 海西와 關西地方에 충재
가 산과 들에 가득 차 곡식 이삭을 절단하는 일이 해마다 나타났

28) 우리나라의 蟲災는 대부분 병충해에 의한 피해이다. 정약용은 목민심
　　서에서 신라시대에 蝗蟲(메뚜기의 피해)이 한차례 있었고 그 이후에는
　　나타나지 않았다고 기록하고 있다(丁若鏞, 『牧民心書』 권3, 愛民6條
　　第6條 救災).
29) 『肅宗實錄』 卷 60, 肅宗 43年 12月 丁亥條.
30) 『承政院日記』 康熙 57年 8月 10日條.

고,[31] 강화도 교동에서는 충재로 인해 백성들이 거주지를 떠나고 흩어지자 급히 農形巡審御史를 파견하여 사태의 수습에 나서기도 하였다.[32] 순조 때는 경상도의 大邱 등 14개 읍에서 모양은 매미같고 크기는 하루살이 같은 벌레들이 잎과 줄기 및 뿌리까지 갉아먹어 그 피해가 심각하다고 하였고,[33] 전라도에서는 벌레가 벼의 쭉정이 같이 생겨서 벼의 뿌리와 줄기에 달라붙어 있고, 어떤 것은 하루살이 같이 날개와 다리도 있는데 곳곳에서 농작물을 해치고 있다고 하여 下三道 전역에 걸친 충해의 실상을 밝히고 있다.[34]

이러한 충재의 발생에 대해 영조는 '벌레가 곡식을 먹는 것은 진실로 임금의 不德에서 말미암은 것이다'[35]라고 하면서 그 피해를 旱災에 버금가는 것으로 규정하여[36] 진휼책을 강구하도록 하였다. 그리고 충재가 발생하였을 때는 거의 대부분 醋祭를 지내 재해를 내리는 神에게 致祭하였다.

다음으로 전근대사회에 민에게 많은 피해를 가져다 줄 수 있는 자연재해로는 폭풍을 들 수 있다. 폭풍은 대개 비를 동반하는 경우가 많아 발생시기도 우기가 집중되어 있는 여름에 나타나 농작물과 民家에 많은 피해를 준다.

폭풍 피해의 실상을 보면 숙종 39년 9월 제주도에 폭풍이 일어 무너진 人家가 2,000여 호에 달하고 사람 또한 많이 압사하였으며 우마도 400여 필이 죽는 재해가 발생하였다.[37] 이어 영조 9년 8월

---

31) 『英祖實錄』 卷 8, 英祖 1年 10月 丁亥條.
32) 『英祖實錄』 卷 94, 英祖 35年 9月 甲戌條.
33) 『承政院日記』 道光 8年 7月 9日條 : 『備邊司謄錄』 216冊 純祖 28年 7月 9日條.
34) 『承政院日記』 道光 8年 7月 14日條 : 『備邊司謄錄』 216冊 純祖 28年 7月 14日條.
35) 『英祖實錄』 卷 111, 英祖 44年 7月 戊申條.
36) 『英祖實錄』 卷 111, 英祖 44年 7月 丁酉條.

에는 함경도에서 폭풍이 일어 北關 8읍이 모두 모래와 자갈땅으로
전락하고 수백 호의 민가가 유실되었으며 사상자도 많이 발생하는
피해를 당하였다.[38] 영조 12년 8월에는 폭풍으로 18명이 사망하였
고,[39] 영조 40년 8월에는 전국에 폭풍이 몰아쳐 제방이 무너지고
씻겨 내려가 농작물의 피해가 막심하였다.[40] 그 후 가히 천년의 史
籍에 기록될 정도로 그 피해가 막심하였다는 정조 5년 10월의 폭
풍은 여염이 깨끗이 쓸려나갔으며, 행인이 날아가 떨어져 죽고 소
와 말이 돌개바람에 휘말려 죽는 지경에 이르러 폭풍의 피해를 '大
水暴風 皆爲兵象'이라 할 정도였다.[41] 정조 24년 4월에는 간성에
서 船格軍 77명과 海尺 11명이 폭풍으로 전원 익사하는 참사가 발
생하여 바다에서 제사를 지내고 모두에게 船稅를 감하였으며 따로
이 제단을 설치하여 위문제를 지내기도 하였다.[42] 이 지역에서의
피해는 순조 15년 2월에도 발생하여 나루에 정박 중이던 배 43척
이 침몰하고 29명의 인명피해를 냈으며 잃어버린 곡식은 2만여 포
나 되었다.[43]

　우박은 18세기 이후 200년 간 모두 370여 차례의 발생 기사가 나
타나고 있다. 우박의 피해 대상은 주로 농산물 가운데서도 밭작물
이 심한 피해를 입었고, 특히 수확기에 우박이 내리면 그 피해는
더욱 컸다. 이러한 우박의 피해상은 숙종 45년 8월 평안도 관찰사
가 그 지역의 우박피해 실상을 다음과 같이 啓問하고 있다.

37)『備邊司謄錄』66冊 肅宗 39年 9月 8日條.
38)『英祖實錄』卷 35, 英祖 9年 8月 乙丑條.
39)『英祖實錄』卷 42, 英祖 12年 8月 庚午條.
40)『英祖實錄』卷 104, 英祖 40年 8月 乙未條.
41)『正祖實錄』卷 12, 正祖 5年 10月 丁酉條.
42)『正祖實錄』卷 54, 正祖 24年 4月 己丑條.
43)『日省錄』純祖 15年 2月 30日條.

平安道 殷山·順川·順安·肅川·定州 등의 고을에 8월 17일 우박이 내렸는데, 큰 것은 거위알 만하고 작은 것은 비둘기알 만하였습니다. 들에 쌓인 것은 밤이 지나도 녹지 않았으며, 經過한 것이 길이는 10여 리쯤이고 너비는 50여 리쯤이었는데, 兵馬가 짓밟은 것 같았습니다. 물오리·기러기·참새 따위의 작은 새들이 많이 맞아 죽었고, 여염집의 기와·동이·항아리 등 깨지지 않은 것이 없었으며, 남은 禾穀도 없었습니다. 江界府에서는 7월 20일 후에 비둘기알 만한 우박이 내려 각종 곡식이 채찍으로 후려친 것 같았습니다.[44]

위에서와 같이 농작물은 물론 가재도구와 날짐승까지 피해를 입어 마치 전쟁터에 兵馬가 짓밟은 것과 같다고 묘사하고 있다. 이 외에 순조 13년 5월에는 황해도 黃州에 우박이 떨어져 '쌓인 것이 넉넉히 半尺이나 되고 지나간 곳의 길이는 50리, 넓이는 7~8리로 모든 곡식이 망가졌다'[45]고 농산물의 피해상과 우박 피해의 규모를 보고하고 있다. 우박의 크기는 주로 팥·콩·밤 등의 곡식 낱알의 크기나 혹은 새·오리·비둘기·닭·거위 등 동물 알의 크기에 비유하고 있다. 오늘날에는 우박에 맞아 죽었다는 사람을 찾아 볼 수 없으나 조선시대에는 사망자가 발생하기도 하였다. 영조 7년 5월 강원노 평창에 우박이 떨어져 부상한 자와 죽은 자가 9명에 이르렀고,[46] 2년 뒤에는 甑山에서도 우박에 의한 사망자가 발생하였다.[47] 이 같은 우박의 현상에 대하여 당시의 위정자들은 '우박은 陰陽이 서로 부딪쳐 일어나는 기운'[48]이라고 하면서도 다른 자연재해와 같이 현실 정치나 군왕의 덕목과 연결시켜 해석하였다. 즉 숙종 때의 지평 권수는 '우박의 재앙은 대체로 獄訟이 많이

---

44) 『肅宗實錄』 卷 64, 肅宗 45年 8月 丁卯條.
45) 『純祖實錄』 卷 17, 純祖 13年 5月 癸巳條.
46) 『英祖實錄』 卷 29, 英祖 7年 5月 甲申條.
47) 『英祖實錄』 卷 33, 英祖 9年 3月 癸卯條.
48) 『英祖實錄』 卷 67, 英祖 24年 3月 己丑條.

적체되었다든지 사치스러운 생활로 절제하지 못하였다든지 言路
가 막혔을 때 나타나는 것'49)이라고 하면서 통치자의 爲政의 잘못
으로 해석하고 있다.

Ⅲ. 자연재해에 대한 정부의 대책

각종 자연재해에 대한 정부의 대책으로는 크게 세 가지 방향에
서 접근이 가능하다. 즉 첫째는 자연재해를 인간의 힘에 의해 최소
한으로 줄이고 예방하는 차원에서의 대책이며, 둘째는 자연재해가
발생하고 있는 과정에서 인간이 아닌 神의 힘을 빌려 재해를 물리
치고자 하는 대책이며, 셋째는 재해가 발생한 이후 재해민들을 구
휼하는 대책이다. 첫째의 것으로서는 濬川工事·堤堰修築·堤防
과 洑의 構築 등이 해당되며, 둘째는 祈雨祭·祈晴祭·酺祭 등
신에 대한 제사의식이며, 셋째는 각종 租稅와 役의 감면 및 진휼미
배포 등이 해당된다. 그리고 이들 이외에 통치자 스스로 모범을 보
이기 위한 減繕이나 죄수 석방, 검소한 생활, 금주령 등이 있다. 이
러한 대책을 의미상으로 나누어 보면 실질적인 대책으로는 각종
水利·灌漑施設의 정비와 조세의 감면 등을 들 수 있고, 상징적인
대책으로는 각종 致祭와 국왕의 減繕·求言·修省 등이 이에 해
당한다.

---

49)『肅宗實錄』卷 35, 肅宗 27年 5月 壬辰條.

1. 濬川工事

조선시대 수재에 대한 예방으로서 할 수 있는 것은 비가 오면 낮은 지대에 살고 있는 사람들은 높은 지대로 옮기는 것이요, 마을이 물에 잠기는 것에 대비하여 배를 미리 준비하여 놓는 것이 최선의 예방책이었다.[50] 그리고 큰 강가에 살고 있는 사람들은 水村을 미리 살피고 있다가 漂沒할 염려가 있으면 높은 곳으로 옮기고, 마을에 긴 둑을 쌓아 폭우와 급류를 예방해야 한다는 정도의 정책대안을 가지고 있었다.

이외에 제도적으로 보다 실질적인 조선 후기 장마에 대한 대비책으로 제시되고 있는 것은 濬川事業과 제방의 축조를 들 수 있다. 당시의 준천사업은 매년 나타나는 홍수로 하천의 河床이 높아지면서 물이 둑을 넘어 직접적으로 민의 생활에 피해를 가져다 주었기 때문에 필수적인 사업가운데 하나였다. 고종 때의 영의정인 沈舜澤은

> 근년에 와서는 開濬의 역사가 이에 미치지를 못하여 沙石의 堆積이 심해 큰 비만 내리면 生民의 水害가 해를 거듭할수록 자심해져 가고 있는 실정입니다. 이제는 많은 비용이 들더라도 또 아무리 巨役이 될지라도 기어코 이 일은 이루어야 되겠습니다.[51]

라고 하여 준천사업과 자연재해 중 큰 피해를 불러오는 홍수와의 불가분의 관계를 설명하고 있다. 또한 정약용은 '강과 하천의 유역

---

50) 丁若鏞,『牧民心書』愛民 6條 第6條 救災. "峽中民家 地卑水近者 宜於平日 戒其遷徙 若已成大村 不可移動者 宜於夏月預備舟船"
51)『高宗實錄』卷 23, 高宗 23年 正月 辛丑條.

에 해마다 홍수의 피해로 백성들의 큰 근심거리가 되는 것은 제방을 만들어서 백성들의 거처를 안정시켜 주어야 한다'[52]고하여 수령의 제방축조를 주장하였다. 실제로 당시 큰 강에 제방을 쌓아 홍수에 대비하고자 하는 일에 힘을 기울이는 관리들도 일부 있었으나[53] 대부분 많은 인력과 재정이 소요된다는 이유를 들어 공사를 주저하였다.[54]

다만 국왕이 거주하는 서울의 경우에는 도심을 서에서 동으로 가로질러 흘러가는 청계천이 자주 범람함으로 인하여 인명 피해가 속출하자 준설사업의 필요성이 대두되기 시작하였다. 한성부는 四山에서 흘러내리는 沙石이 쌓여 개천의 바닥이 높아졌고, 水口가 막혀 개천의 역할에 큰 지장을 일으켜 큰 비가 오면 으레 개천이 범람하고 도성 안이 자주 홍수피해를 입어야 했다. 그리하여 숙종 36년(1710) 9월에는 '… 四山에서 흘러내린 모래와 돌 때문에 溝渠가 메이고 수구가 막혀서 가물면 물이 고여 흐르지 않아 악취가 풍기는가 하면 반대로 큰 비가 내리면 평지까지 물이 넘쳐 부근 인가가 해를 입는다 …'[55]는 기록에서 보듯이 청계천의 하상이 매우 높

---

52) 丁若鏞, 『牧民心書』 工典 6條 第2條 川澤.
53) 숙종 때 함경북도의 병사 홍하명은 두만강이 범람하자 강둑에 버드나무 울타리를 만들어 土石을 메꾸어 수새를 예방히지고 주장하였고, (『肅宗實錄』 卷 35, 肅宗 27年 5月 庚子條) 연기 현감 허만석은 제방을 쌓아 천수답을 구제하였으며, 원성현감 김필진도 수재 예방을 위해 제방을 쌓아 민을 구제하였다(丁若鏞, 『牧民心書』 工典 6條 第2條 川澤).
54) 영조 45년 평안병사 구선행이 청천강을 준설하고, 영조 46년 황해감사 홍양한이 연안의 남대지를 준설한 기록이 있으나 전자는 변방의 성을 쌓기 위해 흙을 파 낸 것이요, 후자는 완전히 메워져 있던 것을 파내어 농경에 도움을 주고자 한 것이다. 따라서 홍수를 예방하기 위한 목적은 아니었던 것으로 보인다(『英祖實錄』 卷 113, 英祖 45年 9月 甲辰條 ; 卷 115, 英祖 46年 7月 己未條).
55) 『肅宗實錄』 卷 49, 肅宗 36年 9月 丙申條.

아졌음을 알 수 있다. 이에 정부에서는 당장의 임시방편으로 漢城
五部에 하명하여 坊民을 동원해서 자기 집앞 도랑을 넓혀 물이 잘
흐르도록 하고 부근에 인가가 드문 곳은 근처에 거주하는 방민을
동원해서 개천을 일제히 浚渫하도록 조치하고 있다.

조선 후기 개천의 준설이 본격적으로 추진된 시기는 영조 때이
다. 영조 27년(1751) 당시 홍봉한은 "城中의 개울이 거의 모두 막혀
서 매양 여름 장마철을 당하면 개울가에 사는 백성들이 피난 갈 준
비를 하지 않는 이가 없으며 더러는 물에 빠져 죽는 자가 발생하기
도 하니 만일 京兆로 하여금 坊民과 三軍門을 출동시켜 힘을 합치
게 한다면 막힌 것을 뚫을 수 있을 것입니다"[56)]라고 하여 준설의
필요성을 한차례 주장하고, 2년 뒤에 또 다시 개천준설이 필수적인
요소라고 다시 한 번 역설하고 있다.[57)]

이후 본격적인 준설작업은 영조 36년(1760)에 이루어진다. 당시
漢城判尹 洪啓禧와 戶曹判書 洪鳳漢 등의 주장에 따라 京中五部
의 坊民 연 15만 명과 삯을 주고 채용한 인부 연 5만 명을 동원하
고 錢 35,000냥, 米 2,300石의 자금을 투자하여 2월 18일부터 4월
15일까지 57일간에 걸쳐 공사가 진행되었다.[58)] 영조는 이 공사를
위해 永禧殿에서 친히 제를 올리고 쌀 20석과 甘藿 600근을 일에
종사하는 役軍에게 지급하는 등 관심을 기울였다.[59)] 영조는 준천
작업이 한창 진행 중에 있던 3월 16일 群臣이 모인 자리에서

준천의 方策은 模捉하기 어려운 것이니 훗날에 그것을 쉽게 알게

---

56) 『承政院日記』乾隆 16年 11月 10日條.
57) 『英祖實錄』卷 80, 英祖 29年 10月 乙未條.
58) 『增補文獻備考』卷 222, 職官考9 諸司1 濬川司條 : 『漢京識略』闕外
   各司 濬川司條.
59) 『英祖實錄』卷 95, 英祖 36年 2月 甲午條.

하기 위하여 이번 준천의 頭緖를 기록한 책을 만들게 하였는데 책명
은 濬川事實이라 붙이기로 했다. 또 이 준천의 역사가 앞으로도 繼
飭되지 않으면 이번에 고생한 경과가 헛되이 될까 두렵다. 堤堰司를
두는 예에 따라 병조판서・漢城府判尹・三軍大將 등으로 濬川司提
調를 겸하게 하고 三軍門의 參軍으로 하여 濬川郎을 겸하게 하는
상설기관을 설치하도록 하라.60)

고 명령하여 4개월에 걸친 개천 준설공사가 끝남과 동시에 준설
상설기관인 濬川司가 설치되었다. 이 기관은 도성내의 하천 정리
를 주업무로 하고 그밖에 四山標內에서의 암매장행위, 지형을 파
괴하는 등 산림 훼손행위의 감찰 등을 담당하고 있다. 三政丞을 都
提調로, 병조판서・한성부판윤・삼군대장과 備邊司堂上 등 6인의
고관을 提調로, 삼군문 禁松軍을 郎廳으로 각각 임명하였다. 그리
고 하천 준설의 실무는 三軍에게 분담시켜61) 매년 2월과 8월에 제
조가 삼군을 인솔하여 성안의 四山과 대소의 川渠를 정기 순시・
감독하였다. 하천의 준설과 정비에 필요한 기구류는 삼군이 보관
하고 인부를 고용해야 할 경우의 인건비와 하천 수리를 위한 물자
구입 등의 비용은 모두 준천사에서 지급하도록 하였다.62)

준천사에서는 매년 木柵으로 護岸하여 둑의 붕괴를 예방하였는
데 그 때문에 해마다 비용이 과다하게 지출되자 영조 41년(1765)
司直 沈鏽가 석축으로 쌓자는 의견을 제시하였나.63) 그러나 비용
이 많이 들고 인력이 투입되어야 하는 일이므로 난색을 표하다가

---

60)『英祖實錄』卷 95, 英祖 36年 3月 辛酉條.
61) 청계천의 본류는 訓局이 松杞橋에서 長通橋까지(연장 768보, 폭 10여
보), 禁營은 장통교에서 太平橋까지(연장 1,181보, 폭 20여보), 御營은
태평교에서 永度橋까지(연장 1,173보, 폭 30여보)를 각각 담당구역으로
하였다.
62)『增補文獻備考』卷 222, 職官考9 諸司1 濬川司條.
63)『英祖實錄』卷 106, 英祖 41年 8月 己未條.

영조 49년(1773) 5월 좌의정 金尙喆이 관서에 보관중인 쌀 1만석을 삼군문에 나누어주어 석축공사를 완료하고 이후에 1만석을 채워주자는 의견을 제시하여[64] 6월 10일에 공사가 진행,[65] 그 해 8월 6일에 완료되었다.[66]

이후 준천의 중요성은 정조대에도 계속 유지되고 있었다. 정조 원년에는 영조 때 준천하고 세워 둔 水標石의 아랫부분에 각인한 '庚辰地平'의 글자가 떠내려 온 흙에 파묻혀 보이지 않는다 하여 개천의 유지관리 책임을 물어 都廳 尹守仁을 추고하였고,[67] 정조 4년에도 川渠가 막혀 물이 넘치자 준설의 철저한 이행을 촉구하고 있다.[68] 또한 흙이 계속 쌓이는 문제를 해결하기 위한 방도로서 쟁기를 이용한 모래의 제거와 퍼 올린 흙이 흘러내리지 않도록 그 흙을 空閑地에 이동하여 언덕을 쌓고 나무를 심어 흘러내리는 것을 방지하자는 등의 의견이 계속 대두되었다.[69] 준천에 관한 이상의 기록들로 보아 정조 때에도 비록 큰 규모의 공사는 아니었지만 여러 차례 준천의 역사가 있었음을 알 수 있다.

이어 순조 18년 '준천사에서 준천의 역사가 끝났다는 보고가 있었다'는 짧막한 기록이 있고,[70] 순조 32년에는 준천의 일은 都民의 利害와 관계되는 일이니 준천에 관한 事目을 만들어 올리라는 순조의 명에 따라 구체적인 내용을 적어 올렸다. 그 내용은 다음과 같다.

---

64) 『英祖實錄』卷 120, 英祖 49年 5月 丁亥條.
65) 『承政院日記』乾隆 38年 6月 10日條.
66) 『承政院日記』乾隆 38年 8月 6日條.
67) 『正祖實錄』卷 4, 正祖 元年 7月 乙亥條.
68) 『承政院日記』乾隆 45年 6月 26日條.
69) 『正祖實錄』卷 53, 正祖 24年 2月 乙巳條.
70) 『日省錄』純祖 18年 5月 19日條.

대개 英祖代의 大濬川 이후 間年 혹은 2~3년에 한번씩 개천의 疏滌에 힘을 쓰지 아니한 것은 아니나 이제 와서 그 피해가 滋甚하니 이는 오로지 연례로 소척한다고 한 것이 크게 공사를 벌이어 장구한 계책을 세우지 못했기 때문이다. 지금의 방도로는 불가불 庚辰年의 예대로 地平을 기준으로 해야 할 것이고 진실로 영구히 편하려한다면 일시의 수고를 아끼지 않음만 못하다. 만약 雇募의 비용과 삼태기 삽 등의 공구류, 어디서부터 始役을 하고 어느 곳에 흙을 받아 산을 만들어야 하는가 등은 의당 庚辰事目으로 가부를 참고하여 형편에 따라 하여야 할 것이다. 무엇보다도 주민들의 동조를 통하여 하는 일이 비록 전례에 있다 하더라도 결국 어려울 듯 하다. 그러므로 각 軍門의 將校·各司의 員役·市人·貢人·掖隷 등은 한결같이 庚辰年의 예에 따라 3일에 한하여 赴役케 하고 諸司의 官生과 각 도의 邸人들도 역시 똑같이 준행하며 각 營軍의 士兵들은 그 대부분이 貧賤하므로 각사의 徒隷나 工匠輩들과 더불어 2일간만 부역토록 한다. 이 工役은 都下의 큰 役으로 상시의 座更에 비하여 일 자체가 더욱 중하니 朝廷 사대부의 집에서 무릇 백성들보다 먼저 해야 하므로 宗親에서부터 文·蔭·武의 卿宰 1품 이하는 모두 座更의 예에 따라 각각 家丁을 내 보내어 부역을 시키되 마땅이 구분하는 근거가 있어야 하므로 2品 이상은 5일, 3품 이하는 3일에 한하여 式例로 정하여 한성부의 도움을 받아 위반함이 없도록 한다. 坊民은 大川과 中川 兩傍에 거주하는 자에 한하여 家前治道의 예에 따라 역시 3일에 한하여 부역시키도록 하되 그 밖의 가난한 士民들은 거론하지 말아 나라의 拔例軫恤의 뜻을 보이도록 한다. 들어가는 物力은 듣건대 준천사에 남아 있는 것이 불과 약 7,900냥에 지나지 않는다고 하니 惠局(宣惠廳)에서 明年 移送條로 2,400냥만 充用하도록 하면 일만량 정도가 된다. 여기에다 다시 東闕의 役을 중지히였으니 그 일로 비치된 돈 중에서 2백 냥만 우선 당겨서 쓰게 하고 그 돈은 다시 영건하게 되었을 때 변통하여 갚기로 한다. 경진년에 준천할 때에 白嶽과 木覓山 및 하천의 신에게 致祭의 禮를 올린 일이 있으니 지금 또한 이에 의거하여 거행한다.[71)]

이상의 기록을 통하여 첫째, 영조 36년의 濬川이 있은 이후 격년

---

71)『備邊司謄錄』220冊, 純祖 32年 8月 13日條 :『日省錄』純祖 32年 8月 13日條.

혹은 2~3년에 한번씩 소규모의 浚渫이 있었다는 점, 둘째 대부분의 공역에 관계되는 사안은 영조 36년 공사의 예에 따라 진행되었다는 점, 셋째는 한성부내의 모든 백성들이 참여하는 공사였다는 점, 넷째는 東闕의 공사를 위한 돈을 지출하면서까지 준천의 필요성이 시급했다는 점 등의 사실을 알 수 있다. 이 준천공사가 착공된 것은 순조 33년 2월 22일이며[72] 약 2개월 후인 4월 19일에 완공되었다.[73] 공사에 소요된 延人力은 정확하게 알 수 없으며, 총 비용은 당초 30,000냥을 예상했으나[74] 공사 개시 후 1달만에 37,380냥이 소요되었고, 나머지 부족분은 東闕 공사비용 가운데서 2만냥과 宣惠廳錢 1만냥을 추가로 지급하여 공사를 계속하였으므로 약 67,000냥의 비용이 소요되었다.[75] 또한 준천에 종사한 군인들은 각각 소속 軍營에서 식사를 제공했으며 민간인은 각자가 가지고 오도록하여 공사비의 부담을 덜고자 하였다.[76]

이어 헌종대에는 큰 역사가 없었던 것 같으며 다만 헌종 8년(1842) 5월에 '도성 안에 준천을 명했다'[77]라는 짤막한 기록이 있고, 철종 9년(1858) 5월에는 준천공사가 부실하게 진행되어 그 책임자인 御營大將 沈樂臣을 파직하고 있다.[78] 결국 순조 33년 이후에

---

72) 『日省錄』純祖 33年 2月 22日條 :『承政院日記』道光 13年 2月 22日條.
73) 『備邊司謄錄』121冊, 純祖 33年 4月 16日條 :『承政院日記』道光 13年 4月 16日條.
74) 『備邊司謄錄』220冊, 純祖 32年 8月 13日條에는 동궐 공사비용 가운데 2백냥을 빌려 쓰는 것으로 기록되어 있으나, 『純祖實錄』卷 32, 純祖 32年 8月 丁亥條에는 2만냥으로 기록되어 있다. 공사의 규모로 보아 실록의 기록이 맞을 것으로 생각된다.
75) 『備邊司謄錄』121冊, 純祖 33年 3月 22日條.
76) 『純祖實錄』卷 33, 純祖 33年 4月 丙辰條.
77) 『承政院日記』道光 22年 5月 27日條.
78) 『備邊司謄錄』121冊, 哲宗 9年 5月 9日條 :『承政院改修日記』咸豐 8年 5月 9日條.

도 간헐적이긴 하지만 준천공사가 있어 왔다. 철종 9년 이후 약 8년
간은 준천공사를 시행하지 않고 고종 2년 3월에 이르러 다시 한번
대대적인 공사가 진행되었다. 먼저 고종 2년 3월 1일 비변사에서
다음과 같은 건의를 올린다.

> 城內에 준천을 실시한 지는 이미 8년이나 지나 모래와 흙이 막혀
> 川邊의 민가들이 물 속에 잠기는 화를 당합니다. 장마철이 오기 전
> 에 준설을 해야 하니 준천사와 각 군영의 대장들에게 명령을 내려
> 舊例에 따라 공사를 시작하는 것이 어떠합니까.[79]

이 건의를 받아들여 3월 11일 議政府에서 영조 36년 준천공사
때의 예를 따라 濬川事目을 작성하여 왕의 裁可를 받고 있다. 즉
각 군문 장교와 각 사 원역·시인·공인·액예·제사 官生·각
도의 邸吏들은 3일씩 부역하고 각 영의 군병, 각 사의 도예들과 工
匠들은 2일식 부역시키며, 사대부가에서는 솔선하는 뜻으로 文·
蔭·武官의 1품에서 2품까지는 5일간, 3품 이하는 3일간씩 家丁을
내어 出役시키고 川邊에 사는 백성들은 3일간씩, 그밖에 常班들은
동원하지 않는다는 등등 모두 영조 36년과 순조 33년의 전례를 그
대로 채택하고 있다. 이 때의 공사비용은 모두 8,900냥으로 책정되
어 경비상으로 볼 때의 공사규모는 순조 33년의 예에 훨씬 못 미친
다.[80] 이는 당시의 재정이 경복궁 중건에 집중되어 있었기 때문에
준천공사에 이 정도의 비용을 할애한 것도 그 공사의 중요도에 따
른 것으로 생각된다. 이 공사는 5월 1일 준천사의 도제조 이하의
관리들에게 賞을 주었다[81]는 것으로 보아 4월말까지 지속된 것으

---

79) 『高宗實錄』 卷 2, 高宗 2年 3月 丙申條.
80) 『日省錄』 高宗 2年 3月 8日條.
81) 『高宗實錄』 卷 2, 高宗 2年 5月 乙未條.

로 보인다. 이후 고종 때의 준천은 고종 6년과 7년 및 10년에 각기 한 차례씩의 간단한 공사가 시행되었으며, 고종 17년과 고종 28년에 각각 2달 여에 걸쳐 공사가 실시된 이후 고종 30년의 준천 공사가 19세기의 마지막 기록이다.[82]

이상에서와 같이 수재를 예방하기 위한 대책으로 실시된 개천 준설작업 즉 濬川은 영조 36년(1760)의 대대적인 공사 이후 濬川司라는 상설기구를 설치하여 개천 관리와 준천공사의 기획 및 집행 시의 감독을 전담케 했다. 그리고 이 해의 役事始末 기록하여 濬川 事目이라는 책자를 만들었는데 이것은 후일의 준천시 항상 참고하는 공사기준이 되었다.

2. 堤堰과 洑의 修築

조선 후기 극심한 한재를 극복하고 농경을 장려하기 위한 방법 가운데 가장 대표적인 대응책으로 제시된 것은 수리시설의 확대, 특히 堤堰의 확충과 灌漑施設의 정비이다. 현종 3년 조정에서는 堤堰司를 설치하고 「賑恤廳堤堰事目」을 제정하여 중앙에서 파견된 관리와 지방관으로 하여금 제언을 감독하고 수리시설의 점검에 만전을 기하도록 조치하여[83] 제언의 중요성을 인식하고 있었음을 볼 수 있다. 또한 관개시설에 대하여는 정약용이 '냇물이 고을을 지나가면 渠를 파서 물을 끌어들여 灌漑를 하며 더불어 公田을 일

---

82) 『高宗實錄』卷 6, 高宗 6年 4月 戊辰條 ; 卷 7, 高宗 7年 3月 丁卯條 ; 卷 10, 高宗 10年 4月 己巳條 ; 卷 17, 高宗 17年 2月 癸丑條 ; 卷 28, 高宗 28年 3月 癸卯條 ; 卷 30, 高宗 30年 5月 己亥條.
83) 『備邊司謄錄』 22冊, 顯宗 3年 1月 26日條.

구어 백성의 徭役을 보충해 주는 것이 정사를 잘하는 것이다'[84]라
고 하여 관개의 필요성을 주장하였다. 그런데 이러한 제언과 관개
시설은 상호 밀접한 관계를 가지고 있으며 더불어 발전될 때 보다
효과적인 기능을 발휘할 수 있는 것이다.

제언정책이 보다 구체화된 것은 정조 2년 「堤堰節目」을 만들어
그 방안을 마련한 이후이다. 「제언절목」의 내용은 약 9개 조항으
로 정리할 수 있다. 첫째는 제언에 나무를 심어 한계를 분명하게
함으로써 이후로는 전과 같이 冒耕함이 없도록 할 것, 둘째는 제언
굴착시에 발생되는 흙을 제언 위로 모두 옮기고 제언은 넓고 깊게
팔 것, 셋째는 제언 수축 후에 반드시 水桶을 설치하여 물이 넘치
거나 마르지 않도록 조절할 것, 넷째는 봄에 씨를 뿌린 이후에 堤
堰之役을 시행하여 물이 없으면 계곡의 물을 끌어들이든가 계곡이
없으면 洑를 쌓아서 물을 끌어들여 물이 차도록 조치할 것, 다섯째
작은 제언은 제언 밑에서 농사를 짓는 사람과 軍丁이, 큰 제언은
지역민의, 아주 큰 제언은 인근의 郡民이 힘을 합하여 수축하고 巡
營에 보고할 것, 여섯째 僧軍도 일정 기간 동안 부역하게 할 것, 일
곱째 제언을 관리하는 사람을 선발하여 관리토록 하고 관리자의
이름을 책자로 만들어 제언사에 보고하며 堤堰監役官은 문서로
보고할 것, 여덟째 제언수축에 관한 자세한 내용을 장부에 기록하
여 항상 제언의 실태를 조사할 수 있도록 할 것, 아홉째 제언과 보
를 결합하여 수리시설의 이용도를 극대화할 것 등이다.[85]

이후 정조 7년 이조 판서 徐浩修는 재해를 극복할 수 있는 방안
에 대하여 상소하는 자리에서 '가뭄이나 홍수로 흉년이 드는 것은
나라로서는 면할 수 없는 바이기에 옛적의 성인들은 貯水와 下水

---

84) 丁若鏞, 『牧民心書』 工典 6條 第2條 川澤.
85) 『備邊司謄錄』 159冊, 正祖 2年 正月 13日條.

의 설비를 하여 가뭄과 홍수에 대비하였다'고하여 다시금 저수지의 확보와 灌漑施設의 중요성을 피력하고 있을 뿐만 아니라 '지금 京畿와 兩湖의 재해를 입은 각 고을 중에 水源이 있어서 灌漑한 논은 그다지 흉년이 들지 않았지만, 오직 산골의 높고 건조한 곳과 넓은 들녘의 척박한 지역은 못자리가 말라서 여기저기가 전부 버리게 되었다고 했습니다. 이는 우리나라의 농민들이 평소에 물을 가두고 흘려 보내는 방법에 어두워 몇 일 사이에도 가뭄을 방비하지 못하기 때문입니다'라고 하여 저수지를 확보하고 관개한 지역과 그렇지 않은 지역의 피해 상황을 비교 설명하고 있다.[86]

이와 같이 제언의 중요성이 계속 부각되고 있는 가운데 정조 16년 梁山 郡守 成種仁은 홍수에 의해 붕괴된 제언의 복구에 관하여 구체적으로 다음과 같이 상소하고 있다.

> 本郡에는 3개의 큰 堰이 있는데, 그 하나는 邑坪의 20리에 있는 堰이고, 그 하나는 본군 남쪽 巨島 30리의 東西로 이어진 堰이고, 그 하나는 黃山驛의 좌우로 이어진 긴 堰입니다. 이른바 邑堰은 본 군의 앞 큰 평지에 있고 강어귀와 다소 떨어져 있으므로, 본군의 農場과 生業이 내부분 여기에 달려 있습니다. … 이른바 島堰은 길이가 도합 3만여 장이 되는데 흙을 채취하고 잔디를 입히는 일을 모두 제방 아래에서 할 수 있으므로 힘이 매우 적게 드는데, 금년 여름의 비로 인하여 온 섬이 침몰되었으며 평지가 드러난 후 파손된 곳을 측량해 보니 터져서 시내가 되고 파여서 구덩이가 된 곳이 3천여 장이나 되었습니다. … 이른바 黃山堰은 郵館이 있는 곳으로서 제방 안의 농토가 모두 馬位이며 그곳에서 생산되는 곡식의 힘을 많이 받고 있는데, 금년 여름의 큰 홍수에 떠내려간 가옥이 얼마인지 헤아릴 수도 없으며 제방 아래 水田과 旱田이 물에 잠겨 늪지로 변해 버렸으니 驛民인들 어떻게 보존될 수 있겠습니까. 이상 3개의 제방은 실로 백성의 목숨과 관계된 것이어서 개축하는 일을 조금도 늦출 수가 없습니다.[87]

86) 『承政院日記』乾隆 48年 7月 4日條 : 『日省錄』正祖 7年 7月 4日條.

이 상소와 함께 쓰임의 필요에 따라 邑堰과 島堰은 수축해야할 필요가 절실하며, 黃山驛은 수축을 할 것인지 아니면 폐지할 것인지를 결정하지 못했다고 말하고 있다. 아울러 읍언은 길이가 약 800丈이며 넓이가 6장이고 높이가 2장으로 각 장마다 10명씩 8,000명이 필요하고, 도언은 길이가 3,000장이며 넓이가 3장이고 높이가 1장으로 각 장마다 4명씩 12,000명의 인원이 소요된다고 주장하고 있다. 나아가 인원의 공급방안으로 15,000명은 1인당 1말 5되씩 총 1500석의 쌀로 고용하고 나머지 5,000명은 관민이 협조하면 공역을 끝낼 수 있다고 그 방안을 상세히 보고하고 있다. 이에 대하여 정조는 상소의 뜻을 적극적으로 수용하고 있다.[88]

이후 정조 22년에는 국왕이 농사를 권장하고 農書를 구하는 求言 傳旨를 발표하면서 농사의 요체 가운데 가장 중요한 것이 수리사업을 일으키는 것이라고 언급하면서 제언 수리의 필요성을 다음과 같이 말하고 있다.

> 지금은 堤堰에 관한 정사를 오랫동안 버려 두어 제언에다 불법적으로 경작하는 일이 잇따르고 있다. 호남 지방의 碧骨堤와 호서 지방의 合德池, 영남 지방의 恭儉池, 관북 지방의 七里, 관동 지방의 蒪池, 해서 지방의 南池, 관서 지방의 潢池와 같은 제언은 나라 안에서 큰 제언이라고 칭해지는데 터 놓을 곳을 터 놓지 않고 막을 때 막지 않아서 장마가 지나간 뒤 즉시 말라붙어 해마다 흉년이 들고 있다. 오늘날의 커다란 계책으로서는 이미 만들어져 있는 큰 제언들을 먼저 손보는 것보다 더 앞서는 일이 없으며, 이를 미루어 나가서 모든 일을 골고루 베풀어야 한다. 그리하여 여러 도로 하여금 각자 자기 관할 구역 안에서 자신들의 능력을 다 바치게 한다면 정성과 노력이 이르는 바에 따라 그 효과가 금방 드러날 것이다.[89]

87) 『正祖實錄』卷 35, 正祖 16年 9月 辛亥條.
88) 上同.
89) 『日省錄』正祖 22年 11月 30日條 : 『備邊司謄錄』 88冊 正祖 22年 11月

라고 하여 과거 정조 2년 당시 제정한 「제언절목」 가운데 제언에 계곡이나 洑의 물을 끌어들여 늘 물이 가득 차 있도록 조절하도록 한 조항을 다시금 언급하면서 제언의 수리에 만전을 기할 것을 다시 강조하고 있다. 정조의 이와 같은 求言에 대하여 모두 27명이 농사 권장에 관한 대책 상소를 올렸고, 40명이 농서를 올렸다. 이 가운데 부호군 卜台鎭은

> 농삿일에 있어서 급선무는 水利事業을 일으키는 것보다 더 중요한 것이 없으며, 수리의 좋은 효과는 제언을 쌓는 것보다 더 좋은 것이 없습니다. 신이 일찍이 고 처사 柳馨遠이 지은 磻溪隨錄을 읽어 보니, 거기에 '扶安의 訥堤, 臨陂의 碧骨堤, 萬頃의 黃藤堤는 소위 호남 지방의 3대 제언이다. 처음에 그 제언을 쌓을 때에는 온 나라의 힘을 다 들여서 완성시켰는데 중간에 훼손되자 내버려두었다. 지금 불과 몇 고을의 힘만 동원하여 예전처럼 수선해 놓으면 蘆嶺以北은 영원히 흉년이 없을 것이며 호남 지방의 연해 고을이 중국의 蘇州나 杭州처럼 살기 좋은 곳이 될 것이다'하였습니다.[90]

라고 하여 柳馨遠의 저서 『磻溪隨錄』의 내용을 인용하면서 역시 수리시설에서 가장 중요한 섯이 제언이고 그 가운데 당장 필요한 조치는 기존에 만들어 놓은 제언을 수리하여 활용하는 방안이라고 주장하였다.

이상에서와 같이 18세기 이후 한재에 대응한 정부의 대책은 수리시설의 확충, 특히 제언의 수리와 효과적인 운영 등이 논의되었다. 보다 구체적으로는 水桶을 이용하여 물의 양을 조절함으로서 한재에 따른 농경의 피해를 최소화 하고자 노력하였다. 그리하여 아래의 <표 Ⅲ-8>에서 보듯이 삼남지방의 경우 19세기 제언의 수

30日條.
90) 上同.

가 16세기에 비하여 1,000여 개가 늘어난 약 3,236개가 분포하고 있
을 정도로 확대되었고, 불필요한 제언도 140개가 폐지되고 있다.

〈표 III-8〉 조선시대 삼남 지방의 제언수[91]

	15세기 후반	16세기 초	17세기 후반	19세기 초	고종 32년
경 상 도	721	800	1,522	1,765(99)	1,748(8)
전 라 도		900여	913	936(24)	
충 청 도		500여	503	535(17)	
계	721	2,200여	2,938	3,236(140)	1,748(8)

*( )안은 폐제언

이 외에 靈巖의 幼學 鄭始元 '속이 빈 질그릇 통을 서로 연결하
여 땅속에 묻어 물을 끌어드리자'[92]고 하여 오늘날 지하수관을 통
해 저수지 물을 관개하는 방안과 같은 주장을 하였고, 이우형은 보
를 막고 제언을 쌓는 것이 가장 좋은 방법이라고 말하고 있다.[93]
또한 평소 이앙법의 적극적인 활용을 주장한 徐有榘는 헌종 4년
당시 대사헌으로 흉년구제책을 상소하는 자리에서 벼의 품종을 중
국에 사신으로 가는 사람을 통해 구해와 전파하도록 하자고 건의
하였다. 나아가 오늘날 가장 시급한 것은 水利부터 일으키는 것이
니 지방관들로 하여금 많은 제언을 수축토록 하자고 주장하고 있
다.[94] 그가 지은『林園經濟志』에는 가뭄에 잘 건디거나 수화을 많
이 할 수 있는 품종들이 널리 소개되어 있는데 早稻가 19종, 次早
稻가 10종, 晚稻가 30종이 기록되어 있다.[95]

---

91) 최원규, 1992,「朝鮮後期 水利기구와 經營문제」『國史館論叢』39, 國
　史編纂委員會, 218쪽 재인용.
92)『正祖實錄』卷 50, 正祖 22年 11月 己丑條.
93) 上同.
94)『憲宗實錄』卷 5, 憲宗 4年 6月 己卯條.
95) 徐有榘,『林園經濟志』本利志 卷 7, 穀名攷.

그러나 한재로 인한 농경의 피해에 대하여 제언의 수축을 강조하는 것과는 상반된 견해를 주장하는 사람도 있었다. 즉 순조 15년 영의정 金載瓚은 '지금 논농사에 있어서 전체를 10분이라 한다면 모내기가 7, 8분을 넘습니다'라고 하여 실제적으로 논농사의 70~80%가 이앙법을 이용하고 있음을 전제하면서 이로 인해 한재를 당할 경우 많은 농사를 해치고 있다고 하였다. 그러므로 직접 논에 씨를 뿌리는 직파법과 모를 옮겨 심는 이앙법을 각기 형편에 따라 시행하되 직파를 권장하자고 주장하고 있다.96) 이와 유사한 주장을 한 사람으로 헌종 때의 영의정 趙寅永은 수재를 막기 위한 근본 대책을 묻는 자리에서 그 방안으로 4가지를 주장하고 있는데 그 첫째로 이앙법의 금지를 주장하고 있다.97) 이러한 주장은 자연재해에 대한 능동적인 대책이라고는 할 수 없으며 자연재해를 있는 그대로 받아들이고 다만 재해의 전제 하에서 대처하는 방안을 모색한 의견이라 할 수 있다.

수리시설 가운데 제언 이외에 19세기에 확대된 것으로는 洑의 수축을 지적할 수 있다. 보는 비교적 제언보다는 작은 규모의 개념이지만 산이 많은 지역에서는 규모가 큰 제언의 수축보다는 비용이나 인력이 적게 투입되면서도 畓田을 경작하는데 도움이 되는 보의 수축이 더욱 필요하였다. 정조가 「제언절목」에서 보를 쌓아 제언에 물을 대는 방법을 제시하고 있듯이 보의 편리성과 중요성을 인식하고 있었으며,98) 公州의 生員인 柳鎭稷도 정조에게 올린 상소문에서 '洑渠 부근의 閑曠地에 제언을 만들어 겨울과 봄에 물을 저장하고 여름에 더 첨가하여 저장하면 水源이 無窮하다'고하

---

96)『承政院日記』嘉慶 20年 2月 20日條.
97)『憲宗實錄』卷 9, 憲宗 8年 6月 壬午條. 이앙법의 금지 이외에 도살금지·화전금지·저수지 내에서의 起墾 금지 등을 주장하고 있다.
98)『備邊司謄錄』159冊, 正祖 2年 正月 13日條.

여 보와 제언의 기능을 상호 보완하여 사용토록 하자고 주장하고
있다.99) 이같이 보와 제언은 상호 융합적으로 이용될 수도 있으며
각기 독립된 용도로서도 사용이 가능하였다.100) 19세기 초에 만들
어진 『萬機要覽』에 의거하여 당시 제언과 보를 상호 비교하면 아
래의 <표 Ⅲ-9>과 같다.

<표 Ⅲ-9> 19세기 堤堰과 洑 현황101)

	경기도	충청도	경상도	전라도	함경도	황해도	강원도	평안도	계
堤堰	314(19)	535(17)	1,765(99)	936(24)	24(3)	45(6)	71	5	3,695(168)
洑	-	497	1,339	164	24	71	61	109	2,265

* 이 표에서 경기도의 경우 水原의 24(7)개, 廣州 13(3)개, 江華 32개의 제
  언 수를 합한 것이다.
* ( )는 폐지한 숫자이다.

위의 <표 Ⅲ-9>에서 보듯이 순조 8년(1808) 큰 보의 숫자가
2,265개에 달하여 당시의 제언 수 3,695보다 약 1,300여 개가 적은
숫자이기는 하지만 급속도로 보의 이용이 늘어나고 있음을 보여주
는 것이라 할 수 있다. 특히 지역적으로 전라도는 산이 낮고 평야
가 넓은 지형으로 제언의 수가 압도적으로 많아 洑보다는 제언이
한재를 극복하는데 효과적이었으며, 경상도와 강원도의 경우는 높
은 산이 많고 평야가 적어 보의 숫자가 제언의 숫자에 거의 근접하
고 있음을 볼 수 있다. 이는 보가 평야지대보다는 산이 많은 지역
에서 보다 효과적으로 그 기능을 발휘할 수 있었음을 보여주고 있
는 것이다.

99) 『日省錄』 正祖 23年 2月 11日條.
100) 洑에 관하여는 최원규, 앞의 논문 226~239쪽에 자세히 언급하고 있다.
101) 『萬機要覽』 財用編 5 堤堰 各道堰洑條.

3. 救恤米確保와 賦稅減免

  자연재해에 대한 정부의 대책가운데 큰 비중을 차지하고 있는
것 중의 하나는 피해지역에 대한 민심의 안정이다. 이를 위해 정부
에서 취할 수 있는 조치는 救恤米를 사전에 확보하여 자연재해 발
생 이후 재해지역의 피해정도에 따라 분급함으로써 정부의 노력을
보여주는 것이 그 하나요, 다른 하나는 災害地의 피해규모에 따라
부세를 감면해 주는 조치이다. 이 같은 조치는 민심의 안정을 유도
할 뿐만 아니라 流離民 養成 방지와 良役 감소의 방지에도 필요한
조치였다. 따라서 구휼미의 확보는 事前對備策이고, 세금감면 조
치는 재해 발생 이후에 취할 수 있는 事後救濟策의 성격을 갖고
있다.

  각 지방의 관찰사는 賑穀을 확보하여 매년 중앙에 보고하도록
규정되어 있다.[102] 나아가 정조는 水災와 旱災 때의 비용으로 하기
위해 內需司의 창고 하나를 補民庫라 하여 재해에 대비한 곡식을
확보하도록 하였고,[103] 關北에 交濟倉을 설치하여 곡식 10만석을
비축하여 北道의 旱災에 대비하였다.[104] 또한 순조 32년에는 비변
사에서 경기도의 재해가 너무나 심각하여 다음 해 봄에 구휼할 곡
식이 필요하니 그 해 겨울에 삼남 지방과 관서 지방에서 곡식 6만
여 石을 실어와 대비하자고 주장하여 순조가 이를 받아들이고 있
다.[105] 18세기 중반 이후 이와 같이 비축된 구휼미를 바탕으로 자

---

102) 『大典會通』 卷 2, 戶典 備荒條. "觀察使每節季 啓聞各邑賑穀 每年隨
    力備儲"
103) 『正祖實錄』 卷 16, 正祖 7年 10月 丁亥條.
104) 『正祖實錄』 卷 37, 正祖 17年 4月 丁丑條.
105) 『備邊司謄錄』 220冊, 純祖 32年 8月 26日條 : 『承政院日記』 道光 12

연재해 지역에 진휼할 경우 比摠法을 이용하고 있다. 이러한 사실
은 다음의 기록을 통해 알 수 있다.

　　　앞서는 賦租의 법을 州縣에서 민전의 災實을 구별하여 감사에게
　　　보고하면 감사가 그 총수를 탁지에 보고하였다. 근년 이래로 나라의
　　　쓰임이 많아져 탁지가 고갈되었고, 묘당에서 수령들이 災傷을 지나
　　　치게 보고할까 염려하여 아뢰서 호조로 하여금 매년 가을에 멀리서
　　　諸道의 풍흉을 헤아려 풍년이면 전의 어느 해 總數에 비교되고, 흉
　　　년이면 또 전의 어느 해 총수에 비교된다고 미리 諸道에 반포하여
　　　比摠이라 이름하였다.106)

위에서 보듯이 국가의 재정이 충분하지 못한 가운데 계속 재해가
발생하여 부세를 감면하고 진휼미를 제공해야 하는 상황이 되자 한
해의 풍흉을 과거의 풍흉과 비교하여 과거의 해에 부과하였던 진휼
정책과 같은 수준에서 진휼하고자 한 것이다. 이에는 지방의 수령
들이 재해로 인한 피해규모를 과대하게 보고하여 많은 진휼미를 받
아가려고 하는 것을 막기 위한 목적도 있으나 보다 근본적인 것은
진휼의 양을 국가에서 편리하게 조정하고자 한 것이다. 따라서 자
연 비총법의 폐단이 제기되기 시작하였다. 당시에 규정한 각 도별
比摠年은 경기와 호서는 경신년(영조 16년 1740) , 호남은 임술년(영
조 1742), 해서는 기미년(영조 15년 1739), 관동과 관서는 계유년(영
조 29 1753), 영남은 신유년(영조 17년 1741)이다.107)
　영조 31년 장령 安復駿이 자연재해시 실질적인 피해규모를 파악
하지 않고 진휼하는 기준을 비총법에 의거하는 폐단에 대하여 상
소하고 있다.

　　　年 8月 27日條.
106)『英祖實錄』卷 85, 英祖 31年 9月 乙酉條.
107) 上同.

영남의 비총으로 추측하건대 영남의 신유년 농사는 흉년을 면한 것보다 나아서 금년에 비교해 논할 바가 아니었습니다. 그런데도 이에 함께 비교했으니, 다른 도의 비총도 또 영남의 비총이 아주 넘치는 것과 비슷하지 않을 줄을 어찌 알겠습니까? 단지 영남이 元摠만으로 계산하면 원총 이외에 마땅히 給災해야 할 것이 22분의 1에 불과한데, 우선 大同의 災結 例를 빌려 계산하면 22結의 땅에서 바야흐로 1결만의 급재를 얻을 수 있고, 22負의 땅에서 바야흐로 1부의 급재만을 얻을 수 있습니다. 대저 예전대로 익은 것도 1백의 1, 2에 불과하며 깎은 듯이 재해를 입은 것이 10중 7, 8은 되어 비록 10분의 3, 4의 급재를 얻더라고 오히려 넉넉하지 못할까 두려운데, 더군다나 22분의 1로 한 道의 災荒을 마감해야 하겠습니까?108)

라고 하여 당시 영남지역의 재해에 대한 평가 기준이 비총년에 해당하는 영조 17년(1741)의 재해 규모를 훨씬 뛰어넘고 있는데 과거의 예에 의거하여 구휼하는데 문제가 있음을 지적하기도 하였다. 그럼에도 불구하고 이러한 비총제는 이후에도 계속 유지되었던 것으로 보인다.

이와 같이 구휼미를 재해지역에 배포한 구체적인 사례를 들어보면 정조 33년 경기도의 피해 호수 942호에 벼 637석, 충청도는 648호에 벼 388석, 전라도는 2,169호에 쌀 1,022석, 경상도는 1,638호에 벼 1,010석, 강원도는 138호에 쌀 63석, 황해도는 31호에 쌀 14석, 평안도는 181호에 쌀 84석 10두, 함경도는 33호에 쌀 15석을 각각 지급하고 있다.109) 이후 헌종 12년에는 京外 홍수로 五部에서 무너진 민가 3,900戶와, 各道에서 떠내려가고 무너진 민가 2,470여 戶에 대하여 모두 恤典을 베풀고 身布와 還布를 탕감하게 하는 등 부세의 감면과 휼전을 동시에 시행하고 있다.

고종 2년에는 경기도와 삼남지방에 모두 수해와 가뭄이 겹쳐 발

---

108) 上同.
109) 『正祖實錄』 卷 33, 正祖 15年 9月 辛丑條.

생함으로 인해 혹독한 재해를 당하여 베틀이 놀고 쌀독이 텅텅 비어 굶주리는 백성이 늘어나자 대왕대비가 지시하여 묘당에서 內帑錢 10냥을 하사하여 4개 도에 고루 나누어 진휼하도록 하였다.[110] 이 당시는 대원군에 의한 경복궁 중건 추진으로 인해 많은 경제적 부담을 느끼고 있는 가운데 취해진 조치로서 돈의 규모가 적은 양이 아니었다. 고종 14년에도 함경감사가 明川과 茂山지역의 수해 피해를 보고하자 3년 간 조세를 정지시켰으며,[111] 고종 16년에는 공주 등 세 고을에서 수재로 인해 개천으로 변해버린 논밭이 26결에 이른다고 하자 5년 간 조세를 감면해 주는 조치를 취하였다.[112] 고종 22년에도 충청도의 수재로 인한 피해에 대하여 3년 간의 조세를 감면하였고,[113] 같은 해의 영남 수해에 대하여는 위유사 파견과 함께 3만냥을 보내어 구제하게 하고 환곡과 군포도 탕감조치를 취하고 있다.[114] 고종 18년에는 장마로 인해 많은 인명이 익사하고 민가가 떠내려가자 身布와 還布를 탕감해 주는 조치를 취하였다.[115] 고종 27년에도 함경도의 여러 고을에서 수재로 인해 재난이 발생하자 조정에서는 永興府使 金裕成을 慰諭使로 임명하여 파견함과 동시에 3년 간 부세를 받지 말고, 죽은 사람의 환곡과 군포는 물론 가난한 사람들의 요역도 면제해 주는 것과 아울러 內帑錢 1만냥을 보내어 구휼토록 조치를 취하고 있다.[116]

---

110) 『日省錄』 高宗 2年 10月 17・18日條.
111) 『高宗實錄』 卷 14, 高宗 14年 12月 乙酉條.
112) 『高宗實錄』 卷 16, 高宗 16年 11月 甲申條.
113) 『高宗實錄』 卷 22, 高宗 22年 12月 壬申條.
114) 『高宗實錄』 卷 22, 高宗 22年 7月 丙辰條.
115) 『日省錄』, 高宗 18年 10月 11日條 : 『承政院日記』, 光緖 7年 10月 11日條.
116) 『高宗實錄』 卷 27, 高宗 27年 10月 壬子條.

4. 各種 致祭·減繕·求言·恐懼修省 등

조선 후기 자연재해의 대책 가운데 상징적인 의미로서는 致祭와
減繕, 국왕 자신의 반성 및 신하들에 대한 求言의 조치 등이 있었
다. 이러한 형태의 대책안은 모두 자연재해가 진행되는 과정에서
취해질 수 있는 조치들이란 점에서 공통점을 가지고 있다. 이중 치
제는 계속된 장마시에 지내는 祈晴祭와 가뭄이 지속될 때 지내는
祈雨祭가 대표적인 제례의식이며 조선 후기에는 이미 상례화 되어
있었다.117)

비가 오지 않을 때 기우제를 지내 비를 기원했던 일은 이미 고대
부터 시작된 일이며 고려시대와 조선 전기에도 지속적으로 유지되
어 왔던 제례의식이다. 그러나 조선 전기까지만 해도 기우제에 관
한 의식이 구체적으로 그 절차가 제정되어 있지 않았다. 그후 숙종
30년(1704) 예조판서 민진후가 전교를 받아 대신들과 의논하여 처
음으로 기우제의 차례를 아래와 같이 모두 12차로 정하고 있다.118)

이상 12차를 예식에 의해 거행하였는데도 비가 내리지 않을 경
우에는 국왕의 특별명령을 기다려 행한다. 이 12차 가운데 여덟 차
례에 걸쳐 한강에서 치제했음을 볼 때 기우제가 한강을 중심으로
행해졌음을 알 수 있다. 그리고 마지막 제사인 五方土龍祭는 東郊

---

117)『英祖實錄』卷 59, 英祖 20年 6月 丙辰條.
118)『增補文獻備考』卷 63, 禮考10 諸壇 3 禱水旱條. "三十年五月親幸禱
雨於先農壇 … 初祈雨祭序次 不見於五禮儀式禮頗雜亂 禮曹判書閔鎭
厚奉敎議大臣定次序爲十二次 初次三角木覓漢江 二次龍山江楮子島
三次山川雩祠 四次社稷北郊 五次宗廟 六次三角木覓漢江 七次龍山江
楮子島 八次山川雩祠 九次北郊慕華館童子祈禱竝行 十次社稷慶會樓
童子祈禱竝行 十一次宗廟春塘臺童子祈禱竝行 十二次五方土龍祭"

에 靑龍, 南郊에 赤龍, 西郊에 白龍, 北郊에 黑龍, 중앙의 鐘樓거리에 黃龍을 만들어 놓고 제관을 임명하여 치제하는데 3일만에 끝난다.119)

〈표 Ⅲ-10〉祈雨祭의 차례

순차	치제장소	주관자	비 고
1차	三角山 木覓山 漢江	3품관	
2차	龍山江 楮子島	종2품관	
3차	山川 雩祠	종2품관	
4차	社稷北郊	종2품관	
5차	宗廟	近侍官	
6차	三角山 木覓山 漢江	近侍官	
7차	龍山江 楮子島	정2품관	
8차	山川 雩祠	정2품관	
9차	北郊 慕華館	종2품관 무신	童子와 함께 기도
10차	社稷 慶會樓	종2품관 무신	童子와 함께 기도
11차	宗廟 春塘臺	종2품관 무신	童子와 함께 기도
12차	五方土龍祭	3품관	

 * 12차의 경우 東壇은 선농단 옆에, 南壇은 한강 옆에, 中央壇은 종각에, 西壇은 楊花渡 옆에, 北壇은 北郊의 厲壇 옆에 설치한다고 규정하고 있다.

위의 <표 Ⅲ-10>에서와 같이 기우제는 국왕이 3품 이상의 고위 관료들에게 명령하여 제사를 지내는 것이 일반적인 방법이었으나 국왕이 직접 제사하는 경우도 많았다. 특히 영조의 경우는 많은 기우제 가운데 자신이 직접 치제를 드리는 경우도 종종 찾아 볼 수 있다.

---

119) 成俔,『慵齋叢話』卷 7.

〈표 III-11〉 18~19세기 기우제 현황

	숙종	경종	영조	정조	순조	헌종	철종	고종	계
횟 수	43	13	126	52	71	12	30	88	435

위의 <표 III-11>에서 보듯이 18~19세기 동안의 기우제는 모두 435건에 달하며, 이 가운데 18세기 100년 간은 234건, 19세기에는 201건의 분포를 보이고 있다. 또한 기우제는 1년에 모두 12회까지 지낼 수 있어 이를 모두 합한 횟수이다. 그리고 국왕별로는 영조 때가 126회로 가장 많은 횟수를 보이고 있는데 이는 그의 재위기간이 52년으로 가장 길었던 점도 그 한 요인이다. 또한 중종이 약 40년 간 재위하였는데 당시 천재에 대한 대응 가운데 가장 많았던 것이 국왕의 恐懼修省이었고 다음이 죄인의 석방이며, 祈雨祭가 그 다음으로 총 33회를 설행하고 있음을 감안할 때[120] 영조 때는 오히려 제례의식을 충실히 하고 있음을 보여주고 있다.

기우제와 유사한 형태의 제례로서 祈晴祭가 있다. 이 제례는 장마가 오래도록 지속될 경우 비를 그치게 하는 제례로서 주로 서울의 사대문에서 설행하였다. 일반적으로 立秋 이전에 실시하나 장마가 지속되면 날을 특별하게 가리지 않고 실시하도록 하였다.[121] 『朝鮮王朝實錄』의 기록에 의하면 18세기 이후 약 200년 간 약 25회의 기청제가 설행되었는데 숙종 때 6회, 영조 때 5회, 정조 때 7회, 순조 때 6회, 헌종 때 1회가 각각 실시되었다.

또한 국가에 병충해로 인해 蟲災가 발생하였을 때는 酺祭를 지냈다. 이 제사는 재해가 발생한 지역의 수령이 재해지역의 중앙에

---

120) 李泰鎭, 앞의 논문, 124쪽.
121) 『英祖實錄』 卷 81, 英祖 30年 5月 己亥條 :『正祖實錄』 卷 1, 正祖 1年 6月 癸丑條 :『純祖實錄』 卷 32, 純祖 32年 7月 己酉條 :『憲宗實錄』 卷 13, 憲宗 12年 6月 乙丑條.

壇을 설치하고 시행하도록 하였으며, 관찰사가 직접 제사하고자
할 때는 그 격식에 구애받지 않고 같은 형식으로 제사를 지내곤 하
였다.122)

減膳은 국왕이 자신의 반찬 수를 일정 기간 동안 줄임으로서 治
者로서의 誠意를 표시하는 하나의 방법이다. <표 Ⅲ-12>에서 보
듯이 여러 왕들 가운데 특히 영조가 많은 감선을 행하고 있음을 살
펴볼 수 있다.

〈표 Ⅲ-12〉 18~19세기 減膳 현황

	숙종	경종	영조	정조	순조	헌종	철종	계
횟 수	6	1	118	30	24	5	5	189

조선 후기의 정치적 폐단 가운데 하나인 당파간의 정쟁을 잠재
우기 위한 탕평정치를 추구했던 영조대에 자연재해를 당하여 잦은
감선을 행하였다는 것은 영조가 자신이 聖君의 자질을 가지고 있
음을 백성에게 보여주어 통치권을 강화하기 위한 목적에서 자주
시행하였다는 연구 결과를 입증하기도 한다.123)

求言은 자연재해를 만났을 때 군왕이 신하들의 올바른 비판과
의견 제시를 받아들이는 것이다. 이것은 군왕이 스스로 자신을 낮
추고 신하들의 다양한 의견을 받아들여 그 가운데 올바른 의견을
정치에 반영하고자 하는 것으로서 주로 국가에 재해가 발생하였을
때 군왕이 취하는 하나의 도리로 인식되어 왔다. 심지어 재해가 발

---

122)『正祖實錄』卷 22, 正祖 10年 7月 癸未條. 이때 황해도 관찰사 嚴思晩
   이 포제를 지내겠다고 보고하자 정조가 전주의 경우 수령이 포제를
   지냈는데 헌관의 품계가 달라도 예에 어긋나는 것이 아닌가를 예조에
   묻자 예조에서는 五禮儀를 상고하여 문제가 없다고 해석을 내렸다.
123) 李熙煥, 1995,『朝鮮後期 黨爭研究』, 國學資料院, 298~299쪽.

생하였는데도 군왕이 구언의 조치를 취하지 않을 경우에는 승정원
이나 비변사에서 구언의 교지를 종용하기도 하였다. 다음의 사료
는 이러한 사실을 잘 보여 주고 있다.

> 政院에서 議啓하였는데, 대략 이르기를 "삼가 신들이 보건대 요
> 즘 政務가 거듭 쌓여 있어 눈앞에 걱정이 가득합니다. 여름과 가을
> 이후로 재변이 더욱 심하여 3개월에 걸친 장마로 팔도가 흉년이 들
> 었고 괴질이 유행하여 시체가 즐비하였습니다. … 삼가 바라건대 속
> 히 大臣과 三司에게 물어보되, 정무가 적체되었는지, 백성들의 숨은
> 고통이 보고되지 않았는지, 言路가 막히었는지, 獄事가 공평하게 처
> 리되지 않았는지, 인재의 선발이 공평하지 못했는지를 일일이 강구
> 한 후 진실한 마음으로 실질적인 일을 시행하여 전일처럼 우유 부단
> 한 습성을 답습하지 말게 하소서"[124]

라고 하여 승정원의 관리들이 재난이 발생하였는데도 군왕이 구언
의 교지가 없자 자신들의 의견을 제시하면서 군왕에게 대신과 삼
사의 관원들에게 求言의 교지를 내리도록 종용하고 있음을 알 수
있다. 이 같은 구언의 교지가 있으면 대신들은 각자의 의견을 적어
군왕에게 재난을 헤쳐나갈 수 있는 방도를 제시하였다. 순조 1년에
는 승지 閔台爀·朴吉源·李文會·金明淳 등이 연명으로 한재로
부터 벗어날 수 있는 방법을 제시하였다. 그 첫째는 인재를 고르게
등용할 것, 둘째는 법을 준수하여 확실하게 처리할 것, 셋째는 암
행어사를 파견하여 재난의 실상을 정확하게 파악할 것, 넷째는 군
왕이 恐懼修省할 것 등을 주장하고 있다.[125] 이러한 주장은 대부분
군왕의 德治를 위주로 하여 그 방안을 제시한 것으로서 보다 실질
적인 대책은 아니었다. 심지어 영조 17년 헌납 兪宇基는 영조가 재

---

124)『純祖實錄』卷 24, 純祖 21年 10月 乙未條.
125)『純祖實錄』卷 3, 純祖 1年 5月 甲申條.

해를 만났을 때 恐懼修省의 의미로서 주로 減繕하는 것을 보고 이
를 비판하면서 하늘이 재앙을 내리는 것은 영조가 인재를 등용하
지 않으며, 언로를 막아 놓고 모든 권한을 군왕이 독단으로 행사하
는 데 그 원인이 있다고 하여 영조의 강화된 왕권을 정면에서 비판
하기도 하였다.126) 이는 자연재해를 이용하여 왕의 독재와 언로가
봉쇄됨을 비판하면서 臣權의 신장을 도모하려는 계책으로 자연재
해를 근본적으로 해결하는 방도는 아닌 것이다.

이 외에도 숙종 28년 홍수가 나자 副提學 金鎭圭・校理 李觀命
・修撰 李坦 등이 왕이 재해를 당했을 때 정사에 임하는 방도에
대해 '진실로 災異를 만나서 자신을 반성하고 수양한다면, 禍가 변
하여 福이 될 것입니다'127)라고 한 것이나, 영조 때의 李宗迪이
'避殿하고 減繕하고 자신을 책망하고 求言하는 것이 비록 겉치레
에 가까운 것 같지만 또한 그만둘 수는 없는 것이다'라고 한 것,128)
영조 9년 侍讀官 吳瑗이 영조를 소대하여 『節酌通編』을 講하는
자리에서 '朱子가 刑政이 어긋나고 陰陽이 侵迫되었다며 스스로
허물을 인책하며 대죄하였다'는 말에 빗대어 人君이 재해를 만나
면 자신을 닦고 반성하는 방도를 마련해야 한다고 역설한 것129) 등
은 모두가 자연재해 발생시 군왕의 修省之道를 강조한 말들이다.
이러한 군왕의 행위가 자연재해를 막는 근본적인 방비책은 되지
않는다는 것을 인식하고 있었음에도 불구하고 군왕으로 하여금 이
같은 조치를 취하도록 한 것은 성리학적 명분을 얻기 위한 행동으
로 생각된다.

조선 중기 중종 때는 자연재해에 대한 정부의 대응에서 祈禱의

---

126)『英祖實錄』卷 3, 英祖 17年 5月 甲申條.
127)『肅宗實錄』卷 37, 肅宗 28年 7月 庚戌條.
128)『英祖實錄』卷 52, 英祖 16年 9月 甲午條.
129)『英祖實錄』卷 35, 英祖 9年 7月 庚寅條.

致祭成果를 의심하면서 오히려 정사, 인사를 반영하는 공구수성이 진정한 弭災之道라고 인식한 것에[130] 반하여 위에서와 같이 18세기 이후에는 공구수성보다는 오히려 기우제나 기청제와 같은 치제에 보다 중점을 두었던 것으로 이해된다.

이상과 같은 상징적 대책 이외에도 옥에 갇혀 있는 가벼운 죄수들을 석방하여 국왕의 성의를 표시함으로써 하늘을 감동시켜 재해를 그치게 하고자 하는 조치를 취하거나,[131] 혹은 18세기 이후 신분제 붕괴의 주도적 역할을 담당하였던 도망노비의 추쇄금지 조치를 내린다든지,[132] 금주령을 내리는 등의 상징적 대책을 강구하기도 하였다.

V. 맺음말

이상에서와 같이 18세기 이후 200년 간의 자연재해 발생의 실태와 그 피해상황, 자연재해에 대한 정부의 대책 등에 관하여 살펴보았다. 이들을 간단히 요약하면 다음과 같다.

이 시기 자연재해는 인명피해 뿐만 아니라 농업생산력에 지대한 영향을 끼쳐 한 해의 풍흉과 직결되는 요소였다. 이어서 그 피해는 곧 기근으로 이어져 사회문제화 되기도 하였다. 자연재해 가운데 民에게 가장 심각한 피해를 준 것은 수재와 한재였다. 이 시기의

---

130) 이태진, 앞의 논문, 143쪽.
131) 『哲宗實錄』 卷 9, 哲宗 8年 4月 甲午條.
132) 『英祖實錄』 卷 47, 英祖 14年 12月 癸卯條.

수재는 총 277건이 나타나고 한재에 관한 기록은 모두 143건이 나타나고 있어 수재와 한재의 피해로부터 거의 벗어나고 있지 못하였음을 보여주고 있다. 수재의 경우 인명피해와 田畓·家屋의 수몰로 인한 재산피해 등을 합하면 그 피해 규모가 가장 크며, 시기적으로는 순조 15년(1815)부터 순조 24년(1824)까지 약 10년 간 가장 심각한 피해를 당하고 있다. 이와는 반대로 한재는 직접적인 인명 및 재산피해를 기록하고 있지는 않으나 생산량의 감소로 흉년과 직결되는 요소 가운데 하나로서 사회적으로 기근과 유리민을 양성하였다.

그리고 우박의 경우는 405건의 기록이 있어 비교적 많은 발생횟수를 보이고 있으며, 벼농사보다는 밭농사에 피해를 많이 주었고 사람이 살상하는 경우도 발생하고 있다. 당시 우박에 관한 기록은 그 크기에 있어서 주로 팥·콩·밤 등 곡식의 낱알이나 새·오리·비둘기·닭·거위 등 동물 알의 크기에 비유하고 있다. 해일은 총 51건의 기록이 나타나고 있는데 순조 7년(1807)의 해일피해가 매우 컸다. 주로 해안을 중심으로 발생하고 있는 해일은 民家와 田畓이 바닷물에 잠기게 되어 곡식의 수확을 전혀 기대할 수 없어 그 피해가 적지 않았다. 蟲災는 오늘날의 병충해와 같은 형태의 것으로서 벼농사에 직접적인 피해를 끼치는 재해이다. 그 피해가 심각했던 순조 28년(1828)에는 下三道 전역에 충재가 발생하여 수확을 못하는 지경에까지 이르고 있다. 폭풍은 비를 동반하는 경우가 대부분으로 우기가 집중되는 여름에 많이 발생하고 있으며, 어업에 많은 피해를 안겨 주었다.

이 같은 자연재해의 발생에 대하여 전근대 사회에서 취한 대책은 여러 가지가 있으나 크게 세 가지 방향에서 접근할 수 있다. 첫째는 자연재해에 대한 사전 대비책, 둘째는 자연재해가 진행중인

가운데 취해진 대책, 셋째는 자연재해에 대한 사후 대비책이 그것
이다. 이 가운데 재해의 피해를 최소한으로 줄일 수 있는 것은 물
론 자연재해 발생 이전에 충분한 대비책을 강구하는 방법이다.

　이 시기의 사전 대비책은 주로 수재와 한재에 대한 대책이었다.
즉 수재에 대한 방비로는 조선 초기의 과학적 기술을 바탕으로 준
천공사와 제방공사를 단행함으로써 물의 범람을 막고, 한재로부터
는 堤堰과 洑의 수축, 灌漑施設의 정비 등을 통한 원활한 물의 공
급을 도모하였다. 이들 외에는 한재로부터 잘 견디는 벼씨 품종의
개발과 水桶을 이용한 관개시설의 효율적 운용, 수재시 배를 이용
한 사전 대피 등이 그 대책의 하나로 강구되었다.

　두 번째 대비책으로는 신의 힘을 이용하여 재해를 물리치고자
하는 마음에서 취해진 조치로 한재 때는 기우제를, 수재 때는 기청
제를, 충재 때는 酺祭 등을 각각 지냈다. 이들 각종 祭禮는 일정한
원칙에 입각하여 치루어졌으며 자연재해가 발생하는 가운데 취한
조치로서 가장 많은 발생빈도를 나타내고 있다. 이와 유사한 형태
의 대책으로 제시된 것이 통치자가 신하들에게 조언을 구하는 求
言이나, 통치자 스스로 반성하는 의미에서의 減繕과 恐懼修省, 죄
인의 소결, 노비추쇄의 금지, 금주령의 단행 등의 조치가 취해졌다.
이러한 대책은 자연재해가 신의 노여움으로 인해 발생되며, 이를
푸는 방법은 통치자와 위정자들이 백성을 위한다는 자신의 마음을
표시하여 신의 노여움을 풀어 줌으로써 재해를 그치게 할 수 있다
는 생각에서 비롯된 것으로서 성리학적 사유체계의 한 단면을 볼
수 있는 것이다.

　마지막으로 사후 대비책으로서 이미 발생한 자연재해의 피해로
부터 민을 구제할 수 있는 방법을 마련하는 것이다. 이러한 대책으
로는 구휼미의 배포와 각종 조세의 감면조치가 제일 먼저 강구되

었고, 그 다음으로 피해 지역에 대한 수축공사가 진행되었다. 정부에서는 재해시 구휼미 배포를 위해 매년 일정액의 쌀을 저축해 놓았으며, 이러한 대책은 流民의 방지와 良役의 감소를 위해서도 필수적인 대책이었다.

이와 같은 정부의 대책안을 실질적인 효과면에서 살펴볼 때 각종 水利 및 灌漑施設의 정비와 조세의 감면 등은 자연재해의 피해 방지와 그 규모의 축소에 일정한 효과를 발휘하였다. 그러나 祈雨祭·祈晴祭·酺祭·恐懼修省·減繕 등은 자연재해를 막거나 피해를 최소화 할 수 있는 근본적인 대책은 아니었다. 그럼에도 불구하고 전근대사회에 각종 祭禮와 통치자의 修省之道가 계속 강조·유지되었던 것은 성리학적인 사유체계하에서 취해진 상징적 의미로서의 가치를 가지고 있다할 것이다.

전근대사회의 民들은 사실상 자연재해로부터 노출되어 있었으며, 정부는 이들을 극복하기 위한 과학적인 발전의 추구나 근본적인 대책 수립에 한계점을 가지고 있었다. 즉 자연재해에 대한 근본적인 대책의 수립과 방법의 강구라는 측면에서 기존의 정책을 수정 보완하는 정도에 그쳤으며, 이러한 정책의 유지·보완은 민의 안정과 효율적인 생산량의 증대라는 측면에서 볼 때 그 효과가 미진했던 것이 사실이다. 본 논문은 자연재해라는 큰 주제하에서 200년 간의 그 실상과 대책을 살펴보는 관계로 세부적인 분석이 이루어지지 못하였다. 향후 각 자연재해를 주제별로 접근하여 자연과학 분야와의 접목을 통해 그 양상을 살피는 것이 과제라 할 것이다.

찾아보기

【ㄱ】

【ㅂ】

【ㅋ】

이 상 배(李相培)

경기도 양평 출생
강원대학교 사학과, 동 대학원 졸업(문학박사)
상지영서대학·서울여대·강원대학교 강사
현재 서울특별시사편찬위원회 전임연구위원

저 서

『朝鮮後期 政治와 掛書』, 『서울의 하천』, 『서울六百年史』 6권(공저), 『서울
行政史』(공저), 『한국사와 동아시아』(공저), 『한국문화사』(공저), 『한국중
세사의 제조명』(공저)

논 문

「英祖朝 尹志掛書事件과 政局의 動向」, 「山陰記事를 통해 본 山淸掛書事
件의 특징」, 「조선후기 漢城府 掛書에 관한 연구」, 「把子橋洞 掛書事件과
匿名書定罪事目」, 「朝鮮時代 南漢江 水運에 관한 研究」 등 다수

한국 중·근세 정치사회사

2003년 1월 3일 초판인쇄
2003년 1월 10일 초판발행

저　　자 : 이 상 배
회　　장 : 韓 相 夏
발 행 인 : 韓 政 熙
발 행 처 : 景仁文化社
편　　집 : 李 恩 榮
　　　　　서울특별시 麻浦區 麻浦洞 324 - 3
　　　　　電話 : 718 - 4831~2, 팩스 : 703 - 9711
　　　　　E-mail : kyunginp@chollian.net
등록번호 : 제10 - 18호(1973. 11. 8)